最强大脑思维训练系列

团队拓展训练游戏

张祥斌　主编

清华大学出版社

北京

内 容 简 介

本书通过游戏形式详细说明了如何通过团队合作取得成功。在当今充满挑战的时代,团队建设能力是管理者有效实现组织目标的一项关键能力,是每位管理者都应具备的管理技能。对职场上的员工而言,迅速融入团队也是必备能力,否则将很容易陷入孤立的状态。本书提供了详细的游戏操作步骤,简单实用,寓教于乐。无论你是培训新手,还是谙于此道的老手,都会从中获益,能够使你的培训充满欢乐、幽默和创造性。

本书适合团队与集体活动中的组织人员及电视台娱乐节目主持人等阅读。

图书在版编目(CIP)数据

团队拓展训练游戏/张祥斌主编.—北京:清华大学出版社,2018(2024.7重印)
(最强大脑思维训练系列)
ISBN 978-7-302-48650-3

Ⅰ.①团… Ⅱ.①张… Ⅲ.①智力游戏-青少年读物 Ⅳ.①G898.2

中国版本图书馆 CIP 数据核字(2017)第 262217 号

责任编辑:张龙卿
封面设计:墨创文化
责任校对:袁 芳
责任印制:杨 艳
出版发行:清华大学出版社
      网   址:https://www.tup.com.cn, https://www.wqxuetang.com
      地   址:北京清华大学学研大厦 A 座   邮   编:100084
      社 总 机:010-83470000   邮   购:010-62786544
      投稿与读者服务:010-62776969,c-service@tup.tsinghua.edu.cn
      质量反馈:010-62772015,zhiliang@tup.tsinghua.edu.cn
印 装 者:三河市君旺印务有限公司
经   销:全国新华书店
开   本:185mm×260mm   印   张:16.75   字   数:390 千字
版   次:2018 年 2 月第 1 版   印   次:2024 年 7 月第 11 次印刷
定   价:45.00 元

产品编号:073841-01

前 言

团队建设能力是管理者有效实现组织目标的一项关键能力,也是每位管理者都应具备的管理技能。无论是在团队培训中,还是在团体活动中,做几个游戏,在轻松快乐之后再讨论团队的建设,体悟管理的奥妙,将是一种更人性化的、更有效的、更科学的管理方式。通过做游戏的方式对企业员工进行培训,是企业员工培训领域的一大创新,深受管理者及员工的欢迎。

本书中的游戏安全、易行,只需很少的材料和准备工作便可进行,当然许多游戏在室内也同样适用。每项游戏的介绍都包括多个条目,方便读者迅速掌握游戏的操作方法。游戏持续时间从几分钟至一小时不等。

本书能提高员工参与培训的积极性,以取得良好的培训效果;帮助员工克服心理惰性,磨炼战胜困难的毅力,启发员工的想象力和创造力,提高解决问题的能力;帮助员工认识群体的作用,建立起对团队的责任心;改善员工间的人际关系,形成积极向上的团队气氛;培养员工相互配合、相互支持的团队精神和集体意识;激发员工的工作热情,提高工作效率。这些游戏不仅能让参与者体验到难忘的冒险经历,还可以让他们有机会为自己充电,学到真正的知识。

本书的完成,需要感谢参与编写的很多人,他们是:刘海燕、马云茜、张淑华、陈学慧、赵赟、王忠波、张国、何利轩、孟祥龙、修德武、郭春焱、刘波等(排名不分先后)。另外,对那些为我们提供帮助的人在此一并致谢!

编 者
2017 年 6 月

目 录

**第1章 打破坚冰——让新人迅速
融入团队** 1

嗨,初次见面 1

轻松的开场白 2

名字串串烧 3

做个伙伴吧 4

我们是盟友 5

让我们手牵手 6

融化坚冰 7

把面具画出来 8

指天画星星 9

顾客至上 9

人以群分 10

我报数,我存在 12

地震与松鼠 13

和谐默契的节奏 14

言不由衷 14

谁在呼唤 15

代号接龙 16

优点与缺点 17

"雨"中激情 18

扫把搭档 19

人体摄像头 20

角色互换 21

反其道而行之 22

幸运毛巾 23

大小风吹 24

逢7就要拍拍手 25

警察抓小偷 26

发生了什么变化 27

完璧归赵 28

我猜中了 29

我要找到你 30

文明掏包 31

体育发烧友 33

揪住龙尾 34

把紧张吹跑 35

红牌黄牌 36

翻叶子 37

奇数偶数 38

人浪的力量 39

我们是一家人 40

Hey, So, Go! 41

**第2章 互通有无——增强团队成员
之间的沟通能力及技巧** 43

塞车了吗 43

对号入座 44

激发正能量 45

"盲人"过马路 46

"盲人"运球 47

"盲人"足球赛 48

千斤顶 50

雪花片片 51

千分之一的遗憾 52

探囊取物 53

剑击气球 54

疯狂滚球 56

故事串串烧 57

带球赛跑 58

人体一条龙 ……………………… 59
南辕北辙 ………………………… 60
最佳推手 ………………………… 62
7 人团队杂技 …………………… 63
智救"犯人" ……………………… 64
网中情 …………………………… 65
过"鬼门关" ……………………… 66
肢体语言 ………………………… 68
查漏补缺 ………………………… 69
你是福尔摩斯吗 ………………… 70
淡定面对 ………………………… 71
百变七巧板 ……………………… 73
数字演示 ………………………… 74
蒙眼撕纸 ………………………… 75
皮筋接力 ………………………… 76
真人版找不同 …………………… 77
轮胎上的平衡 …………………… 78
情景再现 ………………………… 79
彩旗表决 ………………………… 80
智慧算术棍 ……………………… 81
挑战吉尼斯 ……………………… 82
打击"魔鬼" ……………………… 83
化解对抗 ………………………… 85
和谐团队 ………………………… 86

第 3 章　脱颖而出——提升自己的
　　　　表现力 ……………………… 88
最强大脑 ………………………… 88
梅花桩 …………………………… 89
蜘蛛侠 …………………………… 91
接盘侠 …………………………… 92
解开烦恼结 ……………………… 93
快速解绳 ………………………… 94
惊悚钢丝 ………………………… 95
天堑变通途 ……………………… 96
搭建帐篷 ………………………… 97
野营套餐 ………………………… 98

神话般的人工机器 ……………… 99
光荣使命 ………………………… 100
夺命"电网" ……………………… 102
单杠飞人 ………………………… 103
你说我做 ………………………… 104
力量支柱 ………………………… 105
绝处逢生 ………………………… 106
奇思妙想 ………………………… 108
巧舌如簧 ………………………… 109
玩具公司 ………………………… 110
极地营救 ………………………… 111
美丽景观 ………………………… 112
挑战极限的动作 ………………… 113
萌萌的鬼脸 ……………………… 114
彗星造访 ………………………… 115
前后滚翻 ………………………… 116
抵达"登月舱" …………………… 118
穿越"毒蛇阵" …………………… 120
钥匙的命运 ……………………… 121
彩色 T 恤 ………………………… 123
神奇的乒乓球 …………………… 124
绿色游戏 ………………………… 125
激情碰撞 ………………………… 126
穿越时空 ………………………… 128
不死鸟 …………………………… 129
命悬一线 ………………………… 130
跨越障碍 ………………………… 131
拼装空方阵 ……………………… 132
合作搭模型 ……………………… 134
解救"人质" ……………………… 135
"妖兽"再现 ……………………… 136
潘多拉的魔盒 …………………… 137
搞笑之王 ………………………… 138
啦啦队大比拼 …………………… 139
打造"航母" ……………………… 140
营造安乐窝 ……………………… 141

第4章 换位思考——角色扮演

　　游戏 …………………… 143

待客之道 ………………… 143

荒野求生 ………………… 144

荒岛逃生 ………………… 145

沼泽救险 ………………… 146

穿越峡谷 ………………… 147

穿越生死线 ……………… 148

夺宝奇兵 ………………… 150

城堡攻防 ………………… 151

小熊接力 ………………… 152

婚姻上的宾客 …………… 153

星光大道 ………………… 155

打是亲 …………………… 156

斗智斗勇 ………………… 157

趣猜人名 ………………… 158

小母鸡的遭遇 …………… 159

记者与明星 ……………… 161

真人秀版象棋 …………… 162

集体"越狱" ……………… 163

胜利大逃亡 ……………… 164

步步高 …………………… 165

移动与集合 ……………… 166

第5章 同甘共苦——让团队充满

　　凝聚力 ………………… 168

如果感到幸福你就拍拍手 …………168

团队"围猎" ……………… 169

团队俯卧撑 ……………… 170

十指紧扣 ………………… 171

躲猫猫 …………………… 172

成人版"过家家" ………… 173

绑定了 …………………… 174

身体器官脱口秀 ………… 176

定点清除 ………………… 177

孤岛作战 ………………… 178

穿越"雷区" ……………… 179

逃生呼啦圈 ……………… 180

抢占安全地带 …………… 181

"盲人"三角 ……………… 182

宇宙大爆炸 ……………… 183

新型时装秀 ……………… 184

气球接力秀 ……………… 185

垫球秀 …………………… 186

修复计算器 ……………… 187

击掌传球 ………………… 189

轮胎足球"世界杯" ……… 189

国球的激情碰撞 ………… 191

与"病毒"的赛跑 ………… 192

缓冲"防火墙" …………… 194

"瞎子"背"瘸子" ………… 195

挑水接力 ………………… 196

顶针串串烧 ……………… 197

猜猜他是谁 ……………… 199

猜猜是什么 ……………… 200

体验高铁 ………………… 201

探囊取物 ………………… 202

心灵宝石 ………………… 203

词汇大联欢 ……………… 204

唤人接包 ………………… 205

袋鼠接力 ………………… 206

搓纸条 …………………… 207

报纸拔河 ………………… 208

暑热中的清凉 …………… 209

佳人何处寻 ……………… 210

团队正能量 ……………… 211

水乳交融 ………………… 212

万里长城永不倒 ………… 213

第6章 肝胆相照——充分信任，

　　愉快合作 ……………… 215

团队精神一线牵 ………… 215

团队一条龙 ……………… 216

勇往直前 ………………… 217

生日串串烧 218

朋友圈 219

圈里圈外 220

环环相扣 221

层层传达 222

合作流水线 223

心电感应 224

暖身正能量 225

团队万花筒 226

团队人梯 228

巧妙过河 229

智渡"硫酸河" 230

勇闯"地雷阵" 231

排除"核武器" 232

兔子舞 233

青蛙大战 234

连续击球 235

团队传球 236

合作运球 237

定点进球 238

捆绑足球"世界杯" 239

足球射门 240

一起去看流星雨 241

飞人接力 243

背投游戏 244

举重若轻 245

接头暗号 246

秘密口令 247

抢运物资 248

同步行军 249

3个"臭皮匠" 250

"后劲"无穷 251

将合作进行到底 253

共建安乐窝 254

不要碰我 255

参考文献 257

第1章 打破坚冰
——让新人迅速融入团队

嗨,初次见面

【游戏时间】

15~25分钟。

【参与人数】

不限,团队全体成员均可以参加。

【道具准备】

姓名牌。

【游戏概述】

这个游戏比较适合陌生人较多的场合。

【游戏目的】

用游戏的方式,通过姓名牌来熟悉对方。

【游戏规则】

(1)游戏开始前,主持人先讲解游戏规则。

(2)第一步。

① 给每一个人都做一个姓名牌。

② 让每位成员在进入活动地点之前,先在名册上核对一下他的姓名,然后给他一个别人的姓名牌。

③ 当所有人都到齐后,开始寻找自己的姓名牌,并要求在3分钟之内找到,然后做简短的自我介绍。

(3)第二步。

① 主持人作自我介绍,然后告诉在场人员:"很高兴来到这儿!"

② 快速绕教室走一圈,问:"你是从谁的手中找到自己的?"

③ 注意让问答保持在一个轻松活泼的氛围内。

【相关讨论】

(1) 在游戏过程中,你是怎样找到自己的姓名牌的? 别人又是怎样从你手中发现"自己"的? 当你在寻找你的姓名牌上的人的时候,你是不是也在不经意间认识了很多其他的人?

(2) 这个游戏给你最大的感触是什么?

(3) 在第二步中,从主持人的问话中,我们可以听到别人在短时间内说出自己的名字,是不是很开心?

【游戏延伸】

如果陌生人较多,主持人一定要注意保持一个积极、幽默的态度,以便让大家迅速地消除腼腆等情绪,熟悉起来;同时有助于大家积极地发言。另外,主持人可适当多问几个第二步中的问题,那样现场气氛就会在短时间内活跃起来。

轻松的开场白

【游戏时间】

5~10 分钟。

【参与人数】

8 人以上。

【游戏概述】

适合于完全陌生的人。使用常用的开场白,以轻松的方式自我公开。它对任何规模的成年人团队大都适用,可以用于个人介绍或轻松休息。

【游戏目的】

借助人人都有的钥匙,构建人人都有的情感,在毫无威胁的情况下,实现陌生人之间的"零"防范。

【游戏规则】

(1) 请参与者站起来找个同伴。

(2) 然后,主持人告诉大家,我们都随身携带有用于做事或进入一定场所所需要的钥匙。

(3) 请参与者拿出他们放在皮包或手袋里的钥匙。

(4) 当参与者手里拿着钥匙时,他们各有 1 分钟时间向同伴解释钥匙的用途。

(5) 两分钟后,请大家彼此介绍对方钥匙的用途。

【相关讨论】

(1) 因为是完全陌生的人,你在介绍自己钥匙的时候是不是要留一手,怕对方对这串钥匙有企图呢?

（2）如果面对你的是一位异性，他（她）介绍得十分细致，当你充分被信任时，作为陌生人，你有何感想？这样的游戏对你以后的做事方法有没有影响？会有什么样的影响？

【游戏延伸】

主持人可以把该游戏变为小型团体活动，在介绍钥匙的过程中，还可以让参与者猜出对方还未介绍的钥匙的用途，以快速增加熟悉程度。当然，相应的惩罚可有可无，因为该游戏的目的是让大家快速熟悉。

名字串串烧

【游戏时间】

10~20分钟。

【参与人数】

不限，团队全体成员均可以参加。

【游戏概述】

适合陌生人之间展开的游戏。

【游戏目的】

活跃气氛，打破僵局，加速参与人员之间的了解。

【游戏规则】

（1）小组成员围成一圈，由主持人向任意一位成员点名，让该成员自我介绍，介绍的内容包括：单位、老家（如果有外省人员，可以让他们说出自己所在的省）、姓名等。

（2）第一名成员介绍完毕后，由第二名参与人员介绍，但是要说：我是×××后面的×××。

（3）同样，第三名参与人员在介绍自己的名字时要说：我是×××后面的×××的后面的×××，依次下去，实现接龙……

（4）最后介绍的一名参与人员要将前面所有参与人员的名字、单位复述一遍。

（5）参与游戏的成员可以接受旁边人员的提示。

【相关讨论】

（1）随着游戏的进行，你会发现，有些人的名字一下就记住了，但有些人的名字却久久不能记住，试着总结一下，在很难记住的这些名字中，是什么因素在作怪？该人的年龄？名字的偏僻程度还是外貌长相？

（2）怎样解决你总结后得出来的问题，比如，对异性中容貌较好，善于表达的人的名字记得往往很快，反之则很慢。现实生活中有这样的事情吗？该怎样面对？怎样解决？

【游戏延伸】

还有一种类似的接龙玩法是：参与游戏者在介绍自己之前，先把前面介绍过的所有人都介绍一遍，最后才轮到自己介绍，后面的人以此类推，不断重复前面人员的单位及名字。

做个伙伴吧

【游戏时间】

5~10分钟。

【参与人数】

不限，团队全体成员均可以参加。

【道具准备】

小块拼图（块数可根据参与游戏的人数而定）。

【游戏概述】

这是一个适合陌生人比较多的时候展开的游戏。

【游戏目的】

通过道具协助游戏参与者寻找自己的同伴，并增进参与者之间的熟悉程度，增加新团体的凝聚力，以及提高参与者的观察和沟通能力。

【游戏规则】

(1) 主持人首先根据人数给在场的每个人分发一小块拼图。

(2) 分发完毕后，告诉参与者每个人根据自己手上的小拼图去寻找其他同伴。例如：每个小图案是由6小块拼图组成的，大家如果找到自己的同伴就请围成一圈坐好，看哪组最快。

(3) 分好组后，可以让大家根据所拼的图案起队名、设计队徽等。

【相关讨论】

(1) 在寻找同伴的过程中，如何能最快地找齐自己的同伴？

(2) 你是主动寻找还是被动等待？各有什么优缺点？

【游戏延伸】

主持人可以根据希望分成的组数，每组有多少人来设置可以拼在一起的块数。户外活动中，这种游戏能迅速促进"帮派"的成立，从而能让陌生人很快地成为"死党"。

我们是盟友

【游戏时间】

10~30 分钟。

【参与人数】

不限,团队全体成员均可以参加。

【道具准备】

彩色图案。

【游戏概述】

适合不认识的陌生人之间的游戏。

【游戏目的】

(1) 当参与者之间互不认识时,打破僵局、活跃气氛。

(2) 增强参与者的观察、沟通、表达及呈现能力。

(3) 增进彼此的融洽程度,建立基本的伙伴关系,在游戏过程中,拆开原有组合,使陌生的成员有机会在一起交流。

【游戏规则】

(1) 准备一些色彩鲜艳的卡片（最好上面有完整的一张图片）,尺寸为 20 厘米×20 厘米为宜,将卡片平均裁成 4 份,裁后的每张卡片大小为 10 厘米×10 厘米。

(2) 每位成员任意领取一张卡片后,进入会场。

(3) 告诉在场的每一位成员,他们手中拿到的只是 1/4 张卡片,进入会场后,需要去寻找其他三位会员手中的卡片,将其拼合成一副完整的图片。

(4) 主持人在投影屏幕上依次播放完整图片,以便让参与者对自己手中的卡片有一个全面的认识。

(5) 所有参与人员必须仔细观察投影屏幕的提示,了解自己需要找的图片的基本颜色和内容,然后积极地寻找陌生人,询问、展示、合作,最终达成"4 人联盟"。成功配对的 4 位成员允许入座。

(6) 入座后的成员将卡片拼成一副完整的图片,放置桌面上。

(7) 如有成员入座后图片依然有误,则可表演一个节目以示"惩罚"。

【相关讨论】

(1) 你善于主动接触别人吗? 在寻找同盟的时候,你是怎样表达自己的? 你的表达方式有效吗?

(2) 在游戏过程中,你是否会去注意别人的特点? 你是否会犯同样的错误?

【注意事项】

(1) 会场上须设一位临时的辅助人员,用来解释游戏规则,并监督成员迅速投入游戏。

(2) 卡片内容以器具、动物、风景、单个人物为主,也可以采用文字形式,最后拼成一句话,显示会议主题,建议不要太复杂。

【游戏延伸】

此游戏与"找同伴"不同,在人数众多时,就需要用简单的图片来完成复杂的"组合"运动,所以,不能用拼图来代替本游戏中的卡片。

让我们手牵手

【游戏时间】

5~10 分钟。

【参与人数】

不限,团队全体成员均可以参加。

【游戏概述】

适合各种场合,尤其陌生人较多时可迅速提高活动气氛。

【游戏目的】

调节活动气氛,使游戏参与者在短时间内消除拘谨、放开自己、融入团体。

【游戏规则】

(1) 全体人员分为两组,各组人数不限,选好后排成两排。

(2) 两组人员面对面坐下,手牵着手。

(3) 主持人叫出植物或动物的名称前,组员把手放开,叫到植物时,全部的人要将双手上举,叫动物时则放下,如果连叫两次植物或动物就保持上举或放下的动作。

(4) 例如:白菜(上举),兔子(放下),熊猫(放下),桃花(上举),以此类推。

(5) 两组组长轮流叫名,动作错误的人就要被淘汰,经过几次后剩下人数较多的那组获胜。

【相关讨论】

(1) 做这样的游戏时大家是不是有一个参照效应?比如参考平时做事比较不错的领导或者同事的动作。相信自己吧,在游戏中,也要投入而坚定地保持自己的立场,最后方能胜出。

(2) 这组游戏的关键是在第一时间内搞明白主持人说的是"动物"还是"植物",如果主持人说得生僻一点怎么办?比如"牡蛎""蛇豆"等。

【游戏延伸】

　　如果主持人有充分的台下准备时间,该游戏可多准备几个类似"蛇豆""斗牛""狗尾巴草(花)"等可迷惑参与者的词汇。

融 化 坚 冰

【游戏时间】

　　5~10 分钟。

【参与人数】

　　分组进行,组数不限,每组人数最好为 6 人。

【道具准备】

　　冰、密实袋、水杯。

【游戏概述】

　　该游戏的主要目的是提高团队合作的效率,用最快的时间融冰,必须要让每个人持续不断地提供热量,从而达到该游戏的目的。

【游戏目的】

　　通过游戏,锻炼大家的奉献精神。

【游戏规则】

　　(1) 分给每组一个装着相同分量的冰的密实袋。

　　(2) 主持人宣布规则,并监督整个游戏。

　　(3) 比赛规则:要大家在指定时间内用任何方法来融掉所拥有的冰(不能借助打火机等其他除身体以外的任何工具)。

　　(4) 在规定时间过后,让游戏参与者将融出来的水倒到水杯里,融出的水最多的那组为胜。

【相关讨论】

　　(1) 冰在融化的时候会吸热,那么,怎样由小组成员持续不断地提供热源呢?大家自发地提供,还是由谁说了算,如果有一位领导者,那么这位领导者是怎么产生的?

　　(2) 如果在冬天玩这个游戏,你会有什么感觉,会不会埋怨,埋怨的结果会是什么?

【游戏延伸】

　　如果想体现团队的合作精神,这个游戏最好是在冬天玩,炎热的夏天,大家巴不得抱一块冷冰,所以,未必能恰当地体现出某一种精神。而冬天则不同,一来可以"折磨"参与者的毅力；二来可以考验团队的合作互助性。

把面具画出来

【游戏时间】

5~10分钟。

【参与人数】

不限,每组人数5人左右为宜,否则容易气氛沉闷。

【道具准备】

空白纸面具（其实就是一张适当大小的干净白纸,加根橡皮筋而已）数个、粗笔数支、蒙眼黑布一条。

【游戏概述】

该游戏的主旨是活跃活动气氛,消除陌生人之间的忸怩羞涩之感。

【游戏目的】

通过蒙眼者的绘制,使团队活动气氛发挥到极致,并让大家感觉到彼此信任的重要性。

【游戏规则】

(1) 分成若干组,每组5人左右,排成直行。

(2) 其中1人戴上面具,另1人要负责做描述者。

(3) 由主持人发命令,如：要参与者首先在面具上画上左眼,那么每组的第一个人便要蒙上眼,由描述者指示他们去在面具上画上左眼。

(4) 待大家都完成后再由主持人发出下一个指示（如画上右眼）,以此类推。

(5) 待一幅幅面具都画好的时候,最漂亮的面具绘制者胜出。

【相关讨论】

(1) 假如你是戴面具的人,你该怎样配合对方在你"脸"上绘制图形呢？如果你是绘制者,那你该用怎样的心态在队友的提示下顺利完成绘制任务？

(2) 在生活中,有没有完全按同伴的指挥去做的事情？从这个游戏中,你能找到现实生活中的相关启示吗？

【游戏延伸】

这是一个简单的"破冰"游戏,主持人可根据参与人数的不同来适当调整游戏的难度,比如随时更换绘制者,或者更换戴面具的人员等,总之,能让大家都不同程度地参与游戏是最大的目的。

指天画星星

【游戏时间】

5~10 分钟。

【参与人数】

每组 2 人。

【游戏概述】

这个游戏不适合人数众多时使用,重在大家参与,游戏正式开始前,最好先演习几遍。

【游戏目的】

通过大家的参与,调动活动气氛,培养反应灵敏度。

【游戏规则】

（1）先共同定出一些标准动作。如一方说出"在棒球场",另一方即以"挥棒"的动作代替口语回答;比如一方说出"星星",另一方即用"手指天空"的动作来回答。

（2）参与游戏的两个人面对面坐好,由"石头、剪子、布"的形式决出胜者,猜拳赢的一方先说,另一方则要针对对方的问题用动作回答,错的人就算输了。

（3）例如,说"在棒球场",做"挥棒姿势";说"在天上",做"指天的动作";说"在照相馆",做"搔首弄姿的动作"……

（4）游戏反复进行,并不断加快速度,做的人就很容易出错,出错者淘汰出局。

（5）输的一方被淘汰,赢的人再继续两人一组,一直到比出最后剩下的那一个,就是最后的胜利者。

【相关讨论】

（1）在游戏开始的时候,这个"2 人组合"是怎么选出来的?

（2）如果有些搭档还没进行一轮游戏就被淘汰了,是不是还要给对方一次机会呢?诸如此类的问题,还需事先讨论制订好方案。

【游戏延伸】

选搭档的游戏,在本书中也有不少,是不是可以找一个类似游戏,先选出适合自己的搭档呢?

顾 客 至 上

【游戏时间】

15 分钟。

【参与人数】

每组 6~10 人。

【游戏概述】

团队游戏,适合认识不久的人员之间的交流。

【游戏目的】

同过"买"和"卖"的气氛,让大家在短时间内熟悉起来。

【游戏规则】

(1) 先选一位参与游戏的人当老板。

(2) 老板要先将自己生意的订单告诉店员,再让店员报告订单的内容——订货人的姓名和货物。

(3) 例如,老板指着其中一人说:"鱼店。"被指到的人就要立刻说:"李先生订海南龙虾两只。"如果顾客所订的东西有重复,那被指到的人就输了。

(4) 在进行游戏的过程中,生意的内容可不断变化,使游戏继续玩下去。

(5) 输了的一方接受适当的"惩罚"。

【相关讨论】

(1) 在该游戏当中,怎样才能所向披靡,平安"过关"?

(2) 老板应该怎么选出来?他在游戏中发挥了什么积极作用?

【游戏延伸】

既然是"顾客至上",主持人可根据当地习惯或者本单位的情况,适当添加一些笑料,该游戏与《指天画星星》有异曲同工之妙,两者可交替进行。

人 以 群 分

【游戏时间】

5~10 分钟。

【参与人数】

不限,团队全体成员均可以参加。

【道具准备】

蒙眼罩若干条(根据参与小组游戏的人数而定)。

【游戏概述】

适合陌生人在开展一些小游戏之前的分组。

【游戏目的】

最终目的是通过一些简单的小游戏,分出不同的小组,为后面的其他游戏做好准备。

【游戏规则】

1)寻找对象

(1)游戏参与者围成一个圆圈——当主持人说"Look up！ Look down！"时——大家随着口令看上、看下,然后用目光锁定对面的一位搭档,当两人的目光相对时,则拍手、出场交谈——交谈3分钟,其他人员继续游戏。

(2)陆续找到新搭档,交谈完毕后,让参与者分两列按找到的搭档顺序面对面站立,队列形成后,各自后退5米——蒙上眼罩——发出声音,寻找到搭档(如果参与者事先认识,不可用参与者及单位名称),通过适当的引导,最好能找到自己的搭档,则该部分游戏结束。

2)左、中、右

主持人可以向参与者问以下问题。

早上起床时,是从床头下地,还是从床尾下地? ——从床头下地的站左边,从床尾下地的站右边,记不清的站中间。

早上穿袜子(鞋)时,先穿左边的袜子(鞋)？ 还是先穿右边的袜子(鞋)？ 同样,先穿左脚的站左边,先穿右脚的站右边,记不清的站中间。

以此种办法将参与人员分成三大组。

3)谁是勇士

如果依上法分成的三组人数差距过大,则继续分组,按以下办法:请大家自由组合,寻找另外两位与自己相像的伙伴,分成3人一组。然后提问:

(1)谁愿意第一个站起来？

(2)谁愿意第二个站起来？

由此,将参与者分成3批。

【相关讨论】

(1)3分钟的时间,了解一个陌生人足够了,但当你蒙上眼罩时,怎样才能迅速判断出刚结识的搭档?

(2)通过"左、中、右"的游戏,我们才发现,其实,生活中的很多细节我们原本就不太在意,这件事情,对我们的生活有什么启示吗?

【游戏延伸】

对其他游戏来说,分组游戏其实可以不算游戏,它是为组员参与其他游戏而准备的一套"工具",但通过该游戏的补充和基础,主持人可适当发挥,迅速提高参与者参与游戏的兴趣和投入度,使整个场面在短时间内活跃起来。

我报数，我存在

【游戏时间】

30~60 分钟，由团队人数的多少决定。

【参与人数】

越多越好，可以是团队全体成员。

【道具准备】

秒表。

【游戏概述】

这是一个关于提高团队效率的游戏。

【游戏目的】

通过该游戏，使团队通过竞争提高效率，并让队员看到团队的责任心。

【游戏规则】

(1) 将所有参与游戏的人，在很短的时间内分成两组。

(2) 在两组中，挑选男、女队长各一名，组织团队进行比赛（队长不参加比赛）。

(3) 主持人要求队长宣誓，并问三个问题："有没有信心战胜对手？""如果失败，敢不敢面对组员的指责？""如果失败，愿不愿意承担由此所带来的一切责任？"

(4) 主持人宣布比赛规则。

① 本游戏的比赛内容是"报数"，要求全队参与人员用最快的速度报数，速度最快者为胜利者。

② 两组分别进行 8 轮比赛，每轮比赛间隔休息时间分别为：3 分钟、2 分钟（2 次）、1.5 分钟（2 次）、1 分钟（2 次）。

③ 每轮比赛进行奖惩。输者，由队长率领队员向对方表示诚服，并对对方队员说："恭喜你们！"并由男、女队长各做俯卧撑 10 次，如果以后再输，队长的俯卧撑次数将会成倍递增。胜利一方，队长号召全队哈哈大笑，以示胜利。

(5) 将每轮比赛的结果记录在白板上，8 轮游戏结束后，播放抒情音乐，调节大家的情绪。

【相关讨论】

(1) 在参与游戏的过程中，是不是每个人都同意所有的意见？如果不是，为什么？

(2) 通过该游戏，你能认识到责任心对一件事情乃至整个人生的重要性吗？

【游戏延伸】

既然是团队游戏，除了报数，还能有其他玩法，比如"叫自己的名字""叫别人的名字""每人说一句话"完成报数等，重在人人参与，体现团队精神。

地震与松鼠

【游戏时间】

5~10 分钟。

【参与人数】

10 人以上,也可以是团队全体成员。

【游戏概述】

用最快的速度,实现陌生人之间的亲密接触,对某一个小团体来说,是不是很有用? 这个游戏就是为此而设。

【游戏目的】

随着游戏的不断进行,许多原来未曾有近距离面对的人,此时有了面对面的机会,当然,游戏的直接目的是娱乐,其次是熟悉对方。

【游戏规则】

(1) 在游戏开始之前,主持人随即将 3 人分成一组,其中两人扮大树,面对面站好,伸出双手搭成一个圆圈;另一位扮松鼠的人站在圆圈中间,主持人或其他没成对的参与人员担任临时人员。

(2) 当主持人喊"松鼠"时:大树不动,扮演"松鼠"的人离开原来的大树,重新选择其他的大树,为了提高游戏的竞争性,主持人或事先准备好的临时人员迅速钻到大树中去,以便给别人留下挑战余地,落单的人表演节目。

(3) 当主持人喊"大树"时:松鼠不动,扮演"大树"的人必须离开原先的搭档去重新组合一棵大树,并用最快的速度圈住一只松鼠,落单的人表演节目。

(4) 当主持人喊"地震"时:大树和松鼠全部散开,并迅速重新组合,此时,游戏规则打乱,原来是大树的人也可扮演松鼠,松鼠也可扮演大树,临时人员还是用最快的速度加入树或者松鼠的行列中,落单的人表演节目。

(5) 主持人将统计好的每次落单的人员组织起来,依次表演节目。

【相关讨论】

(1) 如果组成"大树"的两个人是男性,当一个女性站在中间会不会不好意思? 反之亦然,这样近距离的接触其实对大家的沟通有很大的好处。

(2) 你会不会是最倒霉的始终落单的人呢? 是你不主动还是别人忽略了你?

【游戏延伸】

在游戏的过程中,主持人可以随时让落单者组合表演节目,也可以到最后一起表演节目。这个游戏因为事先设计了几个临时人员,所以,难度由临时人员的多少以及他们插队的速度来决定。

另外,主持人也可以考虑在口令中间停顿几十秒钟,以便大家有时间去"破冰"。

和谐默契的节奏

【游戏时间】

5~10分钟。

【参与人数】

不限,团队全体成员均可以参加。

【游戏概述】

适合陌生人,通过简短的交谈,形成默契,并最终完成游戏。

【游戏目的】

这是一个气氛活跃,较为典型的团体游戏。在游戏过程中,组员之间的团结性、和谐性得到了充分的体现;在快乐的气氛中,大家能够犹如孩子般投入活动,使身心得到很好的放松和愉悦;在游戏的过程中,组员之间的交流增加,每一名参与者的人际交往的技巧和能力得到极大的增强;游戏可锻炼自我把握有限信息,进行交流的能力。

【游戏规则】

(1) 让参与者双手搭在左右伙伴的肩膀上,围成一圈。
(2) 在训练员的口令下往前踏步。
(3) 计算共能走动几步,步数较多者为胜。

【相关讨论】

(1) 在游戏过程中,应注意肩部的压迫,压力过大时应出声停止,调整好后再继续游戏。你知道为什么吗?
(2) 应该怎样避免朝某一方向跌倒?

【游戏延伸】

这一个大游戏可以演绎成好几个版本的小游戏,主持人可随意根据人员情况调整或更改游戏。能最大限度地调动活动气氛,就是我们的目的。

言 不 由 衷

【游戏时间】

根据人数而定,一般在15分钟左右为宜。

【参与人数】

10~20 人,男女对半更佳。

【游戏概述】

这种答非所问式的游戏,最适合彼此陌生的人快速活络起来。

【游戏目的】

通过问一些比较"隐私"的问题,让大家放开拘束,充分调动起活动气氛。

【游戏规则】

(1) 整个游戏的过程都很简单,用"是"或"不是"回答"鬼"提出来的问题,但回答必须要言不由衷,颠倒事实来回答。

(2) 举例,对一位男生说:"你常穿高跟鞋吗?"男生必须回答:"是。"

(3) 游戏开始时,先指定一个人当"鬼",由"鬼"依次发问,答错的人就换当"鬼",几轮下来,从来没当过"鬼"的人为胜利者。

【相关讨论】

(1) 在游戏进行中,如果有人无意中提了一个你很敏感的问题应如何处理? 或者是相对隐私的问题,该怎么处理?

(2) 能不能想到一个不论回答"是"或者"不是"都能让大家哄堂大笑的问题?

【游戏延伸】

这个游戏虽然与标准的"答非所问"有点距离,但主持人可以发挥成"答非所问"的游戏,即所问的问题与回答的问题风马牛不相及,如果沾边,则意味失败。如果在提问的过程中规定速度,一定很好玩。在上述游戏中,如果对一个人各问两个问题,则相当有趣。

谁 在 呼 唤

【游戏时间】

5~10 分钟。

【参与人数】

不限,团队全体成员均可以参加。

【道具准备】

黑板或足够让大家能看清楚的白纸、粉笔或碳素笔。

【游戏概述】

情绪也有正性与负性之分。所谓正性情绪,也就是积极向上的,比如兴奋、好玩、幽默可以激发人的创造力,甚至提高团队合作的和谐程度;而许多负性情绪,如痛苦、焦虑、恐惧则会阻碍人的创造力发挥。我们每个人都有因成功或失败而导致情绪波动的经历。下面这个游戏可以让你体验情绪在游戏人生中所发挥的作用,当然,也能训练幽默和乐观的情绪。

【游戏目的】

放开枷锁,让参与者自然、乐观起来,激发正能量。

【游戏规则】

(1) 主持人宣布比赛规则:这个游戏是学动物叫的游戏,具体学哪个动物叫可根据下面的列表来"对号入座"。

(2) 将对应的动物在黑板或白纸上写清楚。

参与者姓氏拼音的第一字母	动物名称
A—F	一种鸟
G—L	狗
M—R	狼
S—Z	羔羊

(3) 让参与者选择一个伙伴(最好在这些朋友中挑一位不太熟悉的人作为伙伴)。彼此盯着看,目光不能转移,同时用嘴大声学动物叫,至少10秒钟。

【相关讨论】

这个游戏最不好控制的就是开始的时候,主持人可以选一个平时比较乐观幽默的人开始此游戏,尽管开始时会感到不舒服,在结束时肯定会笑声满堂。

谁都可能没有机会,或者没有心思去研究一种动物是怎么叫的,更不用提学某一种动物的叫声了,而这里,你可以灵机一动,模仿出种种出人意料的叫声,甚至会博得满堂喝彩!在这个游戏中,怎样消除尴尬心理可能就是唯一的难关。

【游戏延伸】

这个游戏要求参与者偏离一贯的社会行为,有些在现实生活中有着一定社会地位的人可能会羞于开口,颜面要紧,主持人在操作时可适当调整,领导的"叫声"才能博得大家的积极参与,当然,动物的种类可根据当地情况做适当调整。

代 号 接 龙

【游戏时间】

10~30分钟。

【参与人数】

10人以内。

【游戏概述】

这个游戏在于训练个人的反应力和记忆力,以最快的速度判断自己所在的位置。

【游戏目的】

培养参与者之间的感情,提高反应速度及应变能力。

【游戏规则】

(1) 参加者围成一个圆圈坐着,先选出 1 人做鬼。

(2) 参加者以鬼的位置为基准,从鬼开始算来的数字,就是自己的代号,每个当鬼的人都是 1 号,鬼的右边第一位是 2 号,依次为 3 号……

(3) 游戏从鬼这里开始进行。如果鬼开始说“1、2”,其意思就是由第 1 个人传给第 2 个人的意思。

(4) 2 号在接到口令后,就要马上传给任何一个参加者,例如“2、5”,2 当时就是自己的代号,5 则是自己想传达者的代号,此数字可以自由选择。

(5) 在比赛顺利进行的过程中,如果自己的代号被叫到却没有回答的人,就要做鬼,而此时,所有人的代号就要从出错人的地方开始更改。

【相关讨论】

(1) 如果总是一个人出错而频频换号,你会有怨言吗?

(2) 充满活力的锻炼对一个人的活力水平有什么样的影响? 在繁忙的工作时间里,你有没有进行充满活力的锻炼? 如果你觉得这个游戏有趣,那就该想想应该怎样把充满活力的锻炼融进自己的日常生活中。

【游戏延伸】

这个游戏的乐趣与否,决定于参与者的反应速度,越激烈,越有趣。如果这个游戏用在陌生人较多的时候,还可以直接喊名字,那样就能很快记住对方的名字。

优点与缺点

【游戏时间】

30 分钟左右。

【参与人数】

不限,团队全体成员均可以参加。

【道具准备】

“优点与缺点”的表格人手一份、笔每人一支。

【游戏概述】

在没有任何压力的情况下,写出其他人的优点及缺点。特别适用于同一组或一同工作的,或者团队中互相了解的成员。

【游戏目的】

让参与者很坦诚地反馈团队中其他成员的优缺点,同时达到共同进步的目的。

【游戏规则】

(1) 主持人宣布规则:这个游戏的最终目的就是让大家都知道自己的优点与缺点,当然,每个人必须要对团队里其他人的优点和缺点如实反馈,也就是说,将你喜欢或不喜欢某人的某一方面写在纸上就行了。

(2) 主持人继续宣布:这是一项保密的活动,没人被告知是谁写的他的优点与缺点的内容。

(3) 给每个人一张"优点与缺点"的表格,并告诉他们每人为其他人至少写出一条喜欢或不喜欢的内容。

(4) 收集每张答卷,混合一起并对每个人念出写给他们的意见,当然,主持人应该从自己的名字读起,读完后,当众销毁纸条。

【相关讨论】

(1) 大家应该明白的一点是:并不是所有的意见都正确,在很多人的意见中,肯定有自相矛盾的意见,这就是所谓"仁者乐山,智者乐水"的道理吧。碰到这种情况,该怎么处理呢?

(2) 你会不会很真诚地提意见? 别人会不会向你很真诚地提意见呢?

【游戏延伸】

在复印"优点与缺点"的表格之前,主持人可根据现场人数,将所有成员的名字都添加到表格中,这样有助于大家对每个人都写下相应的优点和缺点。

"雨"中激情

【游戏时间】

15 分钟。

【参与人数】

不限,团队全体成员均可以参加。

【游戏概述】

这个游戏适合在某个大型演讲或聚会的中间调节气氛,也可放在结束环节将气氛推向高潮,最后散会。

【游戏目的】

在短时间内让大家感受到团队的力量,充分放松自己。

【游戏规则】

(1) 让所有在场的人利用身体的任何部位碰撞发出两种以上的声音,声音越大越好,此时,场面肯定一片混乱。

(2) 让所有参与者用自己最擅长的方式来发出一种声音,随着游戏的进行,大多声音会汇合到几种主流的声音,比如打响指、拍手等。

(3) 接下来,主持人继续引导大家,逐渐形成四种声音发出的方式。

① 打响指。

② 两手轮拍大腿。

③ 大力鼓掌。

④ 跺脚。

(4) 随着游戏的进行,这四种声音的变化汇成一种大自然的声音,即《雨点变奏曲》,目的是让大家在没有杂音的气氛中制造出大自然的天籁之声。

(5) 主持人继续提示大家:想象一下,我们发出的声音和下雨会不会有许多相似的地方。

① "小雨"——打响指。

② "中雨"——两手轮拍大腿。

③ "大雨"——大力鼓掌。

④ "暴雨"——跺脚。

(6) 等大家明白游戏的整个程序后,主持人开始引导:现在开始下小雨……小雨变成中雨……中雨变成大雨……大雨变成暴风,直到最后,雨过天晴。随着不断变化的手势,让大家发出的声音不断变化,场面会非常热烈。

(7) 最后,主持人宣布:让我们以暴风骤雨的掌声迎接……

(8) 游戏结束。

【相关讨论】

(1) 人数众多的游戏,难免会出现一两个人捣乱的场面,这时候主持人该怎么办?

(2) 这个游戏的最佳效果会怎样? 跟大家或者主持人谁的关系大一点? 该怎样调整呢?

【游戏延伸】

吹口哨也是一种身体的声音,如果主持人能善于组织和调动情绪,将大家的口哨声也挖掘出来,配合以"雨点"的效果,岂不是更加有趣?

扫 把 搭 档

【游戏时间】

5~10 分钟。

【参与人数】

10 人左右。

【道具准备】

长柄扫把。

【游戏概述】

一人将圆圈内的扫把弄倒,另一人过去扶起来,当然是在倒地之前扶起来,这是一个 HR 游戏,适合团队建设或提高集体的和谐程度。

【游戏目的】

提高反应速度,快速解除忸怩之态。

【游戏规则】

(1) 几个人排成圆圈,从某一个人开始,编好号码,先选定一个人手扶扫把站在圆圈中间。

(2) 中间的人说出一个号码,同时把手中倒立的扫把放开。

(3) 被叫到号码的人要用最快的速度去扶起扫把,当然是在扫把落地之前。

(4) 没抓住的人站在中间继续扶扫把。

(5) 原来站在中间的人回到队伍中,顶替失败者的号码,最后,未扶扫把的人获胜。

【相关讨论】

(1) 这个游戏可能有两种玩法:一种是直呼其名;另一种就是按编号进行,这两种玩法哪一种更好?主持人可根据人员的熟悉程度来定。如果是陌生人较多,则适合直呼其名,反之,编号可能会更好一点。主持人可以主动请缨,第一个去扶扫把。除此之外,也可以让大家建议由谁来第一个扶扫把。

(2) 这种游戏看起来跟现实毫不沾边,其实,参与者的态度是决定胜败的关键,现实中何尝不是这样?

【游戏延伸】

如果是陌生人居多,大家在相互介绍过名字后可直呼其名,一来加深印象,二来迅速熟悉对方。

人体摄像头

【游戏时间】

5~10 分钟。

【参与人数】

每组 2 人。

【道具准备】

小块拼图（块数可根据参与游戏的人数而定）。

【游戏概述】

很简单的一个两人游戏,但趣味无穷。

【游戏目的】

忠实地记录眼睛所见的景物,用毫无杂念的心态去解决问题。

【游戏规则】

（1）首先,主持人宣布比赛规则：两人一组,由参与者自行选定一位伙伴,并决定谁先扮演相机,另一位则扮演摄影师。

（2）扮演相机者的眼睛代表镜头,耳朵代表快门按钮,"摄影师"则站在"相机"后方。

（3）角色选定后,由"摄影师"按着相机的肩膀引导到各处取景,在按"快门"拍照前,"相机"的"镜头"都是闭着的,当摄影师按下快门后,相机的"镜头"快速打开记录约一秒然后"关"上,此时,"相机"应该认真而毫无杂念地记下眼前的风景,然后再由"摄影师"引导到其他地方取景。

（4）"摄影师"完成照片记录后,两人角色互换。

（5）完成全部动作后,请两边的"摄影师"和"相机"讲讲自己在游戏中的心得。

【相关讨论】

（1）这个游戏最适合在旅行途中或郊游的某一个场合中进行,看似简单却蕴含深意,建议大家在参与游戏时心无杂念,充分信任对方。你能做到吗?

（2）通常此活动会安排在某一次行程或学习的最后,透过活动让参与者对整个过程中的学习内容或旅行景点做一归纳。这样做有什么重要意义呢?

【游戏延伸】

如果条件允许,还可指定一个人拿着数码相机对做假相机所拍摄的景物做一记录,到时候记录"相机"描述的语言,更能留下美好的回忆。游戏参与者在整个游戏过程中,最好要认真对待,那样做出来的效果才是最好的。

角 色 互 换

【游戏时间】

20~30 分钟。

【参与人数】

10 人左右。

【游戏概述】

该游戏适合在比较熟悉的人之间进行。

【游戏目的】

打破定向思维,用全新的思路去面对游戏,接受挑战。

【游戏规则】

(1) 参加者围成一个圆圈坐下。

(2) 主持人宣布比赛规则:把自己的名字改成左邻者的名字,即从现在开始"张三"不叫张三,而改叫左边的"李四",在整个游戏中,"张三"本人是真正的张三右边的人。

(3) 用一种大家都能接受的方式来决定提问的顺序,然后按顺序来提问。

(4) 当主持人问道:"张三先生,你今早几点刷牙?"时,真正的张三自然不必作答,而张三左边的假张三必须回答,比如:"我今天早晨没刷牙……"

(5) 破坏游戏规则者,就要被淘汰。

(6) 最后剩下的一个人就是胜利者。

【相关讨论】

(1) 按中国的传统习惯,可能有些人接受不了这种换名字的做法,如果出现这样的人,主持人该怎么办?

(2) 人们都对自己的名字再熟悉不过了,如果突然改叫其他的,自然会不适应,这个游戏,就是考验人们的习性,瞬间适应能力的强弱决定着游戏中你终将胜利还是失败。你能经受住考验吗?

【游戏延伸】

如果游戏中男性参与者的名字换成在场的女性同事或朋友的名字,效果会怎样呢? 一定会有人反应不上来而遭遇失败。

反其道而行之

【游戏时间】

15 分钟。

【参与人数】

10~20 人。

【游戏概述】

这个游戏的主旨是,游戏参与者按主持人的口令,用"相反"的动作打破常规思维,使参与者在短时间内适应"反其道而行之"的游戏思维。

【游戏目的】

锻炼大家的反应能力及参与游戏的灵敏性,并在游戏的氛围中快速熟悉对方。

【游戏规则】

(1) 参加者围成一个圆圈,主持人站中间。

(2) 所有游戏参与者均需按主持人口令相反的动作做事,但只动头,不动别的身体部位。比如,主持人说"右",全部人就将头转向左边,说"左"的时候,所有人就将头转向右边……以此类推,也就是要做和主持人口令相反方向的动作。

(3) 临时人员(裁判)或主持人要仔细观察参加者,一发现有人犯错,立即宣判出局。

(4) 最后剩下的人即为获胜。

【相关讨论】

(1) 在游戏的过程中,参与者之间的沟通如何? 在面对主持人频频改变的口令时,能不能比较有序地进行游戏?

(2) 怎样才会在游戏中有更好的表现?

【游戏延伸】

主持人可适当放宽游戏限制,比如,不一定要转头,也可以用手上下左右按口令运动。当然,在附加了游戏条件时,裁判工作的难度就会适当加大。

幸 运 毛 巾

【游戏时间】

5~10 分钟。

【参与人数】

20 人以上,也可以是团队全体成员。

【道具准备】

硬币一枚、毛巾或抹布一块。

【游戏概述】

该游戏适合在刚认识或不认识的人之间展开。

【游戏目的】

通过组员之间在闭着眼睛时的信息传递,培养组员之间的默契程度,提高大家的合作意识。

【游戏规则】

(1) 游戏开始,主持人宣布比赛规则:游戏分两组,每组排成直线,两组中间隔些距离。

(2) 每个人面向外边方向(内边方向为面对面另一组人),手牵着手,闭眼睛。第二组的第一人面向相反方向(向内边),睁开眼睛。

(3) 主持人把一条毛巾放在第二组最后的中间位置,离第二组最后一人各有相同距离。

(4) 主持人站在第二组第一人的中间。此时应该除了第一人的眼睛是睁开的外,其余的人全闭上眼。主持人先告诉第一人硬币的正反面,然后开始投掷。如果为正面,第一人必须马上按一下下一个人的手。然后不出声地直传下去。当最后一人感觉到被按,必须马上去抢夺毛巾。先得到毛巾的那人放回毛巾,走到最前头成为第一人。没抢到毛巾的那一人留在原位,直到抢到毛巾为止才能换到前头。

(5) 哪一组最先轮完哪组赢。

【相关讨论】

(1) 游戏过程中,除了第一人,大家都是闭着眼睛的,在这种情况下,怎样才能快速传递信息? 如果你的下一个人是陌生人,你会难为情吗,该怎么处理?

(2) 同组的人要不要事先在主持人的协调下商议一下游戏进程,以便提高游戏效率? 你认为影响这个游戏成败最关键的因素是什么?

【游戏延伸】

刚"认识"不久的陌生人就要"拉手",这对很多人来说是件难为情的事情,其实,这个游戏只是用触手来传递信息,如果同为年轻人,主持人还可以让大家用一种特别的方法在对方手上划出某个信息,那样,闭着眼睛的两个人就有更多时间接触,游戏氛围会更加浓烈。

大 小 风 吹

【游戏时间】

20~40 分钟。

【参与人数】

不限,团队全体成员均可以参加。

【游戏概述】

这是一个适合在刚认识或不认识的人之间展开的游戏。

【游戏目的】

随着游戏的进行,成员之间互相交流的机会大大增多,不论是认识的还是不认识的人,均在该游戏的气氛中迅速达成一种默契。"吹"的内容不同,则同类特征的人也不同,一聚一散间,游戏参与者很快与大家熟络起来。

【游戏规则】

(1) 将比参与游戏的人数小1的数目统计出来,大家将按这个数字,把椅子围成一圈。

(2) 除了当"鬼"的人以外,其余的参与者分别坐在不同的椅子上(每张椅子限坐一人)。

(3) 做鬼的人站在圈子的中央,他可以随意说"大(小)风吹"。如果他说"大风吹",他说有某一项特征的人必须起来换位置。如果说小风吹,则是相反,没有该特征的人起来换位置。换位置时不能持续两人互换或坐回原位。没抢到位置的人则是新鬼。

(4) 主持人宣布游戏例子。

鬼:大(小)风吹。

其余的人:吹什么?

鬼:吹黑头发的人!(如是大风吹,则黑头发的人起来换;如果小风吹,则是不是黑头发的人起来换。)

(5) 做鬼三次的人则算输,需接受处罚。

【相关讨论】

(1) 一个和谐而良好的拓展游戏绝对能提高团队之间的合作效率,从这个游戏中,你能体会到团队合作的智慧吗?

(2) 本游戏对我们的日常生活和工作有什么启示?

【游戏延伸】

在参与游戏的人中,肯定有许多特征供"鬼"消遣,但需要记住,千万不要拿某个人的缺点来当作"大风""小风"的呼唤项,比如身高、宗教等可能引起某些参与者反感的话题。

逢 7 就要拍拍手

【游戏时间】

5~10 分钟。

【参与人数】

不限,小队人数以 8~15 人为宜。

【游戏概述】

小队游戏,适合在小队或是联谊时进行的小游戏,这类活动的特点就是不需要带领技巧,只要规则讲解详细,能让大家熟悉游戏规则,就可以让活动顺利进行。

【游戏目的】

增加组员交流机会,活跃活动气氛。

【游戏规则】

(1) 游戏队列可根据场地条件随机安排,或坐成圈或站成两队、坐在方形长桌两边等。

(2) 从某一人开始顺时针报数,当报到7或7的倍数时,此人以拍手代替说话,也就是拍手一下不能喊出数字,下一个人继续报下一个数字。

(3) 待大家熟悉规则后,就增加拍手的频率,除了7和7的倍数,只要有7的数字就要拍手,例如7、17、27等。

(4) 最后,再增加难度,数字加起来是7的倍数也要拍手,例如:16、25、34、43等。

(5) 每次出错,游戏重新开始,由出错者表演节目或接受适当的"惩罚"。

【相关讨论】

(1) 这个游戏需要全身心地投入,特别是,如果在游戏的进阶阶段,参与者的每一次思路"放假"都有可能导致错误,从而让游戏重新开始。

(2) 如果你在玩这个游戏时,注意力始终不能集中,能找到原因吗?平时是不是也有这样心猿意马的时候呢?该怎么解决?

【游戏延伸】

这个游戏变化很多,主持人可举一反三地采用多种方式,比如:

(1) 到7的那人不报数字,而旁边两个人要拍手一下。

(2) 到7的那人不报数字,他对面的人要拍手一下,并且喊下一个数字,可以在一开始的时候让大家报数,只报一半就从头。例如:8个人报到"4"后再从"1"开始,这样每个人对面就有一个人跟自己的号码相同,就可以很明确地知道对面的人是谁。

当然,这个活动的关键在于熟悉规则,才能让活动刺激而有趣,所以不要太快玩进阶的规则,甚至不要把规则制定得太复杂,越简单可能会越有趣!

警察抓小偷

【游戏时间】

30分钟左右。

【参与人数】

每组8~15人。

【游戏概述】

这是一个适合陌生人比较多的时候展开的游戏。

【游戏目的】

通过道具协助游戏参与者寻找自己的同伴,并增进参与者之间的熟悉程度,增加新团体的凝聚力,提高参与者的观察和沟通能力。

【游戏规则】

(1) 所有参与者围成圆形,以每个人都能清楚地看到其他人为原则。

(2) 从某一个人开始,先指定一个人并喊"警察",被指为"警察"的人,马上再指另一个人同时喊"抓",被指"抓"的人,马上再指另一个人喊"小偷",此时,被指"小偷"的人,迅速地双手指向自己,并喊"就是我就是我",而"小偷"左右的人,双手胸前挥舞,并要喊出"不是我不是我"。

(3) 如果游戏过程中,有人犯错,则为失败,并给予适当惩罚。

(4) 如果没人犯错,则被指为"小偷"的那个人,马上继续指另外一个人并喊"警察",以此类推,重复游戏步骤。

【相关讨论】

(1) 这是一个可以取巧的游戏,主持人并没有宣布能不能自己指自己的规则,"巧"就在这里,如果大家适当运用这些技巧,则会让气氛显得活跃而激烈。你会运用吗?

(2) 这样的游戏,有没有合作的必要?如果单独闭门造车会不会有预期的效果呢?这个游戏中,有没有一两点能反映出你的性格?

【游戏延伸】

在游戏过程中,主持人可用一些小招数,比如,突然指自己是小偷,并且马上喊"就是我就是我",或者用很快的速度指旁边的人,并且快喊"不是我不是我",这样往往能让周围的人来不及反应。主持人还可动作夸张一点,一定要全身心投入其中,这会让游戏更加热烈刺激。

在游戏中,主持人还可结合其他相关游戏,例如"猫捉老鼠""官兵捉贼""虎克船长"等,第一个人喊出什么就玩什么游戏,这样会更刺激,但会让游戏场面混乱而错误百出。

发生了什么变化

【游戏时间】

10~30 分钟。

【参与人数】

每组 10~15 人。

【游戏概述】

这是一个让陌生人之间快速熟悉起来的游戏,内容是猜出人员的排列顺序有无变化。

【游戏目的】

通过不断变换观察者,让大家在短时间内对陌生人熟悉起来。

【游戏规则】

(1) 10~15 位队员全部排好坐在椅子上,而被选出的两个观察者,花 1 分钟来记下排列顺序。

(2) 观察者走出室外,其中留在室内的队员趁机交换位置,如果是陌生人较多,则不宜有太大的变化。

(3) 观察者从门外进来后要说出谁和谁换过位置,先猜中的观察员获胜,失败者表演一个简单的节目,然后游戏继续。

【相关讨论】

(1) 怎样才能快速而准确地记住一些陌生人的特征?

(2) 你平时不善于跟别人打交道吗? 如果不善于,相信该游戏便是一个极大的考验,在记住顺序的那 1 分钟内,千万不要难为情,盯着每一个人看,也许就会有游戏以外的发现。

【游戏延伸】

这个游戏最好是由简单到复杂,比如,先让两个人调换位置,再让 4 个人调换位置,难度依次加大,如果在开始的时候就有 4 个人调换位置,在陌生人多的情况下容易冷场。

完 璧 归 赵

【游戏时间】

15~20 分钟。

【参与人数】

不限,但最好多于 15 人,也可以是团队全体成员。

【道具准备】

每人一张行李卡。

【游戏概述】

这是一个适用于完全陌生的人之间展开的游戏。

【游戏目的】

在娱乐中达到熟悉的目的。

【游戏规则】

(1) 发给每个参与者一张"行李卡",请他们在空白处填写自己行李的内容,表示在"整理行李"。

（2）告诉游戏参与者，他们现在将去行李问讯处，随机拿走别人的行李。

（3）请参与者在房间里四处走动，和别人握手，并用以下方式作自我介绍。

① 当某人第一次和另一个人握手时，两人都要作自我介绍，并告诉对方各自旅行袋里装了什么东西（主要依据他们行李卡上的信息）。

② 两人互换行李卡，继续和其他人打招呼。

③ 他们要和其他人握手，并作自我介绍，但解释说他们拿错了行李，并告诉对方他们拿的行李是属于谁的，里面装有什么东西，还是依据他们手上行李卡上的信息。

④ 每次会面之后，他们都要交换卡片，然后继续和其他人交往。

（4）5分钟后（这个时间由参与游戏人数的多少来决定），请大家停止。

（5）如果一个小组中有40人或更少的参与者，你可以请每个人读出他手中行李卡的主人的名字，并介绍包裹里装了什么东西，然后把卡片还给其主人，游戏的结果是：每个人都将拿到自己的行李卡。

【相关讨论】

（1）游戏的最终目的是"完璧归赵"，你怎样才能用最快的方式在众多游戏参与者中拿到自己的卡片？如果人数在20人左右时，还可逐个询问，如果人数已达百人以上呢？

（2）这个游戏除了"破冰"之外，还有没有其他好处，比如对自己处世能力的锻炼、交际能力的锻炼等？

【游戏延伸】

在卡片上写自己的行李是一种方式，参与者还可以在卡片上画出自己的行李，如果小组的人数比较少时，还可让参与者在读卡片时，猜猜谁是行李的主人。

我 猜 中 了

【游戏时间】

30~60分钟。

【参与人数】

8人以上。

【游戏概述】

适合于完全陌生的人。

【游戏目的】

通过归纳名人游戏，让大家彼此熟悉。

【游戏规则】

(1) 讲一个你偶尔碰到名人的经历。

(2) 请曾经碰到过名人的人举手，家庭成员是名人的除外。

(3) 主持人告诉大家，每个人都喜欢用"你知道我今天碰到谁了吗？"这句话开始讲述自己的奇妙遭遇。

(4) 然后，请大家组成4人小组。

(5) 告诉大家，他们有8分钟时间轮流以下面的方式讲述他们的故事（当然，该游戏可以虚拟见过某个名人）。

① 先让一个人做讲述者，开始描述他碰到一位名人的场景，但不说明这个名人是谁。

② 另一组的人猜测这个名人是谁。

③ 猜出的人将作为新的讲述者，继续这个活动（如果这个人已经做过讲述者，就请另一个人继续）。

(6) 4分钟后提醒各组，他们只剩4分钟了。

(7) 8分钟后，请各组的人举手回答下面的问题。

① 多少人讲述的是政治人物？

② 多少人讲述的是电影明星？

③ 多少人讲述的是宗教人物？

④ 多少人讲述的是体育明星？

【相关讨论】

(1) 如果听众中有相对有名的人物，这将是介绍他们的好机会，你会怎样开始？

(2) 如果有人碰巧介绍了你，你会有怎样的反应？怎样的态度和表现？

【游戏延伸】

主持人还可让参与游戏者组成两个小组，而不是组成4人小组来进行活动，时间限定为5分钟，也可仅询问参与者多少人讲述的是电影明星，或是其他小组的成员。

我要找到你

【游戏时间】

15分钟。

【参与人数】

8人以上。

【游戏概述】

适合刚认识不久的陌生人。

【游戏目的】

增进参加活动成员之间的互相了解,活跃气氛。

【游戏规则】

(1) 主持人将"寻人工作表"发给每一位成员,"寻人工作表"的内容中,必须包含参与游戏所有人的姓名及相应的签名栏。

(2) 让每一位成员用最快的速度找到与表格中相匹配的人并在表格中签名,每人只能签一个格子,否则取消比赛"资格",或事先规定规则,让破坏规则的人获得适当的"惩罚"。

(3) 最先获取全部签名者为胜利者,主持人给予一定的鼓励或奖励。

【相关讨论】

(1) 通过这一活动,你是否对参与游戏的其他人员有了进一步了解?

(2) 这些信息对于增进同事之间的友谊及改善人际关系有什么作用?

【游戏延伸】

除了获取本人"签名",还有没有更好的方法发挥该游戏呢? 如果人数上百,那么每个人的签字数量就要上百,的确是挺累的事情。但这样的游戏想做到轻松有趣,也可以独辟蹊径,比如在小组间用人物的特征实现与真人的对应等。

文 明 掏 包

【游戏时间】

3~5 分钟。

【参与人数】

每组 5~10 人。

【道具准备】

每人一份《掏包游戏活动表》。

【游戏概述】

适合刚认识不久的陌生人,该活动是成人版拾荒游戏,参与者将翻遍他们的口袋、钱包、手袋、公文包等寻找活动清单上所列的物品。在会议开始时使用该游戏可以让大家更好地相互了解,在会议的中间使用,可以提高大家的兴致,活跃气氛。

【游戏目的】

加强团队建设,纯粹娱乐,以增加组员之间的了解度。

【游戏规则】

(1) 主持人让参与者组成 5~10 人的小组。

(2) 发给每人一张"掏包游戏活动表"。

(3) 告诉大家,他们只有 2 分钟时间尽可能多地按照活动表上的项目找出所有的东西,每找一个物品得 2 点。

(4) 他们可以找个合理的替代物,如果他们找到了,将可以得 1 点,例如,某人可能只有一张牡丹卡,而不是龙卡。

(5) 2 分钟后,请各组计算他们所得的点数。

(6) 让参与者共同了解他们找到了活动表上哪些物品,找到了哪些替代品。

【相关讨论】

(1) 掏包毕竟是一种隐私,但在这样的场合公开用游戏的方式掏包,而且以团队的名义,你又有什么感受? 特别是当主持人在大声地宣布积分的时候,你会不会有一种以团队为荣的感觉?

(2) 通过这个游戏,我们还是能发现,团队的力量是巨大的,对此应怎么看?

【游戏延伸】

主持人也可以给每个小组一张空白纸,请他们列出他们认为其他组没有,而他们自己钱包或手袋里有的物品,主持人可根据地方上不同的习惯,在"掏包游戏活动表"中添加或取舍一些项目。

附:掏包游戏活动表

亲人的照片

没有签名的信用卡

干洗单、社会保障卡

选民登记卡

阅览证

硬币

黑色梳子

手机

瑞士军刀

钱夹

健身卡

食品或餐厅赠券

薄荷糖

眼镜盒

棉质手绢 (擦眼镜布也算)

日历卡

培训卡

门卡

体育发烧友

【游戏时间】

5~10 分钟。

【参与人数】

不限,但最少要 15 人以上。

【道具准备】

每人一张"体育爱好者"卡。

【游戏概述】

在游戏中,人们寻找拥有同样体育卡的人组成小组,在会议的任何时候都可以使用这个游戏,参与游戏的人要喜欢"玩乐"。

【游戏目的】

身体语言的充分发挥,最能表达出人性的一面,也最能表达亲和力,该游戏通过陌生人之间默契的身体语言,让大家快速达成默契。

【游戏规则】

(1)主持人给每个参与者发一张"体育爱好者卡"。

(2)让游戏参与者到房间的开阔地带自由走动。

(3)让参与者明白,他们将参加一个体育爱好者活动,在活动中并没有教练员。

(4)每个人都有一张体育爱好者卡,卡上有代表该项运动的图片,他们要找出有同样运动卡的人,组成小组。

(5)唯一的要求是他们不能把卡片给别人看,也不能告诉别人,他们必须在房间里把该项运动展示给别人。

(6)当找到和自己运动项目相同的人时,应一起努力,继续寻找其余的小组成员,并最后组成小组。

(7)5 分钟后,请每个组快速地为其他小组演示一下本组的运动项目。

【相关讨论】

(1)你觉得进行这个游戏愉快吗? 如果不愉快,为什么?

(2)当有人在表演某个动作的时候,总能听到一些笑声,这些笑声会影响你的表现吗? 你怎么处理?

(3)某一个动作,不论做好还是做坏,总会有一些人在笑,平时我们有没有这样的体验? 如果有,怎么处理? 从这个游戏中你得到了怎样的启示?

【游戏延伸】

该游戏最好使用某些特定的运动项目,如夏季运动项目、奥林匹克运动项目等大众型的体育项目,不然在比画和猜的时候就容易有问题了。

揪 住 龙 尾

【游戏时间】

15~30分钟。

【参与人数】

每组6~10人,宜50人以下。

【道具准备】

色带、绳、报纸条或类似的条状物体。

【游戏概述】

团队游戏,用来活跃活动气氛。

【游戏目的】

通过"买"和"卖"的气氛,让大家在短时间内熟悉起来。

【游戏规则】

(1) 将参与者按人数多少,分成若干组,每组按6~10人划分。

(2) 每组皆排成一行队列,后面人的手放在前面那人的肩上,在最尾的那人背上挂上色带。

(3) 游戏开始时,每组最前面的那人要带领整条"龙",并去捉住其他组组尾的色带,而组尾那位亦要闪避不让人捉到其尾巴,在游戏过程中,每一小组的队形要保持统一,不能从中间断开,否则该组暂时停止比赛。

(4) 若带头的人捉到其他"龙"的"尾巴",两组便会合成一组,变成一条较长的"龙"。

(5) 游戏继续进行,直至所有组成为一条龙为止。

(6) 排在这条长龙的最尾的一组,是赢家。

【相关讨论】

(1) 既然排在最尾的一组是赢家,那么这个游戏的重点就出来了:最后一个人要尽量配合大家巧妙躲闪,不让别人抓到"尾巴",而带头的人也要积极抓住机会去抓别人的"尾巴",不论是"龙头"还是"龙尾",在这个游戏里均是"牵一发而动全身",如果配合不好将会怎样呢?

(2) 排在队伍中间的人在这个游戏中起什么作用?"龙头"和"龙尾"的摇摆,对中间的影响看起来很小,但对整个游戏来说,中间的"身体"的判断能力却是决定游戏成败的关键。

【游戏延伸】

该游戏其实是传统经典游戏"老鹰捉小鸡"的翻版,在人们的印象里,"老鹰捉小鸡"是孩子们的游戏,所以,这里的"揪住龙尾"则添加了成年人的气息,如果大家有好的建议或者不同的创意,也可以随意地更改游戏的某些规则和细节,使之更加完美。

把紧张吹跑

【游戏时间】

5~10 分钟。

【参与人数】

不限,团队全体成员均可以参加。

【游戏概述】

团队游戏,调节活动气氛,并让参与者学习"清肺呼吸"。

【游戏目的】

(1) 停止拖延、减少压力。

(2) 克服焦虑和对失败的担心。

(3) 帮助别人停止拖延、帮助别人渡过难关。

(4) 激励长期表现欠佳的同事、下属或学生,管理自己的压力。

【游戏规则】

(1) 主持人在游戏开始之前,向参与者解释"清肺呼吸"的基本知识。

首先,要深吸气——实际上,我们只是尽力吸入一大口空气。

其次,屏住这口气,慢慢地从 1 数到 5。

最后,这是精华部分,也是关键部分。我们要很慢很慢地把气呼出,直到完全呼尽。

(2) 在这样做的时候,告诉参与者,这个动作将扫除我们体内的紧张。

(3) 等大家明白后,主持人示范清肺呼吸,然后让参与者做两三次这样的呼吸。

(4) 游戏进行一个段落后,问一下参与者对清肺呼吸感觉如何。大多数人将会说他们感觉放松多了。

(5) 最后,针对日常生活中怎样用清肺呼吸来克服情绪上的不良因素展开讨论。

【相关讨论】

(1) 在工作过程中,做适当的"清肺呼吸"有什么益处吗? 为什么?

(2) 在什么样的场合下,"清肺呼吸"对调节我们的情绪有用呢? 在什么样的场合下,你不愿意进行这样的"清肺呼吸"？你知道"清肺呼吸"的优点和缺点吗？

【游戏延伸】

当你在家里的时候,清肺呼吸也是有用的。它会令你神清气爽,当然,如果深呼吸成为每个人早晨例行活动的一部分,会有很多好处,你想试一下吗？

红 牌 黄 牌

【游戏时间】

5分钟。

【参与人数】

不限,团队全体成员均可以参加。

【游戏概述】

让参与游戏的人互动起来,人员熟悉程度不限。

【游戏目的】

通过对多重否定句的理解来实现参与者互动的目的。

【游戏规则】

（1）将参与游戏的人分成两队。

（2）两队并排站立,主持人宣布比赛规则：听指令举牌。

（3）游戏举例见表1-1。

表 1-1

主持人的指令	参与者的动作
举起红牌	举起红牌
放下黄牌	放下黄牌
不要放下黄牌	举起黄牌
放下红牌	放下红牌
不要不放下红牌	放下红牌
不要不举起黄牌	举起黄牌
我喊一声后就举起红牌	不举牌
举起黄牌	举起黄牌
千万不要不举起黄牌	举起黄牌
不要放下红牌	举起红牌
不要不放下黄牌	放下黄牌
千万不要不举起红牌	举起红牌

续表

主持人的指令	参与者的动作
举起双手、原地跳一下、放下黄牌	放下黄牌
放下红牌	放下红牌
不要放下黄牌	举起黄牌
千万不要不举起黄牌	举起黄牌
不要不举起黄牌	举起黄牌

(4) 由裁判或主持人监督游戏整个过程,举错者要受"惩罚"。

【相关讨论】

(1) 如果你是主持人,你会不会在不取笑的情况下单独为难某一个人?

(2) 在这个游戏中,什么地方最能体会到和陌生人交流的快感? 你能很快地融入这个游戏中吗?

【游戏延伸】

主持人可以在游戏过程中大胆地用几个多重否定的句子,比如,"我不是不让你们不放下黄牌""我抓耳挠腮地拿起红牌告诉你们别放下黄牌"等,尽量找一些让别人匪夷所思、出其不意的词汇,才能调动大家的积极性和参与兴趣。

翻 叶 子

【游戏时间】

15~30 分钟。

【参与人数】

不限,但每一个小组的人数要相等。

【道具准备】

报纸或同样大小的一块布。

【游戏概述】

通过"翻叶子"游戏,近距离熟悉、了解对方。

【游戏目的】

透过肢体接触,打破人际藩篱、活跃团队气氛。

【游戏规则】

(1) 各组人员站上"叶子"后由主持人开始宣布规则。

(2) 所有的游戏参与者现在是一群雨后受困的蚂蚁,在水面好不容易找到一块叶子站上,却又发现叶面充满了毒液,除非大家可以将叶子翻面,否则又将遭受另一次生命的威胁。

(3) 在叶子成功翻面以前,每隔 3 分钟,就有 1 人中毒失明(或无法说话),中毒者是谁,由团队自行决定。

(4) 整个过程都站在叶子上,包括讨论时间。

(5) 所有人身体的各部位均不可碰触到叶子以外的部分,否则游戏失败,从头再来。

【相关讨论】

(1) 你觉得完成这个游戏的关键是什么? 在活动中,当人们彼此之间失去了适当的距离时,对人际关系有帮助或影响吗?

(2) 在参与团队决策过程中,你所处的位置与参与程度有什么关联性? 和现实生活中的你状况相似吗?

(3) 你们小组是如何决定出中毒者的? 判断的依据是什么? 如果你不幸被选中,心情会如何? 会不会考虑到如何用良好的心态去配合团队的工作?

【游戏延伸】

和“撕报纸”游戏不同的是,该游戏要求参与者将报纸翻过来,前提是不能让在纸上的人碰触到“叶子”以外的任何部分。主持人在分组时,可以考虑到男女搭配,这样才会更有意思。

奇 数 偶 数

【游戏时间】

5~10 分钟。

【参与人数】

不限,团队全体成员均可以参加。

【游戏概述】

该游戏对人数没有限制,人越多越好,当然也可以是团队全体成员。

【游戏目的】

随着游戏的进行,应该让大家互动起来,从游戏中找到快感,当然,胜利者肯定有奖品,但“重在参与”,失败之队还可以申请换人,或者原班人马重来,以便“重整旗鼓”,目的是加强团队的交流与合作。

【游戏规则】

(1) 将全体成员分成 3 队。

(2) 3 队人员围成 3 个圆圈,面向内侧坐下。

（3）然后依主持人的口令逐次报数,比如,主持人先向甲队发号:甲队报奇数。则甲队中从指定的人开始,依次叫出"1、3、5、7、9……"然后迅速喊停,改变口令"报偶数",此时,下一个人应该接着用"12、14……"的顺序开始,等有人出错时,则离开圆圈。

（4）最好有 3 个主持人,对 3 队分别喊口令。

（5）玩到最后人越来越少,就可以结束游戏。

（6）由主持人计算人剩下较多的那一组优胜。

【相关讨论】

（1）游戏如人生,在很多时候,游戏中的失败者往往是现实生活中配合不默契的一方,为什么呢? 从游戏中,能不能学到一点东西,甚至用这些东西去改变我们在现实生活中的某些处世态度呢?

（2）如果你所在的组在参与游戏的时候多次失败,你会怎么想? 尽管这只是游戏!

【游戏延伸】

这个游戏,也可以由两队成员共同围在一个大圈子里面,但成员之间必须要彼此明确哪个人是"自己人",哪个不是,否则就乱了章法。

人浪的力量

【游戏时间】

10 分钟。

【参与人数】

团队全体成员。

【道具准备】

一条长绳。

【游戏概述】

这个游戏场地不限,但道具不一定好找,特别是人数众多的时候。

【游戏目的】

圈中的人,就是集体的一部分,绳子的一端动了,则会影响整个集体力量凝聚的方向,通过这个游戏,可以让大家明白,即便某个人一个小小的动作,也很有可能影响到整个集体中每一个人后面的动作。

【游戏规则】

（1）全体参与人员手握长绳围成一圈,面向圆心,同时重心后靠,形成一个巨大的人圈。

（2）主持人发出指令。

① 某个方向的人向下蹲,另外三个方向的人感觉中间力量的变化。

② 按顺时针方向逐一向下蹲,完成人浪的操作。

【相关讨论】

(1) 在别人向下蹲时,绳子这头的你有没有什么变化? 你怎样应对这种变化?

(2) 这个游戏中有没有相互配合的效果? 如果有,该怎样完成和谐动作?

【游戏延伸】

如果没有绳子,这个游戏该怎么进行呢? 如果一圈人都手牵着手效果是不是更好一点? 主持人可根据情况发挥。

我们是一家人

【游戏时间】

30 分钟左右。

【参与人数】

20 人左右。

【游戏概述】

这是一个适合在陌生人比较多的环境中展开的游戏。

【游戏目的】

通过参与游戏成员全面的自我介绍,再通过小组代表对组内成员各方面的重复介绍,大家可在短时间内了解对方的姓名、工作、爱好等。

【游戏规则】

(1) 将全部人员分为几组,分别为甲 A、甲 B、乙 A、乙 B、丙 A、丙 B(或用其他方法命名)。

(2) 每组 3~4 位成员。

(3) 游戏开始,主持人宣布,先在组内进行成员间的自我介绍,要求必须要有的项目是:姓名、工作及工作单位、职位和爱好等。组内成员介绍完毕后,再推举一位小组成员代表小组进行介绍。要求将组内每一位参与人员的情况介绍完整,在介绍过程中,大家可以提问,介绍者还可加上自己对该成员的评价。

(4) 当甲 A 小组介绍完后,乙 A、丙 A 小组代表要对甲 A 小组的发言做几句简单的评价。当然,只可以是正面的、赞赏的:如甲 A 小组成员都很活泼,看起来非常可爱;或者甲 A 小组成员一个个生龙活虎,非常精神;如果甲 A 小组成员多是女孩,还可以赞扬她们漂亮等。

(5) 当甲 B 小组介绍完,乙 B、丙 B 小组代表同样对甲 B 小组的发言做简短的评价。以此类推,直到所有小组介绍完毕。

（6）在游戏过程中，主持人要告诉参与者，每组介绍自己的代表和发表评价的代表不能是同一个人！

（7）每组时间不超过5分钟。

【相关讨论】

（1）你是用什么方法记住别人的？自我介绍和介绍别人，哪一种方法更容易令人印象深刻？

（2）在团体交往中，善于赞扬别人会给自己带来哪方面的好处？你是否善于寻找其他成员的共同点？

【游戏延伸】

该游戏考验大家对组内成员的认识程度，如果半小时内没有记住，可交换成员后再来一次，每小组的人数不宜太多，否则可能引起混乱或冷场。

Hey，So，Go！

【游戏时间】

15~30分钟。

【参与人数】

每组8~12人。

【游戏概述】

参照其他人用手发出的指令来进行游戏，此活动的目的是使伙伴集中注意力，倘若单纯作为暖身活动则不做分享。

【游戏目的】

使全体成员振奋精神，集中注意力。

【游戏规则】

（1）全体围成一圆形坐下，由指导员为第一人开始第一个动作，共有3种指示动作。

① Hey：手掌平贴在胸前，被手指方向指到的左（或右）侧的伙伴，继续做下一个动作。

② So：被指到者继续做So的动作，手平放在头上，手指向左或右，指定下一人。

③ Go：被指到的伙伴双手合掌指定下个人，接着再做Hey的动作，以此轮序。

（2）每个做动作者要大声喊出动作名称，可以任意指向左或右。

（3）动作或名称错误两次则出局，其他的人大喊："Out of my game！"

（4）被淘汰者可在圆圈外围做声音的干扰。

【相关讨论】

(1) 如果你是和一群陌生人在参与这个游戏,当你犯错时,别人会大叫:"Out of my game!"然后让你出局,这时你的心情会是怎样的? 在别人出局时,你用同样的口号喊出来,是不是有不一样的感觉?

(2) 你觉得影响这个游戏中"出招"准确率的因素是什么? 周围的呐喊是不是让你感觉到很痛苦? 现实生活中也有类似的事情,你能找到破解之法吗?

【游戏延伸】

这个游戏的随机度很大,看似已经沿着某个方向"走"远了的游戏,很快就招呼到自己头上了。如果将游戏规则定为:用手所指的人不一定是左边或右边的人,而且指向要明确(适合人数较少时使用),则更能增加游戏过程中的随意性和突然性,这样参与者的脑神经会始终处于紧绷状态,注意力当然就十分集中了。

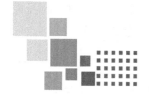

第2章　互通有无
——增强团队成员之间的沟通能力及技巧

塞 车 了 吗

【游戏时间】

30分钟。

【参与人数】

12~16人。

【道具准备】

柔软垫子若干,数量为比每组人数多一块即可。

【游戏概述】

这是一个挤垫子的游戏,需要互相帮助才能完美地完成。

【游戏目的】

通过互动游戏,培养团队精神,学习人际互动与沟通协调。

【游戏规则】

(1) 将所有垫子置放为一排,游戏参与者从垫子的头尾两侧依序往中间站上垫子(最后中间会剩下一个空位),定位完毕后,依序将两方人员位置对调。

(2) 游戏过程中垫子不可移动,人员移动时脚要在垫子内,否则算失败,将从总分中扣除5分。

(3) 只可前进一步或跳一格前进,如有其他违规动作,同样扣除5分,直到完成。

(4) "塞车"时请重来,直到游戏完成时为止。

【相关讨论】

(1) 在游戏中,有没有"卡壳"的现象发生,即这边的人过不去,那边的人过不来,稍微一动就会导致"灭亡"? 在现实生活中,人际互动情况是否也曾遇到过类似的瓶颈呢? 应该如何解决?

(2) 整个过程中,我们会发现,如果对伙伴的包容与互助多一点,就可能在团队最困难的时候渡过难关,并能让其维持持久的动能,你发现这一点了吗?

（3）如果你是游戏引导者，那就更需要注意每位成员的要求及理解情况，比如，是否所有的人都了解团队目标、执行策略、完成状况及整个事情的难度等。你能做到吗？

【游戏延伸】

在游戏进行过程中，主持人可要求每组成员选择一个代表，用最快的时间来说明、指挥并归纳整理出一套简单明了的《游戏说明书》，并在现场宣读（可不用纸稿），直到确认所有成员都了解了游戏情况。

这样的过程，不仅给了"平民"做一次领导、发表一次演说的机会，在游戏中更加增强了团队建设的概念，同时也锻炼了游戏参与者的相关能力。

对 号 入 座

【游戏时间】

30 分钟。

【参与人数】

12~16 人。

【道具准备】

摄像机、眼罩及小贴纸。

【游戏概述】

蒙上眼睛，摸出自己在小组队列中的位置。

【游戏目的】

让参与者体会沟通的方法有很多，当环境及条件受到限制时，能改变自己，并想方法解决问题。

【游戏规则】

（1）在开始游戏之前，给每位参与者一个号码，但这个号码只有本人知道。

（2）游戏开始，让每位参与者戴上眼罩。

（3）游戏的要求是：让小组成员根据每人的号数，按从小到大的顺序排列成一条直线。

（4）全过程不能说话，只要有人说话或脱下眼罩，游戏结束。

（5）全过程录像，并在点评之前放给学员看。

【相关讨论】

（1）游戏规则是不能说话，你是用什么方法来通知其他小组成员你的位置和号数的？

（2）沟通中都遇到了什么问题？你是怎么解决这些问题的？

（3）你觉得还有什么更好的方法吗？

【游戏延伸】

游戏规定的是不能说话,这样一来,显然降低了比赛的难度,是不是还应加一条,即不许用任何身体语言表达自己的号码,比如,用手指彼此画给对方自己的号码等,只能通过自己的感觉去摸出小组的队列,然后对号入座。

很显然,这样明显加大了游戏难度,而且,有些人在"黑暗"状态下容易"乘虚而入",不过,有摄像机的"监控",相信没有人会色胆包天了,这样也能给游戏添加不同的乐趣,使没有参与游戏的其他小组成员跃跃欲试,从而提高游戏的参与度和娱乐性。

激发正能量

【游戏时间】

30 分钟。

【参与人数】

每组 2 人。

【道具准备】

记事本或其他纸张。

【游戏概述】

这是一个从别人的赞扬中找到自己的优点,从别人的行动中看到他人的优点,敢于给予正面赞扬的游戏。

【游戏目的】

进行有效沟通,鼓励游戏参与者多多给予正面赞扬。

【游戏规则】

(1) 向大家暗示,我们每个人都希望赢得别人的尊重。将团队分成若干个小组,每两个人一组。

(2) 让每个组写出 4~5 个他们所注意到的自己搭档身上的特点,诸如:

① 一个人身体上的良好特征:甜美的笑容、悦耳的声音等。

② 一种极其讨人喜欢的个性:体贴他人、善于发现他人的优点、有爱心、整洁细心。

③ 也许是一种引人注目的才能或技巧:良好的交际技巧、幽默的性格、出众的口才、很高的打字准确率等。

(3) 要求所列出的各个特点都必须是积极的、正面的。

(4) 当他们写完后,每两个人之间展开自由讨论,每个人都要告诉对方自己所观察到的东西。

(5) 建议每个人把他的搭档所做的这些积极的反馈信息记录下来,在自己很沮丧时读。

【相关讨论】

（1）通过这个游戏，你有什么全新的体验，对这些积极的信息反馈来说，你觉得虚伪吗？或者是别人在极力寻找你身上所谓的优点，但面对优点时，你有什么感受？是不是觉得别人说得很有道理？

（2）在平时的生活中，你善于赞扬别人吗？为什么对我们中的大多数人来说，赞扬别人是一件困难的事情？

（3）怎样才能让我们比较轻松地给别人反馈赞扬的信息？除了发展相互之间密切的关系、提供确切的证据、选择适当的时间外，我们还得注意哪些方面的问题？

（4）对于常常给别人负面评价的人，你有什么印象？通过这个游戏，你能学到什么样的处世方法？你会为此而改变吗？

【游戏延伸】

这个游戏如果能够恰当地发挥作用，绝对有很强的效果，尤其是当参与者已经相互认识了一段时间时，该游戏可以帮助他们建立更深厚的友谊，也可以帮助参与游戏的人建立自信。

在生活中，不论是单位还是临时的一个小团体，只要活动开始了，这个小集体就成了一个崭新的集体，每一个成员都希望从中获得知识以外的东西，包括友谊和肯定。这个游戏就可以满足参与者这方面的要求。

"盲人"过马路

【游戏时间】

15 分钟。

【参与人数】

每组 2 人。

【道具准备】

粉笔、眼罩若干（根据人数自定）。

【游戏概述】

这是一个帮助盲人过马路的游戏，可以作为某项活动的串场游戏，活跃一下场内气氛。

【游戏目的】

培养参与者的领导力、信任度、沟通能力、判断能力等。

【游戏规则】

（1）将大家分为若干小组，两人一组为佳，一个人戴上眼罩扮成盲人，另一个人是帮助盲人的健全人。

（2）用粉笔在地上画出几条宽 0.5 米、长 10 米的道路。

（3）盲人要在这条路上一直向前走,直到终点,中途不能够跨出道路两边的线。

（4）游戏分为 3 场,第一场,盲人在过马路时,健全人可以用手牵着盲人的手,并且可以用语言进行提示。

（5）第二场,盲人在过马路时,健全人可以在其左右跟随,但不能有任何身体上的接触,也不能使用语言提示。

（6）第三场,盲人过马路时,健全人要与盲人保持一定距离,并且不能出声提示。

（7）3 场过后,双方互换角色。

【相关讨论】

（1）在游戏中,你认为哪个角色更适合你? 当你做盲人时,你觉得伙伴给你的帮助大吗?

（2）作为健全人,你在引导伙伴走向终点的过程中,有什么感受? 你认为自己的提示够清晰吗? 当伙伴没有领会你的指令并做出错误反应时,你心里是否埋怨伙伴太迟钝了?

【游戏延伸】

游戏中粉笔画出的道路可以变化为离地 20 厘米的独木桥,游戏者可以根据自身情况和环境状况自行调节。

"盲人"运球

【游戏时间】

30~45 分钟。

【参与人数】

每组 15 人。

【道具准备】

4 个纸杯、8 个匙子、8 双筷子、4 把叉子、1 张任务卡、1 张题目卡（可作为副队长的干扰项目）、30 个以上的乒乓球、蒙眼布以及用来绑腿的绳子。

【游戏概述】

这是一个听从领导的口令,蒙眼完成任务的游戏。

【游戏目的】

体验领导与信任的魅力,发挥团队智慧,调节活动气氛。

【游戏规则】

（1）15 人中选 1 人为队长,站在指定位置。

（2）选 2 人为副队长，站在距离队长 10 米远的位置。

（3）其余 12 人，每 3 人一组；站在距副队长 5 米的位置，面向队长，横排站立；两两双腿绑在一起，蒙住双眼。

（4）在每组人身后 1 米处放置一黄桶，桶中装有 30 个乒乓球。

（5）在每组人侧前 1 米处放置两组工具。

（6）在副队长和队长中间的位置放置两只蓝桶。

（7）所有队员准备就绪，将任务卡交给队长，活动开始。

（8）由队长指挥队员将红桶中的球全部运到蓝桶中。注意，整个过程中队员的手不能接触球；不能移动桶，可使用场地内的物品。每组轮流完成游戏，所用时间最少，完成任务最完美的一组胜利。

【相关讨论】

（1）当你在参与该游戏时，眼睛被蒙，双腿被绑，而且要一切口令听队长的，在那种状态下，你有什么想法？

（2）小组游戏能否顺利完成，除了蒙眼队员之间的互相合作以外，更重要的是队员怎样执行领导发出的命令，在参与游戏的过程中，队员之间的协调也很重要，你认为在队员之间的沟通方面，应该注意什么问题？

（3）在现实生活中，类似这样的事情有很多，比如：自己的工作在无形中和同事捆绑在一起，而工作的目标由领导来指挥，通过这个游戏，你能不能得出一个启示？

【游戏延伸】

在这个游戏中，绑腿就意味着必须要团队协作。通过游戏，也能让大家明白"绑在一条绳子上的蚂蚱"是怎样在领导的口令中争取胜利的。

如果不变游戏规则，将大家的绑腿布（绳）解开，让蒙着眼睛的游戏参与者在游戏开始前原地转几圈，再按队长的命令去做事，参与人数不变，单从游戏的角度来讲，也能达到很好的效果。

"盲人"足球赛

【游戏时间】

30~45 分钟。

【参与人数】

不限，团队全体成员均可以参加。

【道具准备】

两个稍微有点瘪的足球（保证在玩的时候不至滚得太远）、一个哨子、红蓝两种颜色的蒙眼布和一块较大的场地（最好是一块草坪或沙滩）。

【游戏概述】

本游戏中一名蒙眼"球员"和搭档（不蒙眼）将用最强大的配合攻势攻击对方的球门。

【游戏目的】

通过游戏,建立小组成员间的相互信任,并能促进大家的沟通与交流。

【游戏规则】

（1）玩该游戏的前提是找到一块合适的场地,如果能找到足球场就更好了,其次是户外的草坪和沙滩,或一些较为松软的地面,这些场地需要用一些物体标志出"球场"的4个角、边线及球门。

（2）小组分组的时候,留出几个人负责做边裁和监护员。游戏开始前,要求大家在本组内两两组建搭档。

（3）根据蒙眼布的颜色给两个小组命名为红队和蓝队,将红色的蒙眼布发给红队,蓝色的蒙眼布发给蓝队。

（4）蒙眼睛时,本组的各个搭档给对方小组中的成员蒙眼睛,不允许搭档之间蒙眼睛,防止投机取巧。两个搭档中,只有一人是蒙着眼睛的。

（5）告诉大家比赛规则:"我们即将要进行的足球赛的每对搭档中,只有被蒙上眼睛的组员才可以踢球,而蒙上眼睛的成员只能听取搭档的指令参与比赛……"

（6）在比赛中,蒙上眼睛的参与者始终要保持一种自我保护的动作:双肘弯曲,手掌向外,手的高度与脸齐平。在发生意外碰撞时,这种姿势起到"保险杠"的作用。负责指挥的人员不允许碰自己的同伴,但能通过语言表达指令。

（7）这是一场没有守门员的比赛,每个小组踢进对方球门一个球得一分,边裁和监护员在负责记分的同时,也保护队员的安全。

（8）在比赛中,任何一方都不允许把球踢离地面,否则裁判立即宣布暂停比赛,并把犯规成员罚下场地3分钟;如果球被踢出场外,则不暂停比赛,裁判负责将球踢回场地。

（9）比赛一共进行10分钟,中场休息时,交换场地。

（10）宣布完游戏规则之后,让两个小组选择场地,并开始游戏。

【相关讨论】

（1）哪个队取得了最终的胜利？你们的比赛差别大吗？为什么？

（2）你觉得有哪些因素影响大家的发挥？怎样做才能使任务完成得更出色？

（3）游戏过程中,你和你的搭档遇到了什么困难？你们小组遇到了什么困难？你们是如何克服这些困难的？

（4）你认为在调节指令方面,还需要做哪些改进？这个游戏对我们的实际工作有何启发？

【注意事项】

游戏中,始终要让蒙眼睛的队员保持"保险杠"的动作,确保安全。另外,绝对不允许参与者将球踢向空中！

【游戏延伸】

（1）可以让女士们负责指挥，男士踢球，下半场换搭档。

（2）在中场休息的时候，还可以让每组搭档的角色互换，在人数较多的情况下，也可以用2~3个球比赛。

千斤顶

【游戏时间】

5~15分钟。

【参与人数】

10~50人。

【游戏概述】

这是一个团队成员动作协调一致，用最快速度完成任务的游戏。

【游戏目的】

学习团队合作的概念，在游戏中提高交际能力。

【游戏规则】

（1）游戏开始时，先让两人一组操作（最好找体型相仿的伙伴搭配），两人面对面坐在地上，脚底相抵、膝盖弯曲、双手紧握。

（2）双方用力互拉，使两人同时垂直站起（口令自己规定）。

（3）当两人小组成功后，再增加1位同伴，以同样方式站起，然后依序增加人数，直到整个团体成员都试过。

（4）执行时脚一定要接触，手要互握，所有的人臀部要同时离开地面。

【注意事项】

游戏参与者不可将手臂勾在一起，需握住对方的手腕处，以免有脱臼的危险！

【相关讨论】

（1）你认为该游戏成功的关键之处在哪儿？为什么？

（2）该游戏到了最后关头时往往会错误百出，不是有一个人没站稳，就是另一个人跌倒了，你遇到过这种情况吗？你是怎么处理的？

【游戏延伸】

此"千斤顶"非彼千斤顶，但需要注意的是，在游戏过程中，开始时，一定要先找出体型相仿者参加，以便给大家带来良好的示范作用，然后才能慢慢将整个团队包容进来。

另外，参与本游戏时，游戏场地最好是选择在室外的草坪、沙滩或松软的土地上，如果是在室内,则不宜举行。

雪 花 片 片

【游戏时间】

5~15 分钟。

【参与人数】

不限,团队全体成员均可以参加。

【道具准备】

每人一张 A4 大小的白纸。

【游戏概述】

这是一个体现听与沟通的游戏。

【游戏目的】

通过感兴趣的游戏,学习沟通与倾听。

【游戏规则】

(1) 游戏开始前,主持人要求所有参与者都闭上眼睛,每人发给一张白纸。

(2) 依照主持人的口令,游戏参与者做出如下动作。

① 先将白纸对折再对折,右上角撕下一个 2 厘米高的直角三角形。

② 再对折一次,然后在右上角撕下一个边长 2 厘米的正方形。

③ 再将纸对折一次,在右上角撕下一个 2 厘米半径的圆弧扇形。

(3) 完成指示后睁开眼,摊开纸看看是否按要求做的。

(4) 在游戏过程中,如有参与者发问需给予积极响应,但在参与者保持沉默的情况下,则在他们完成每一个动作后继续下指令。

(5) 也可采取不给参与者发言机会的方式进行第一次,活动后予以讨论,再以同样的方式做一次,完成后睁开眼,摊开纸看看和第一次做的是否相同。

【相关讨论】

(1) 在参与这个游戏时,你第一次和第二次的感觉如何? 哪一次好一点? 为什么? 你从中体会到不同的沟通模式带给人的不同特点了吗?

(2) 你认为在这个游戏中人、我之间认知的差异存在于什么地方?

(3) 在整个过程中,我们一直是在听主持人或培训师的描述,你是从什么地方体验到制度化与标准化的区别的,和大家分享一下你对此的感受。

【游戏延伸】

小游戏往往能体现大智谋，比如在该游戏中，通过一次讨论后的结果肯定比第一次要好很多，甚至同样的游戏规则，第二次可能与第一次截然不同。这就是人、我之间的认知差异。

我们还可以用一种更为有趣的方式来完成该游戏，即用男女搭配的方式。主持人可根据现场人员的情况合理分配人手，如果是同一单位的同事，则在过程中重点突出游戏所能体现的团队文化建设方面的核心价值。

千分之一的遗憾

【游戏时间】

20分钟。

【参与人数】

不限，团队全体成员均可以参加。

【道具准备】

每人发一张表格或者主持人单独统计的一张表格，列有相关统计数字的资料人手一份。

【游戏概述】

通过交流，让大家知道1‰的不合格率带给社会的沉重后果。

【游戏目的】

提高对产品质量重要性的认知度、提高对自己责任心的要求。

【游戏规则】

（1）提问：如果在座的每一位游戏参与者奉命去主管一条生产线，他们可以接受怎样的质量标准（质量标准用合格品占全部产品的百分比来表示）？以举手方式统计学员可以接受的质量标准，然后将统计结果填入表 2-1。

表　2-1

百分比	接受人数
90%	
95%	
96%	
97%	
98%	
99%	

（2）将一些信息陆续告诉参与者，现在有些公司正在努力把不合格率降到仅为1%的1/10，即99.9%的质量合格率！提问：是否99.9%的合格率已经足够？

（3）举出材料（见本节附件）上令人震惊的统计数字,说明即使是 99.9% 的合格率也会造成严重的不良后果。

（4）最后告诉大家,摩托罗拉公司对客户的承诺是达到"六星级"的质量标准——在每 100 万件产品中,不合格品应少于 3 件。

【相关讨论】

（1）你是否对 99.9% 的合格率感到满意？在现实生活中,不论是消费者还是生产者,他们都以为 99.9% 是一个相当满意的结果,但大家都忽略了概率的基数,正如材料里所列举的一样,当基数足够大的时候,任何事物都会导致非常严重的后果,所以,我们的目标应该是 100%！

（2）这个游戏对你有什么启发？在日常生活中侥幸心理能成功地瞒天过海的概率远远低于 99.9%,你又想到了什么？

【游戏延伸】

如果将这个游戏跟做人的态度联系起来,也许,对参与者更有帮助！

在平时生活中,我们当中的很多人都抱有侥幸心理去做事,对这些人来说, 99.9% 的合格率已经是"相当不错了",于是,在小小的一步当中,就产生了天才和庸才,而他们之间的差别也就在这一步上！

附件：

如果 99.9% 已经算很好,那么——

每天会有 12 个新生儿被错交到其他婴儿的父母手中；

每年会有 114500 双不成对的鞋被装船运走；

每小时会有 18322 份邮件发生投递错误；

2500000 本书将被装错封面；

每天会有 2 架飞机在降落到芝加哥奥哈拉机场时安全得不到保障；

每年会有 20000 个误开的处方；

将有 880000 张流通中的信用卡在磁条上保存的持卡人信息不正确；

一年中将有 103260 份所得税报表处理有误；

291 例安装心脏起搏器的手术将出现失误；

明天将有 3056 份《华尔街日报》内容残缺不全……

探 囊 取 物

【游戏时间】

30 分钟。

【参与人数】

12~16 人。

【道具准备】

有规律的一套玩具、眼罩。

【游戏概述】

这是一个蒙上眼睛,靠沟通来猜出主持人手中所拿玩具的游戏。

【游戏目的】

通过游戏,体验沟通的快乐。

【游戏规则】

(1) 主持人用袋子装着有规律的一套玩具、眼罩,而后讲解游戏规则。

这个袋子里面是一套物品,主持人已经抽出了一个,而后参与者将从袋子里每人拿走一个,参与者通过沟通猜出主持人拿走的物品的颜色和形状。全过程每人只能问一个问题:"这是什么颜色?"

主持人会回答提问者手里拿的东西的颜色,但如果同时很多人提问,主持人有权保持沉默,在游戏过程中,自己只能摸自己的物品,而不得摸其他人的物品。

(2) 游戏开始,现在主持人让每位参与者都戴上眼罩。

【相关讨论】

(1) 你的感觉如何,开始时你是不是认为这完全没有可能? 后来又怎样呢? 前后的变化,说明了什么问题? 有何感触?

(2) 在解决这一问题的过程中,你认为最大的障碍是什么?

(3) 在执行过程中,大家的沟通表现怎样? 你的评价如何?

(4) 你认为还有什么改善的方法?

【游戏延伸】

主持人在设计玩具时千万要注意:这是一套有规律的玩具。

比如,系列动物玩具、系列卡通玩具等,如果所选择的玩具脱离了某种规律,就算主持人再提示,也恐怕失去了游戏的意义。

另外,本游戏还可以大家可以互相摸对方的玩具为条件,首先让他们猜出主持人手中的玩具,至于颜色,则按上述游戏规则询问得知。本游戏的关键在于锻炼大家的沟通能力,以便提高团队工作的效率,让参与者从游戏中明白团队建设的一些重要因素。

剑 击 气 球

【游戏时间】

20~30 分钟。

【参与人数】

最多 24 人。

【道具准备】

根据人数,需要几把玩具剑、红色和蓝色的头巾若干、一个有边线的场地(也可以自己标出边线)、几个哨子(供监督员和裁判使用)。

【游戏概述】

一个锻炼体力的游戏,该游戏一定能让大家心跳加快,兴奋不已。

【游戏目的】

通过游戏,提高活动氛围,使大家充满活力,提高士气,并培养团队合作精神。

【游戏规则】

(1) 游戏前,先选好活动场地,场地要求比较简单,只要是一块有界线的篮球场地或没有球网的排球场地都可以,如果有沙滩或草坪将会更加不错。

(2) 将所有参与者分成两组,然后将剩下的几名人员分配不同的任务,做裁判和监护员。他们的任务是观察是否有人用剑或用气球击打对手,如果发现类似情况,裁判要立刻吹哨叫停比赛,并扣分,等调整好后,方能开始游戏。

(3) 游戏中,按头巾的颜色给两个小组分别命名,比如蓝队和红队。命名完毕后,将蓝色的头巾发给蓝队,红色的头巾发给红队,让组员们都带上头巾,并给每位组员发一把道具中提供的剑。

(4) 游戏规则:大家的目标是尽可能地让小组多得分,得分高的小组获胜。每向得分线后面推过去 1 个球就会得 1 分。

(5) 告诉大家每个小组的得分线是对方小组身后的边界线,在整个游戏中,只能用剑接触气球,不许用手或脚等其他身体部位接触气球,否则被罚 1 分。

(6) 不论在任何情况下,都不允许用剑击打对手,如有发现,小组将被扣 3 分。

(7) 整个比赛时间是 10 分钟,中场休息时交换场地。

(8) 在游戏开始前,选择场地时可以采用投掷硬币或"石头、剪子、布"等多种方式,然后给每个小组几分钟时间进行战略部署,宣布完游戏规则之后,让两个小组用投掷硬币的方法来选择场地。场地定好,两个小组就位之后,给他们 5 分钟的时间做战略战术部署。然后吹哨,开始游戏。

【相关讨论】

(1) 你所在的小组使用了什么战略战术? 这些战略战术有效吗? 为什么?

(2) 你觉得有哪些因素影响大家的发挥? 怎样做才能使任务完成得更出色?

(3) 游戏过程中有无领导者产生? 如果有,是怎样产生的? 你能接受这种方式吗?

【游戏延伸】

为了增加游戏的可观性和趣味性,可只用两个气球来进行比赛,当然也可以用两个人比赛的方式来玩这个游戏,再扩展成多人游戏。

疯 狂 滚 球

【游戏时间】

10~20 分钟。

【参与人数】

不限,人越多,需要的球就越多。

【道具准备】

每人 6~7 个网球。

【游戏概述】

这是一个让参与者汗流浃背的游戏,在整个游戏过程中,大家将在奔跑中大笑不停。

【游戏目的】

通过游戏让大家充满活力,并能在游戏中培养团队精神。

【游戏规则】

(1) 游戏将在一块宽阔的平整场地进行,场地中有边线。

(2) 在游戏开始前,先选择一名志愿者做"球童",他的任务是将新增加的球滚入场内,另外还需要几人做记分手,负责数球记分。

(3) 告诉大家他们将要参加的这项运动是伟大而神圣的,这项运动的世界纪录是每人平均得 5 分!

(4) 小组组员们的任务是让尽可能多的球在场地内滚动,而记分手则负责数出滚动中的球, 1 个球计 1 分,游戏基本规则是:只允许用脚踢球,不可以用手滚球,也不可以用脚底踩球和传球。

(5) 在游戏过程中,送球手不停地将新球送入场内,记分手负责数出那些滚动球的数目。

(6) 让参与游戏的成员沿着场地散开站好,送球手送进的第 1 个球标志着游戏开始,然后他会接连不断地将球送进场地。

(7) 等大家彻底熟练后,延时几十秒,然后游戏结束,并通报最后的成绩。

【相关讨论】

(1) 在游戏的过程中,你们遇到了哪些问题? 如何对问题进行责任落实的? 为了解决这些问题,每个人都做了什么?

（2）所有参与者都能像一个整体一样努力协同完成游戏吗？这和实际工作有没有联系，你的看法如何？

【游戏延伸】

为了大家能取得较好的成绩，可在游戏开始前给几分钟时间计划一下。如果人多球少，可以将游戏要求中的"滚动状态"改为"弹起状态"，这样，球的需求量就会减半。

故事串串烧

【游戏时间】

5~15 分钟。

【参与人数】

每组 2 人。

【道具准备】

一块黑板。

【游戏概述】

用团体的方式完成一则故事接龙。

【游戏目的】

通过游戏的方式，提高参与者即兴发挥的兴趣，并增进大家的沟通与了解。

【游戏规则】

（1）将游戏参与者两两分组，做一个与某个话题有关的演出（话题可以任意选择，只要大家感兴趣，比如旅游）。

（2）指定每组的两个成员中，一人为 A，一人为 B。A 是这场游戏的演员，B 则负责为 A 提示台词。

（3）B 组挨着 A 组的同伴站着，当轮到自己的角色说话时，就会把台词告诉 A。而每个 A 组成员的任务，就是接受 B 同伴提供的任何台词，在此基础上再加以发挥，把戏演下去。A 组成员要密切配合 B 成员的意思，天衣无缝地把"戏"演下去，在 B 的基础上发扬光大。

（4）为了让参与者充分掌握游戏的意图，主持人可先做一下示范，在挑选一位学员后，主持人开始说："我非常想和你一起旅游，因为小马你——"

（5）主持人然后拍一下小马（B 组人）的肩膀。小马立刻接下去，"我总是与你的喜好一致。"主持人接着小马的话继续说，"总是与我的喜好一致。事实上，我们有过一次愉快的旅游经历，比如那一次……"

（6）再次拍小马的肩膀。他也许会说："我俩去长城的时候下雨了，就带了一把伞……"主持人接着说："幸好下雨的时候我们在旅店。"

(7) 又一次拍小马的肩膀，小马说："什么时候我们还能共同休假呢？"主持人说："什么时候我们还能共同休假呢？那时我们再一起出游吧……"

(8) 让所有参与者观看示范，然后让他们各组散开练习一下，5分钟后大家集合，集体完成一次演出。

【相关讨论】

(1) 请 A 组人员考虑：这个游戏不能事先演练，为了适应 B 组人员随心所欲踢过来的"球"，你必须要快速找到下文，并脱口而出，你觉得这个过程难吗？关键的难点在什么地方？

(2) 请 B 组人员考虑：你们的任务是帮助 A 组人员完成任务，所以为他们提供台词并使这一切进行得容易一些，你们需要做些什么？当 A 组成员没能顺利利用你的台词时，你有何感觉呢？

【游戏延伸】

认真而投入地进入游戏，是保证本游戏成功的前提。

无论 A 组还是 B 组成员，都不可以用敷衍的、恶作剧的、迟钝的态度去做这个游戏，否则不仅会给搭档造成尴尬，甚至是困难，而且会破坏训练的效果。在这个游戏中，大家的目的是将一个故事合理、顺畅地完成下来，而不是给别人出难题或显示自己出众的才能。这个游戏体现了合作中的公平，即快乐来自于与他人分享创意。

带 球 赛 跑

【游戏时间】

5~15 分钟。

【参与人数】

不限，团队全体成员均可以参加。

【道具准备】

每对参与者一个气球（备用气球若干）、用来标明起点和终点的道具（绳子或颜料等）。

【游戏概述】

这是一个能够让人热血沸腾的游戏。

【游戏目的】

在引人发笑的同时显示合作的力量，并让小组充满活力。

【游戏规则】

(1) 游戏开始前，先选择一块较为平整的场地。

（2）让参与游戏的每位成员找一个搭档,并给他们发一个气球,让他们将自己的气球吹起来,扎好。

（3）游戏中,起点和终点的距离为 20~400 米,不宜太远。

（4）游戏开始时,让所有搭档站到起跑线之后。

（5）告诉大家这次比赛的简单要求是带球赛跑,从起点跑到终点,再返回起点。第一个回到起点的小组获胜。

（6）带球的规则。

① 气球不能掉到地上,也不能夹在某一个人的腿上。

② 不允许用手或胳膊携带气球,也不允许用任何的身体部位长时间让气球停留在身体上。

③ 整个游戏过程中,要保证气球完好无损。

④ 如果违反以上规则,该小组必须回到起点,重新开始。

（7）准备结束后,主持人开始喊操作口令:"各就各位——预备——跑!"

（8）比赛结束后,给获胜的小组颁奖。

【相关讨论】

（1）在这个游戏中,最先完成的那对搭档采取了什么样的战术? 你认为他们的方法有什么可取之处?

（2）比赛中,你和你的搭档遇到了什么问题? 是怎样解决的?

（3）如果在赛前多花一点时间计划是否会有助于获胜? 你们在赛前练习游戏了吗?

（4）实际工作中,如何才能使团队成员更加相互支持? 当前什么因素阻碍了我们相互支持? 如何克服它?

【游戏延伸】

本游戏也可以 3 人或 4 人一组带球。在比赛前,可以给大家适当的练习或计划时间。当然,也可以将最初的两人组合改为男女搭配组合。

人体一条龙

【游戏时间】

10~15 分钟。

【参与人数】

20 人左右。

【道具准备】

眼罩（备用）。

【游戏概述】

通过捏手、解"链子"等一系列的活动,让大家迅速热闹起来。

【游戏目的】

通过该游戏,可以让大家动起来、笑起来,并使小组充满活力。

【游戏规则】

(1) 游戏开始前,请大家紧密地围成一个圈。

(2) 在胸前平举双手,等所有人都摆好姿势后,彼此用自己的左手抓住同伴的右手(不一定是邻居的右手),一旦抓住后就不许松开,一旦松开,必须马上再抓住一只手。

(3) 现在要大家在不松手的情况下,尽量把自己从"链子"中解开,解开后仍要保持大家站成一个圆圈,面向哪个方向不限。

(4) 有时会出现这样的情况,大家都把自己解开了,但却形成了几个小圆圈,而不是仍保持原来的大圆圈。

(5) 在完成第(2)步后,可以检测一下圈子的"导电性"是否良好:随意在圈中选出一个人,让他用自己的右手捏一下同伴的左手;左手被捏的人接着用自己的右手去捏下一个队友的左手,这样继续下去,直到"信号"返回到第一个人的左手上。如果捏手信号传不回来,你就需要重新开始了。

【相关讨论】

(1) 在这个游戏中,最有趣的环节是什么? 你觉得大家的情绪怎么样?

(2) 游戏中,每个人的任务是什么?

(3) 你们遇到了什么尴尬的事情? 又是如何调整的?

【注意事项】

游戏中,可能有些人的身体柔韧性不好,这样就可以适当降低要求,不至因为身体的原因而导致扭曲。

【游戏延伸】

将参与游戏的一半人员的眼睛蒙上后再试试该游戏,效果会有所不同。

南 辕 北 辙

【游戏时间】

15~30 分钟。

【参与人数】

每组 2 人。

【道具准备】

每位参与者一个眼罩。

【游戏概述】

通过游戏,在参与者之间建立信任。

【游戏目的】

(1) 建立游戏参与者之间彼此的信任。

(2) 培养团队合作精神。

【游戏规则】

(1) 游戏开始前,给每组配发一个眼罩。

(2) 参与者每两人为一组,互相结为搭档。

(3) 每组搭档发一个眼罩。

(4) 把大家带到场地的一端,在场地另一端选一个可作为目标的物体。

(5) 游戏开始时,两人中的一人戴着眼罩向目标行进,另一人跟在后面保护,但游戏的整个过程中,搭档不得做任何暗示或提示,他应该顺其自然地跟着前面的搭档行进,当前面蒙住眼睛的搭档觉得到了目标物时,则两个人都停下,取下眼罩,看看距离最终目标到底有多远。

(6) 两人互换角色,重复游戏,直到所有的参与者都蒙过眼罩为止。

(7) 由第三个人保护,给每组搭档中的另一个人再发一个眼罩,并让他们都蒙上眼罩,从场地的一端挽着胳膊或携手一起走向另一端的目标,到达终点后,取下眼罩,比较一下和一个人走时的离目标的距离有多远。

(8) 此时,所有的参与者都完成了两个人都蒙着眼罩向目标行进的过程,但大家都会发现,两个人一起走时并不比一个人好多少,此时,主持人建议所有队员联合起来尝试一次。

(9) 当所有队员都停下后,先不要解下眼罩,每人都指向自认为目标所在的方向,指方向的手指不动,同时,用另一只手拿下眼罩,这个过程可以留影纪念。

(10) 此时,主持人可向大家解释为什么这个游戏叫南辕北辙——这是因为放在极地的指南针可以指向很多方位作为南方。在这个游戏中,尽管每个人对目标在哪儿都有自己的想法,但是团队作为一个整体比前面的单个人行动或一组搭档行动还是更能接近目标。

【相关讨论】

(1) 作为个人,你在参与游戏的过程中,感触最深的是什么? 你觉得自己怎样走才能与目标的距离最近? 多走几次会不会好一点? 为什么?

(2) 游戏结束时,主持人可以询问大家,为什么大多数队员距离最终目标那么远?

(3) 为什么最终整个团队一起行动比单个人单独行动或一组搭档单独行动更靠近目标?

【游戏延伸】

别忘了在这样的经典时刻给大家拍照留影。

在完成本游戏的个人和团体部分后,主持人可以向大家建议让全体参与者蒙上眼睛,倒退着走向目标,看看最后与目标的距离。

最 佳 推 手

【游戏时间】

5~10 分钟。

【参与人数】

不限,团队全体成员均可以参加。

【游戏概述】

本游戏不需要任何道具,是具有竞争性的快速游戏。

【游戏目的】

让队员在彼此对抗的同时,能够自然而和谐地进行身体接触和配合,消除害羞和忸怩之感。

【游戏规则】

(1) 游戏开始前,每名队员选一位搭档。

(2) 各组搭档要双脚并齐,面对面站立,距一臂之隔。

(3) 游戏要求是:两人都伸出胳膊,四掌相对,整个过程中,不允许接触搭档的其他部位。

(4) 他们的任务是尽量让对方失去平衡,以移动双脚为准! 移动的一方将扣除一分,如果双方都失去平衡,均不得分,若参与者接触到对方身体的其他部位,则扣除一分。

(5) 两人一组,按游戏要求站好,当大家准备好后,可大喊一声:"开始!"主持人或其他临时人员积分。

【相关讨论】

(1) 各组的优胜者是谁? 他们有没有共同的特点?

(2) 你认为赢得这个游戏的关键是什么? 为什么?

(3) 这个游戏中,你赢了还是输了? 它告诉我们在竞争中应该讲究什么技巧?

(4) 你是漫不经心地参加游戏,还是全身心投入地参加游戏的,你觉得这个游戏和我们的实际工作有联系吗? 如果有,它体现在哪些方面?

【游戏延伸】

本游戏有一个技巧,即快速推动对方,如果参与者在开始时快速推动对方,来个"出其不意"的攻击,对方肯定将会被推出去,所以,主持人可事先要求参与者不能快速推对方。

如果参与人数较多,可分成若干个大组来进行 PK,直到最后,每个组都选出两名胜出者,按世界杯的形式,决出最后的胜利;如果参与人数较少,可以进行淘汰赛,将游戏一直重复下去,直到冠军诞生为止。

7 人团队杂技

【游戏时间】

10~15 分钟。

【参与人数】

不限,每组 7 人左右。

【道具准备】

两根长绳（其实也可以没有长绳,只要能做出分界线的标志就可以）、一个口哨。

【游戏概述】

这是一个人与蜈蚣的游戏,参加完,你就明白了。

【游戏目的】

（1）使每个小组都能最大限度地发扬团队合作精神来完成指定的工作。

（2）让队员们能够自然地进行身体接触和配合,消除羞涩和忸怩之感。

【游戏规则】

（1）两根绳子平行放置（如果没有绳子,可用其他工具涂画出两条较为明显的线）,相距 10 米左右。

（2）把队员划分成若干个小组,每组 7 人。

（3）等小组分好后,把参与者带到场地的起始线后面一端。

（4）主持人开始宣布游戏规则:游戏要求是 7 人作为一个整体穿越场地,队员身体必须直接接触,并且不能借助外物连接在一起。

注意: 本游戏另一个重要的规则是,在任何时候,每组只能有 4 个点接触地面,这些接触点可以是脚、手、膝盖或后背,或者是两个人的脚（4 个接触点）。如果游戏过程中,哪个队的接触点超过了 4 个,必须回到起点重新开始,参与者完全可以像杂技演员那样临场发挥,但要注意安全。

（5）让所有参与者明白,该游戏从时间到游戏规则上,都要跟别的组比赛。

（6）给每个小组 10 分钟游戏计划时间,建议各组在计划时间内彼此分开,防止机密泄露。

（7）游戏开始的前 30 秒,有一声"预备"的哨声,30 秒后的哨声正式开始游戏。

【相关讨论】

(1) 起初，你们中是否有人认为这个游戏不能完成？

(2) 你在游戏的过程中，遇到了哪些问题？如何对问题进行责任落实的？为了解决这些问题，每个人都做了什么？

(3) 你看到的每组搭档，他们都能像整体一样努力协同完成游戏吗？这和实际工作有没有联系，你的看法如何？

(4) 你觉得有哪些因素影响大家的发挥？怎样做才能使任务完成得更出色？

【注意事项】

如果参与游戏的人中年轻人居多，他们肯定有比较新颖的玩法，在整个游戏过程中务必要保证每个人的安全。

【游戏延伸】

为了安全起见，可以把人数减至 6 人一组，或者从 4 人一组开始，人数慢慢增加至 7 人一组，甚至是 8 人一组，从多方面评估游戏的成绩；另外，也可以考虑延长游戏线路来提高大家的耐力及合作时间。在参与游戏的人数较少的情况下，每组还可考虑蒙住一两个人的眼睛。

智救"犯人"

【游戏时间】

10~30 分钟。

【参与人数】

每组 4~8 人。

【道具准备】

8 个木桩，2 块长 2 米、截面为 5 厘米×10 厘米的木板（有些学校器材室的踏板即可），2 条分别长于 8 米和稍长于 25 米的绳子，1 把斧头，1 把卷尺。

【游戏概述】

此游戏可使队员发挥团队合作精神并培养队员多角度思考问题的能力。

【游戏目的】

通过游戏，让大家展开多角度思考问题的角逐。

【游戏规则】

(1) 在开始游戏前，先将队员分成每组 5~8 人，给每位队员选一个合适的场地，并给每个队建立一个方形岛屿，岛屿四周是宽阔的护城河。

（2）在地上立 4 个标桩形成一个边长为 2 米的正方形，这恰好是岛屿的占地面积。

注意：露出地面的标桩部分不能太高。

（3）用 8 米的绳子缠绕在 4 个木桩上，形成岛屿的边缘。

（4）岛屿周围的护城河宽度为 2 米，在岛屿四周再立 4 个标桩，把 25 米长的绳子缠绕在这 4 个标桩上，拉紧即可。

（5）把两个长木板放在外圈绳子旁边。

（6）游戏开始时，主持人宣布开场白：

在你们的城堡中，每组都有一个被监禁的犯人，大家的任务就是将犯人从城堡中救出来。城堡位于一个方形岛屿上，岛屿四周被护城河包围，河里布满了鳄鱼。到达岛屿的唯一吊桥也被破坏，这不但阻止了你们的营救活动，也给里面的犯人造成了生存危机，如果不及时营救，犯人将会被饿死。

所以，大家只有自己想办法了，你们搜遍所有地方，只发现了 2 块木板，这也是唯一可以利用的工具。但这不可怕，你们的任务是只要安全到达岛屿即可！问题是怎样穿过这条护城河呢？千万别掉到河里去，否则就有被鳄鱼吃掉的危险，营救活动开始了，祝大家好运！

【相关讨论】

（1）完成这个游戏，你们花了多长时间？你觉得团队的策略正确吗？还有什么地方需要改进？

（2）在游戏进行中，你有多少次发言的机会？你的建议被他们采纳了吗？有没有忽略其他成员的合理建议？

（3）你认为这个游戏与现实生活中的工作有关系吗？如果有，请向大家表述你的想法，和大家一起分享该游戏和实际工作的联系。

【游戏延伸】

这个游戏中的开场白比较传统，主持人还可将女士放在岛屿之中，并改变开场白，将该游戏描述成一个轰轰烈烈的英雄救美的故事。当然，本游戏不仅可以在室外开展而且可以在室内进行。把游戏场地布置在室内时，只需在地板上铺粘胶带代替绳子和标桩，布置护城河时需要发挥大家的想象力。

网　中　情

【游戏时间】

25~50 分钟，取决于参加人数的多少。

【参与人数】

20 人以上。

【道具准备】

一个足够长的线团。

【游戏概述】

这是一个适合在某项活动完毕时的游戏,大家可用该游戏来交流和总结心得体会。

【游戏目的】

(1) 组员们可以利用这种方式,在团队内传递最新消息。

(2) 鼓励组员将来利用网络联系。

【游戏规则】

(1) 所有成员排成一个紧凑的圆圈站立,主持人也排到里面。

(2) 告诉大家你将要做些什么:你一只手拿着线团的自由端,另一只手拿着整个线团。

(3) 整个线团的一端始终在你手上,在游戏开始时,你可以将线团传给对面的朋友,让他说说这次活动中的感受和心得。

(4) 你对面的朋友讲述完后,可以随意将线团传递给圈子中的任何一位朋友,游戏继续。

(5) 每人都有机会发表看法,最后的结果是:毛线或者细线会交叉起来,就好似一个蜘蛛网。

【相关讨论】

(1) 你觉得在该游戏中,哪些因素影响大家的发挥? 怎样做才能使任务完成得更出色?

(2) 你认为这个游戏与现实生活中的工作有关系吗? 如果有,请向大家表述你的想法,和大家一起分享游戏和实际工作的联系。

【游戏延伸】

这是一个适合团队做最后总结的游戏,绵延的毛线就像一张网一样连接着大家,大有"牵一发而动全身"的感觉,这也是团队。如果有可能,将大家总结性的话语拍录下来,一定是最难得的资料。

在总结开始的时候,主持人应该找一位最善于煽情或者最能直抒胸臆的朋友先说,这样,有利于提高活动的气氛。

过"鬼门关"

【游戏时间】

1.5 小时。

【参与人数】

团队全体成员。

【道具准备】

场地:教室;道具:用于玩"高台信赖"的高台。

【游戏概述】

这是一个集体参与,并能提高参与者解决棘手问题能力的游戏。游戏采用了以下几种技巧。

首先,让参与者以口述的方式抒发他们的理想和抱负,用说的方式表达。

其次,大声喊出自己的想法,巩固效果,使别人信服。

最后,通过"高台信赖"这个刺激的环节,使参与者加深印象,铭记他们说过的话,也可以证明他们的勇气。

游戏中设两个关:意愿关和行动关。意愿关告知自己的人生目标,行动关就是完成规定的目标。作为组织者要使参与者得到以下的游戏感悟:成功 = 意愿 × 方法 × 行动。

【游戏目的】

无论做什么事,中途放弃是很可惜的。通过游戏坚定胜利的信心,培养参与者坚持到底的信念。同时,让每个人都觉得实现梦想的路并不孤独,有很多志同道合的人相伴左右。参与者们还可和理想相近的人成为好朋友,共同扶持。

【游戏规则】

游戏全程分为三个阶段。第一阶段:走自己的路;第二阶段:身心考验;第三阶段:战胜自我。

第一阶段:全体参与,时间15分钟。

步骤如下:

第一步,清晰地表达自己的人生目标,合格者通过意愿关。

表达方式:"我想成为……请允许我通过!"组织者允许后才可以通过。

通过标准:目标尽量符合目标管理中的SMART原则。

第二步,设置起点A和终点B。让参与者从A点走到B点。要求:用任何不同于其他人的姿势走过去,与他人相同者将被淘汰。

通过者每人得1分。

第二阶段:每组4位参与者,时间15分钟。

步骤如下:

第一步,用最响亮的声音表达自己的人生目标,合格者通过意愿关。

表达方式:"我想努力成为……请允许我通过!"组织者允许后可予以通过。

通过标准:至少要达到80分贝。

第二步,做俯卧撑20次以上。通过者每人得2分,每增加10次俯卧撑加1分。

第三阶段:每组3位参与者(可重复),时间30分钟。

步骤如下:

第一步,用最响亮、最清晰、最快速的语言表达自己的人生目标,合格者通过意愿关。

表达方式:"我一定要成为……请允许我通过!"

通过标准:至少要达到100分贝,每秒6个字。

第二步,高台信赖。通过者每人得3分。

主持人口令：

下面的朋友,准备好了没有!?

×××准备好了没有!?

有没有信心!?

你是最好的!

你是最棒的!

你一定会成功!

下面参与者口令：

准备好了!

请相信我们!

台上参与者口令：

准备好了!

有!

我是最好的!

我是最棒的!

我一定会成功!

注意：组织者要控制好游戏的时间、打分和标准,把握气氛活跃度。

【相关讨论】

(1) 这个游戏是不是很有意思?

(2) 你是否以认真的态度对待这个游戏? 这个游戏有什么现实意义?

(3) 当你真的向后倒时,是因为信任同伴还是被迫的?

【游戏延伸】

作为当代人,要树立科学的人生观、世界观、价值观,树立远大志向,坚定人生理想,实现人生价值,体现生命的意义。

在这个世界上,人与人之间本来是陌生的,它需要沟通与交流。相信和理解很重要,但沟通与交流同样重要!

肢 体 语 言

【游戏时间】

10分钟。

【参与人数】

每组2人。

【游戏概述】

这是一个提高参与者表达能力的游戏。没有肢体语言的帮助,一个人说话会变得很拘谨,但是过多或不合适的肢体语言也会让人生厌,自然、自信的身体语言沟通起来更加自如。通过游戏可以提高参与者的表达能力,并使大家在游戏中学习如何更好地表达和沟通。

【游戏目的】

表达也是为了更好地沟通。

人与人之间的交流有两个方面:一方面是语言的;另一方面是非语言的,两者互为补充,缺一不可。有时候非语言传达的信息比语言更加精确,例如,当你和一个人谈话时,那个人不停地东张西望,你就可以理解到他对你们的谈话缺乏兴趣,这就需要调整谈话内容了。同样,在日常的生活工作中,为了让别人对你有一个更好的印象,一定要注意去除自己那些不招人喜欢的动作或表情,注意用一些良好的手势、表情帮助你与人交流,因为好的肢体语言会帮助人们进行更为有效的沟通,不好的肢体语言会阻碍人们的社交。

【游戏规则】

(1) 将参与者分为两人一组,让他们进行 2~3 分钟的交流,交谈的内容不限。

(2) 当大家停下以后,请参与者们彼此说一下对方有什么非语言表现,包括肢体语言或者表情,比如有人老爱眨眼,有人会不时地撩一下自己的头发,有人爱低着头说话等。问这些做出无意识动作的人是否注意到了自己的这些行为。

(3) 让大家继续讨论 2~3 分钟,但这次注意不要有任何肢体语言,看看与活动开始时有什么不同。

【相关讨论】

(1) 在第一次交谈中,有多少人注意到了自己的肢体语言?

(2) 对方有没有什么动作或表情让你觉得极不舒服? 你是否告诉了对方你的这种感觉?

(3) 当你不能用动作或表情辅助你谈话的时候,有什么样的感觉? 是否会觉得很不舒服?

【游戏延伸】

(1) 此游戏可用于培训、会议及其他室内活动开始前的参与者之间的相互沟通。

(2) 也可用于沟通技巧训练。

查 漏 补 缺

【游戏时间】

45 分钟。

【参与人数】

每组 5~8 人。

【道具准备】

场地：室内；道具：写有说明的卡片。

【游戏概述】

(1) 此游戏可作为一种检测手段,看看参与者掌握了什么样的知识以及知识量的多少。

(2) 留意每个人在游戏中的表现。有的人明明知识很丰富,但在讨论时不能坚持己见,过于"与人合作"。有的人知识不多却能举一反三,尽全力应付难题。

(3) 让参与者适应这种开放性的学习过程,提醒他们总结经验,并注意实践。

【游戏目的】

利用个人已有的知识和经验辨别生活和工作中的假象和阻碍因素,并将它们排除,这在现实生活中很有意义。这个游戏可以让参与者体验到依靠大家的智慧解决问题的乐趣。

【游戏规则】

(1) 将参与者分成几个小组,人员由组织者指定。

(2) 发给每个小组一张卡片,上面写有若干条有关生活工作等综合内容的文字。告诉他们,里面有一条是错误的,请通过讨论把错误的辨别出来。

(3) 组织者可在旁观察,记下每组的分析思路和方法,帮助各组分析他们的方法是否正确。

(4) 答案正确的小组获胜。

【相关讨论】

(1) 各小组在多大程度上运用了生活中学到的知识?

(2) 小组人员中对答案有不赞成的吗?

【游戏延伸】

该游戏的主要目的是促进组织者和参与者之间的交流沟通。

你是福尔摩斯吗

【游戏时间】

10分钟。

【参与人数】

不限,团队全体成员均可以参加。

【游戏概述】

此游戏可向大家展示,怎样才能称得上是具有观察力的人。

【游戏目的】

通过游戏来说明如果一个人缺乏观察力会怎样,并且告诉参与者如何提高观察力。

【游戏规则】

(1) 让队员们结对儿。

(2) 每人仔细观看自己的搭档 1 分钟。

(3) 1 分钟后,彼此转过脸去,再不能看自己的搭档。

(4) 每人做 7 处以上的外观改变,改变可以是细微的,也可以一目了然。

(5) 让搭档们再次相互观察,依次说出对方都做了哪些改变。

【相关讨论】

(1) 多少人能准确说出搭档所做的一切改变?

(2) 为什么大多数参与者不能马上说出所有的改变?

(3) 如何将这个游戏和我们的生活联系起来?

【游戏延伸】

找不同。参与者分成两个小组,一对一比赛,道具是两张略有差异的图片,观察两张图片有什么不同。在规定的时间内（比如 1 分钟),看谁观察得最好。主持人还可以在游戏前说游戏是找不同,让参与者观察后,问他们两张图片的相同处是什么,这样效果会更好。

淡 定 面 对

【游戏时间】

15 分钟。

【参与人数】

每组 5~10 人。

【道具准备】

几个形状怪异的物品,如镊子、挂钩等,题板纸；场地：室外（室内要开阔）。

【游戏概述】

这个游戏的挑战性在于,它为参与者设计了无数的场景,激发他们的想象力和表演技巧,鼓励他们摸索出自己的风格,使游戏者真正学到其中的精髓。另一个挑战是,面对稀奇古怪的东西不仅要说出它们的名字,还要说出它们的用途,这不仅需要参与者的人生经验,同时也考察了他的反应能力。面对尴尬,化解的方法很多,除了坦然面对外,还可以运用一些幽默的手段,这样不仅可以化解尴尬,还能体现出参与者的智慧。同时,幽默感还可以使游戏更加有趣,参与者会更乐于接受。

【游戏目的】

人的一生，每个人都会遇到尴尬的事情，遇到这种状况我们不必挂怀，如果我们连这种小小的挫折都不能逾越，又如何面对许多无端的阻碍？游戏模拟了几个类似的场景，让参与者认识和适应这种状况，以帮助他们淡定地面对，这其中包括自己的小错误。另外，这个游戏本身可以起到活跃气氛的作用。

【游戏规则】

1）准备

（1）将参与者分成若干小组，每组5~10人。

（2）游戏前热身，让参与者思考一个问题：假如这时在你面前出现突发事件，你如何来应对？这期间，让参与者尽可能多地说出一些他们的反应，主持人将这些话写在题板纸上。

2）步骤

第一阶段：

（1）游戏开始。首先主持人做示范，教参与者学习"小丑鞠躬"的表演动作（注意：以较快的速度告诉参与者，而且只说一遍，让学的人一时很难掌握，以展示尴尬的局面）。之后，让每个人分别表演，当其表演失败时，"小丑鞠躬"意味着面对观众，正视自己的失误，谦虚地说："谢谢你们，非常感谢你们。"

（2）鼓励参与者试一试"小丑鞠躬"的几个变形。比如，他们可以用深情的口气说，也可以像主持人一样热情地说，也可以像一个演讲者一样慷慨激昂地说，无论什么形式，只要大家喜欢。组织者应该鼓励参与者探寻自己的风格。

第二阶段：

（1）第一阶段结束后，主持人把奇形怪状的物品拿给参与者看，告诉他们，每个组的任务就是尽可能多地说出这些物品的用途。

（2）让小组做好准备，跑到放东西的地方捡起一件物品，说出它们的名字，尽可能多地说出几样用途。然后跑回队伍中，再派下一个人去。以此类推。

（3）最后把每个小组的答案汇总，向大家公布答案，然后主持人宣布最佳小组。

【相关讨论】

（1）你是否常常犯一些小错误？如果回答是肯定的，那么请试着运用游戏中的技巧，看看别人会有什么反应。

（2）人的一生总会有许多风风雨雨，怎样克服取决于一个人的意志和态度，你是怎样看的？

【游戏延伸】

如何创造性地解决问题在很多游戏中都能找到答案，小小的游戏，往往能揭示深刻的道理，日常生活中人们无法面对的尴尬，通过小游戏后便释怀了。诸如此类的游戏很多，如让参与者跟在主持人旁边模仿各种动作，节奏越快，游戏的效果越好。这类游戏无论是参与者还是旁观者,尽管有时会不好意思,但游戏本身给人的感觉是轻快愉悦的。

百变七巧板

【游戏时间】

30~40 分钟。

【参与人数】

不限,团队全体成员均可以参加。

【道具准备】

七巧板若干套和写有七巧板拼法的说明纸张。

【游戏概述】

花花绿绿的七巧板游戏,不但孩子爱玩,大人也爱不释手,它是开动脑筋的好帮手,更是检验某种能力的好工具。

【游戏目的】

通过七巧板比赛,考察小组组长的领悟能力、传授技巧以及组员的接受能力、学习能力等。

【游戏规则】

(1) 主持人先将写有七巧板拼法的纸张交给小组组长,由组长按照上面的方法自行学习,具体的拼法是定义目标、定义形状、定义多边形的每边。时间大约为 5 分钟。

(2) 5 分钟后,由组长向自己的组员传授所学的拼法,教会后由小组成员抽签选出一个组员代表小组参加比赛。

(3) 主持人可以根据现场情况增加 20 秒限时完成项目,能够顺利完成的有加分。

(4) 时间到了还拼不出来的予以罚分。

【相关讨论】

(1) 你认为这个游戏与现实生活中的工作有关系吗? 如果有,请向大家表述你的想法,和大家一起分享游戏和实际工作的联系。

(2) 在游戏的过程中,你觉得组长或组员在传授或学习某种技巧的时候,其最大的障碍是什么? 你觉得应该如何改进或克服?

【游戏延伸】

在这个游戏中,组长的自学能力很重要,但传授技巧的能力更加重要。其实,不管是传授哪方面的技巧,只要遵循 4 个步骤,只要不是太笨的人,都应该能很快学会。首先,要将这种技巧说给学习者听,先在脑海中有个大概的印象;其次,由传授人亲自将这种技巧演示出

来,加深学习者的印象;再次,鼓励学习者自己尝试运用这种技巧,正所谓"动千遍嘴不如动一遍手";最后,学习者边实践,传授者边在一旁进行指导,有不对的地方立刻予以纠正。这样,学习者就能在最短的时间内学会这种技巧。

数 字 演 示

【游戏时间】

30 分钟。

【参与人数】

不限,团队全体成员均可以参加。

【道具准备】

写字板、水彩笔;或者白纸、圆珠笔也可以。

【游戏概述】

这是一个通过肢体语言来表达想法的游戏,轻松有趣,是放松身心、增强发散思维的好方法。

【游戏目的】

参与者除了能在游戏中展开思路、丰富想象力、提升沟通能力之外,还能在轻松融洽的气氛中加深对彼此的了解。

【游戏规则】

(1) 首先主持人将所有人分成若干小组,每个小组最多不要超过 10 人,并在组中选出一位监督员对本小组的游戏过程进行监督。

(2) 各个小组排成纵队,队伍中的最后一个人会接受主持人的任务指令。

(3) 主持人会给这个人看一个数字,然后让这个人用肢体语言向下一个组员准确传达这个信息,以此类推,层层传递,直到信息传达到队伍的第一个人。

(4) 在整个信息传达过程中,绝对禁止使用口头语言来传达信息。

(5) 哪一个小组纵队中的第一个组员最先将正确答案写在面前的写字板或白纸上,哪一队就胜出一局。

(6) 游戏共分 3 局,数字由主持人决定。

(7) 每局之间可以安排 2 分钟的休息时间。

(8) 第一局胜利积 5 分,第二局胜利积 8 分,第三局胜利积 10 分,哪一队积分最高就是最后的获胜者。

【相关讨论】

(1) 在游戏过程中,你认为自己的肢体表达能力如何? 是否认为在小组中有比自己表达更加确切明晰的伙伴？

（2）你认为自己的领悟力和想象力如何？在面对落后局面时，你的心态是怎样的？

【游戏延伸】

这实在是个非常有趣的游戏，舍弃了人类最强大的口头表达功能，而改用不太灵活的身体笨拙而费劲地比划出各种数字的样子，可能正是为了让大脑奔腾得更快更有力吧。毕竟，玩过这个游戏后，许多人都觉得眼前豁然开朗，再考虑问题时，也不会墨守成规、总是在死胡同里打转了。

蒙 眼 撕 纸

【游戏时间】

20 分钟。

【参与人数】

10~20 人。

【道具准备】

正方形或长方形的废纸若干、眼罩 10~20 个。

【游戏概述】

这是一个蒙住双眼，只凭借主持人发出的声音指令来完成任务的游戏，此游戏道具简单，风格轻松。

【游戏目的】

通过游戏使大家对单向沟通和双向沟通有更深刻的认识，并从游戏中找到沟通的乐趣。

【游戏规则】

（1）主持人开场白："在人们日常生活和工作中，经常会出现单向沟通的情况，说者只顾把自己的想法滔滔不绝地说出来，而根本不清楚听者是否真的明白了、理解了；听者只顾闷头受教，凭自己想当然的理解去执行任务……这样做往往使最后的结果出现不小的差异。那么，双向沟通就不会出现这样的结果了吗？也不见得。虽然双向沟通比单向沟通的效果要好很多，但也不能避免会使结果出现差异。下面我们要进行的这个游戏，就是为了向大家说明，任何沟通方法都有它特定使用的场合及环境，在具体的使用中，要懂得灵活运用，才能使沟通方法发挥最大的效应。"

（2）主持人发给每位游戏参与者一张纸和一个眼罩。

（3）主持人会要求大家按照他发出的指令去做。

（4）主持人的指令：首先，将手中的纸对折，然后再对折；接着把折过的纸的左下角撕下来；将纸旋转 180°后将右下角也撕下来；请大家摘下眼罩，睁开眼睛。

(5) 所有人都会看到各种不同的纸样。

(6) 主持人重新给每个人发一张纸，让大家继续蒙上眼罩，并重复刚才的游戏过程，但这一次大家可以向主持人提问。

(7) 摘下眼罩，睁开眼睛，大家看到的依然是有差别的纸样。

【相关讨论】

(1) 做过这个游戏后，你有什么感想？你能否评论一下，在第一次的游戏中为什么会有这么多不同的结果？

(2) 你在第一次和第二次的游戏中所撕出的纸样是相同的吗？你认为提问后对你完成任务有帮助吗？

【游戏延伸】

这个游戏中的道具不见得非要用纸张，也可以变化为塑料拼插玩具等，不管使用什么道具，最关键的是参与者一定是在蒙着双眼的情况下完成游戏的。

皮 筋 接 力

【游戏时间】

20 分钟。

【参与人数】

20 人。

【道具准备】

小板凳 10 张、牙签 20 根、皮筋 1 根。

【游戏概述】

这是一个很好玩的接物游戏，可在轻松的气氛中融洽游戏者之间的关系。

【游戏目的】

使游戏者体会到团队合作的重要性并探索有效的合作方法。

【游戏规则】

(1) 将 20 个人分为两组，分别是传物组和扰乱组，每组 10 个人。

(2) 传物组成员都站在排成一排的小板凳上，板凳之间的距离不超过 0.5 米，并发给每人一根牙签。

(3) 主持人要求传物组成员将牙签咬在嘴里，并在第一个成员的牙签上挂一根皮筋。

(4) 由第一个人将牙签上的皮筋传给第二个人，第二个人只能用嘴里的牙签去接皮筋。

（5）接着第二个人用同样方法将皮筋传给第三个人,以此类推,直到传给最后一个人。

（6）扰乱组的成员站在地上对传物组的成员进行干扰,除了不允许推搡传物组成员外,任何办法都可使用。

（7）如果皮筋掉在地上,那么游戏就要重新开始。

（8）一场游戏结束后,传物组与扰乱组的成员互换角色,进行第二场游戏。

【相关讨论】

（1）作为传物组成员,你认为这个任务容易完成吗? 你认为你在游戏中的水平发挥如何?

（2）作为扰乱组成员,你在进行扰乱时使用了哪些方法? 你认为哪些比较有效?

【游戏延伸】

可以将游戏中的牙签和皮筋换为火柴棍或香蕉块,将以前的牙签挂皮筋换为火柴棍挂皮筋或牙签扎香蕉块。

真人版找不同

【游戏时间】

20分钟。

【参与人数】

每组两人。

【道具准备】

纸、笔、自由选择的一些小饰品等。

【游戏概述】

网络上"找不同"小游戏的真人版。

【游戏目的】

旨在考察、培养游戏者的观察能力、记忆能力等。

【游戏规则】

（1）主持人先将纸和笔发给大家。

（2）然后让大家自由选择,每两个人组成一个小组。

（3）两个人背对背,用小饰品或其他物品在自己身上做出3处变化,并用笔记在纸上,时间为3分钟。

（4）3分钟后,彼此转过身来寻找对方身上的变化,并与纸上的记录做对比。

（5）继续背对背，依照刚才的规则在自己身上做出 10 处变化并进行记录，时间为 10 分钟。

（6）10 分钟后，彼此寻找对方身上的 10 处变化，并与记录做对比。

（7）速度最快、准确率最高的人为优胜者。

【相关讨论】

（1）你认为完成这个游戏需要什么技巧？当你在自己身上做变化的时候，你是如何考虑的？

（2）你认为自己的观察能力很强吗？记忆能力又如何呢？作为优胜者，你认为对手失败的原因是什么？

【游戏延伸】

网络上风靡一时的"找不同"小游戏不知道使多少人几个小时眼睛不眨一下地盯着眼前的图案寻寻觅觅，而今真人版的"找不同"将游戏者的动手能力和动脑能力完美地结合起来，迅速提升了游戏者的观察能力和记忆能力。

轮胎上的平衡

【游戏时间】

3~5 分钟。

【参与人数】

每组 6~8 人。

【道具准备】

汽车轮胎。

【游戏概述】

这个游戏充分展示了合作的重要性，要求参与者有较好的肢体平衡能力。

【游戏目的】

加强游戏者的沟通和合作意识，作为某项活动的串场游戏，既轻松有趣又活跃了气氛。

【游戏规则】

（1）主持人在地上摆一个汽车轮胎。

（2）将所有人分成 6~8 人的小组。

（3）要求每个小组的成员在 3 分钟内全部到轮胎上集合（所有成员必须全部站在轮胎上）。

（4）全体小组成员要在轮胎上保持 10 秒钟的站立时间。

(5) 能够达到规定时间而又没有人掉下轮胎的小组获得优胜。

【相关讨论】

(1) 游戏开始时,你考虑到保持重心了吗? 你的小组是怎样让轮胎保持平衡状态的?

(2) 有人从轮胎上掉下来吗? 你认为他掉下来的原因是什么?

【游戏延伸】

人的平衡能力、协调能力、沟通能力和合作意识都在这个游戏中被一一展现。比较有把握的玩法是,先选出一个人站到轮胎上,保持好重心,其余的人轻轻踩上去,同时一定要注意保持轮胎的平衡。

情 景 再 现

【游戏时间】

15~20 分钟。

【参与人数】

人数不限,可以是团队全体成员。

【道具准备】

两张图画、纸、笔。

【游戏概述】

这是一个风格轻松、道具简单的游戏,适用于大型活动的间隙,可调节现场气氛。

【游戏目的】

通过这个游戏,游戏者能够领悟到一些沟通中的交流技巧。

【游戏规则】

(1) 主持人先让大家推选出一位朋友,然后将这位朋友带到房间外,给他看一幅事先准备好的图画。

(2) 主持人将这位朋友带回房间,同时告诉大家,这位朋友刚刚看了一幅非常美丽的图画,现在要向大家进行描述,希望大家能一边听他的描述,一边用笔在纸上将这幅图画下来。

(3) 主持人将纸和笔分发给大家。

(4) 请负责描述的朋友背对大家立正站好,开始进行描述,其间描述者不得回头或转身,以免与大家进行目光和表情的交流,也不得有任何手势和动作,要始终保持立正的姿态。

(5) 在描述的过程中,大家不能提问,只能根据描述者的口头表达来画出那幅图画。

(6) 待大家都完成图画后,让大家互相传看,品评一下自己的画与别人的有什么不同之处。

(7) 这时,主持人会请大家再推选出一位朋友,按照刚才的步骤重复这个游戏,所不同的是,这一次大家可以一边听描述,一边向描述者提问,进行双向交流后完成图画。

(8) 第二场游戏结束后,主持人依然会请大家互相传看自己的作品,品评一下两场游戏中哪一场的图画最贴近标准图画。

【相关讨论】

(1) 当你只能凭耳朵接受有限的信息时,你是否非常着急,总觉得对方所传达的信息并不是你最需要的?

(2) 如果你是那位描述者,你觉得在单向交流的过程中应该怎样使大家明白你的想法呢?

【游戏延伸】

单向交流和双向交流的差异从这个游戏中可以看得清清楚楚。可以将游戏中的图画换为图形,如几个正方形、长方形、圆形、梯形等拼在一起所形成的图形。也可以在游戏中只准备一幅图画或图形,通过两种交流方式对比出大家所画的同一幅画的不同结果。

彩 旗 表 决

【游戏时间】

15~20分钟。

【参与人数】

人数不限,可以是团队全体成员。

【道具准备】

红、黄、蓝、绿四色电光纸做成的若干面小旗。

【游戏概述】

这是一个利用手中不同颜色的彩纸向别人展示自己的想法或意见的游戏。

【游戏目的】

通过这个游戏,可以使主持人或领导者在第一时间了解大家的意见。

【游戏规则】

(1) 主持人根据参加游戏的人数事先准备好若干面由红、黄、蓝、绿4种颜色做成的小旗,将这些小旗分发给所有人,保证每个人手中都有红、黄、蓝、绿4面小旗。

(2) 每当主持人提出一个问题或建议需要征求大家的意见时,大家就要将手中不同颜色的小旗举起来进行回答,红色小旗代表"我同意这个观点或这种说法",黄色小旗代表"我持中立态度,不发表意见",蓝色小旗代表"我不同意甚至坚决反对这个观点或这种说法",绿色小旗代表"这个问题我无法回答,选择弃权"。

(3) 主持人开始提问,待所有问题都问完后,统计一下每个问题或建议的支持率、反对率、弃权率和中立率各是多少,然后组织大家展开讨论,讨论内容是这种投票的方式能不能真正代表大家的意见。

【相关讨论】

(1) 在游戏中,有没有发生主持人提出一个问题后,大多数人都选择弃权或中立的情况?

(2) 你认为这种方式对于了解大家的真实意见有帮助吗?

【游戏延伸】

游戏中的彩色小旗也可以改为标有分数的记分牌,每次主持人提出一个问题或建议后,大家根据自己对这个问题或建议的满意度或支持度亮出手中的记分牌。

智慧算术棍

【游戏时间】

20 分钟。

【参与人数】

每组 4 人,两组为一队,每次上场两队为宜。

【道具准备】

五颜六色的算术棍、桌子。

【游戏概述】

还记得上小学时人人都用过的算术棍吗? 那些小棍帮助大家获得了最初的数学知识,今天它同样可以在游戏中使大家获得快乐。

【游戏目的】

培养游戏者的创造力和沟通能力,使伙伴之间能够找到更有效的交流方法。

【游戏规则】

(1) 主持人将所有人分为若干小组,每组 4 个人,以两组为一个竞赛小队,每次有两个竞赛小队上场,以小组为单位,发给每个小组 15 根算术棍。

(2) 主持人带领两个竞赛小队上场,每队中的两个组都被划分为表述组和动手组。

(3) 场中事先摆好两排桌子,由两个小队的两个表述组站在第一排桌子后面,两个小队的两个动手组站在第二排桌子的后面,表述组的成员背对着动手组的成员。

（4）游戏开始后,先由两个表述组在自己面前的桌子上用手中的 15 根算术棍任意摆出各种形状,时间为 5 分钟。

（5）然后,表述组的成员要在背对着本小队动手组成员的情况下,用语言将自己小组摆放的形状描述出来。

（6）听到队友的描述后,两个竞赛小队动手组的成员立刻开始行动,按照描述摆放手中的 15 根算术棍,时间为 10 分钟。

（7）10 分钟后,游戏结束,由大家当评判,选出哪一队的两个小组完成的作品最相似而又独具创意,则这一队为优胜方。

【相关讨论】

（1）你所在的小组获得胜利了吗? 你认为获胜方是特别富有想象力的一方吗?

（2）你认为在这个游戏中,协作能力、表达能力和沟通能力,哪一个更重要?

【游戏延伸】

游戏中的算术棍可以使用其他物品代替,只要形状、大小相同就可以,实在找不到合适的物品,用几本较厚的书代替也可以,也许摆出来的形状更具立体感,游戏的难度系数也会相应加大。

挑战吉尼斯

【游戏时间】

40 分钟以上。

【参与人数】

人数不限,每组不超过 15 人。

【道具准备】

大写字板、粗水笔以及其他挑战项目中所需要的物品。

【游戏概述】

以集体的力量发挥想象力、创造新纪录,尽量使竞争对手难以模仿并超越竞争对手。

【游戏目的】

使大家在最短的时间内能够了解伙伴的潜力,在活动或会议间隙开展此游戏,令大家心情愉快、关系融洽。

【游戏规则】

（1）主持人将所有人分成若干小组,每组最多不超过 15 人。

（2）每个小组派一个代表到写字板前写出自己小组最占优势的挑战项目,时间为

8 分钟。

（3）这些挑战项目必须是自己小组成员能力范围之内能够完成的,例如：以人体搭建金字塔或倒三角形、连续前滚翻或后滚翻 40 个、脚踩生鸡蛋、用脖子连续摇呼啦圈 2 分钟、歌曲接龙、成语接龙、听前奏猜歌曲名等。

（4）挑战项目中不能包括其他组无法模仿和挑战的内容,如我们组有全场最胖的人、头发最长的人等这些内容。

（5）等所有小组的挑战项目都写完后,从第一组开始对自己的挑战内容进行演示,然后是第二组、第三组,一直到所有小组都对自己的挑战内容演示完毕。

（6）接下来,主持人要求各个小组选择一个竞争对手进行挑战,由挑战者演示竞争对手刚才所演示的挑战内容,并适当规定完成时间。

【相关讨论】

（1）你对今天游戏中的哪个挑战项目印象最深刻?通过游戏,使你对平时并不重视的伙伴刮目相看了吗?

（2）在完成竞争对手的挑战项目时,你有什么感想?

【游戏延伸】

在欢乐愉悦的气氛中培养大家的能力、激发大家的潜力,是这个游戏的特色。游戏还可以有另一种玩法,即在每个小组都演示过自己的挑战项目之后,由每个小组在写字板上所有的挑战内容里随意为选定的竞争对手挑选一个项目,让其进行现场演示。

打击 “魔鬼”

【游戏时间】

30 分钟。

【参与人数】

不限,团队全体成员均可以参加。

【道具准备】

场地：空地；道具：魔鬼信函、魔鬼面具。

【游戏概述】

游戏过程中要找出不利于团队发展的诸多不利因素,打击团队中妨碍团队协作的心理和行为表现的 “魔鬼”,从而使参与者免于落入 “魔鬼” 的陷阱。

【游戏目的】

（1）在一个团队中,不可能总是存在着正面情绪的影响,总是会有一些灰色消极的因素影响其中的某些人,进而影响整个团队的效率。如何找出这些魔鬼,然后将其消灭呢?本游戏也许可以提供一些可能的方法。

（2）对于一个团队的主管来说，应该随时对自己的下属保持足够的关注，一旦他们有人出现负面情绪就要有所察觉，以便及时进行处理，尽可能地激励他们重新恢复到积极自信、创造力非凡的境地。

【游戏规则】

准备：魔鬼信函、魔鬼信函解析表。

我希望我的人际关系很好，我很想得到别人的喜爱，我应该得到每个人的喜爱和赞美。但昨天领导批评了我，我觉得一切都白费了，我根本就不受重视，他一定不喜欢我。

解析：

（1）昨天，领导批评我——我应该得到每个人的喜爱和赞美——我没受到重视，我觉得好失望。（自卑的）

（2）一切努力都白费了。（没有信心）

（3）他一定不喜欢我，我没有价值。（否定自己）

转换：

（1）我喜欢得到每个人的喜爱和赞美。（积极的）

（2）我有机会得到别人的喜爱和赞美。（有信心）

（3）有时我无法得到别人的喜爱和赞美。（防止情绪困扰产生）

步骤如下：

（1）选择几位（根据参与者的人数确定）成员扮演魔鬼，并带上魔鬼面具，在面具里藏一封或几封事先准备好的关于团队的魔鬼信函。

（2）魔鬼在成员中出没（来回走动），尽量抓住其中的几名成员，使全体成员分成若干组。

（3）小组成员摘下魔鬼面具，取出魔鬼信函。

（4）各小组成员分别将魔鬼信函所示情境分析解剖。

（5）小组成员说明魔鬼信函的内容，并共同将团队中的非理性想法改成团队中的理性想法。

（6）各小组将魔鬼信函的解析与转换，与全体参与者分享，使成员了解什么是团队中非理性的想法及其影响。

【相关讨论】

（1）这个游戏给你什么样的感受？

（2）团队成员常有的非理性想法有哪些？

【游戏延伸】

及时发现影响团队进步的负面情绪，激励参与者发现并改进负面情绪。每个队员还可以准备一个魔鬼信函，通过游戏更好地认识自己。

化 解 对 抗

【游戏时间】

40~50 分钟。

【参与人数】

每组 5~7 人。

【道具准备】

道具：五步对抗模式,贴在题板上,或人手一份，5 张题板纸和 5 面旗子。

【游戏概述】

这个游戏是训练参与者如何维护自己的思想以及如何达到有效的交流。游戏过程是重复表达参与者的某个或某些想法的好机会。

五步对抗模式。

第一步,描述一个充满希望的未来。

第二步,详细地描述问题。

第三步,分析问题。

第四步,确定一个积极的解决办法。

第五步,给将来一个积极的展望。

【游戏目的】

人与人的交流需要技巧,一味地敌对或妥协都不可能达到最有效的沟通。

游戏生动有趣,游戏过程中的许多想法会引起哄堂大笑,使大家情绪放松。

【游戏规则】

(1) 选择一个有趣的开场白。让人们对任何话题都感兴趣的一个好办法就是,把这个话题与他们有强烈感受的事物联系起来。如许多人和并不喜欢自己的人一起工作,有很强烈的感受。这说明面对一种无法选择的情况,他们只能采取一些必要措施。然而,在大多数人心中,至少有两个对抗方案,一个是复仇幻想,即与同事或老板对抗,这样往往使自己陷入困境;另外一个方法,可以使你很可能获得成功,即使用面对对抗的一个五步模型。

(2) 五步模型。

第一步,不要描述不快乐的现在,而要描述充满希望的未来,你希望消除对抗达到的结果是什么。在这种情况下,你可以说:"我希望我们可以处好关系,使我们在一起工作时感觉很舒适。"

第二步,详细地描述问题。

第三步,假设那个人并没有意识到,那就向他表明,这种行为是一个问题。你应该使你的表述更充实。

第四步，提供一种解决方法。如果你不同意我的看法时，我比较喜欢你友好地当面告诉我，以便我能公正地听取你的反对意见。我希望你能用更加尊重一些的肢体语言。

第五步，给将来一个积极的展望。如果你能这么做，我觉得我会更好地支持你的目标和想法。

（3）邀请一些人描述他们需要直接对抗的经历，即当他们采用含蓄的方式不能达到效果的时候。

（4）把大家分成小组，每组5~7人，给每个小组一张题板纸和一面旗子。

（5）分别分给每个小组上述5个模式中的任意一步，请各个小组提出尽可能多的与这一步相匹配的表达，10分钟时间，提出他们的表述。

（6）每个小组选出一个代表，让每个小组的代表按顺序站在前面。

（7）让他们依次表述。

【相关讨论】

（1）对付难对付的人时，使用化解对抗的五步模式有什么好处？当你处于危险之中时，你怎么才能使自己有足够的时间来进行表述？

（2）在现实生活中，你将怎样使用这个模式？

（3）我们确实需要发泄。但是，当我们对着那些令我们感到气愤的人发泄时，通常的结果是什么呢？

（4）回顾一下从这个游戏中获得的知识，想一下在你下次碰到难以对付的人时，将怎样改变你的想法？

【游戏延伸】

这个游戏介绍了"五步对抗模式"，帮助参与者理解使用尊敬的和确定的语言的重要性。让参与者们掌握这种五步对抗模式的交流方法，自信地与他人交流重要信息，并采用不会使他人心存戒备的方式。

和 谐 团 队

【游戏时间】

30分钟。

【参与人数】

每组5人。

【道具准备】

纸、笔。

【游戏概述】

这个游戏旨在营造和谐社会最需要的氛围、和谐团队最需要的氛围。

【游戏目的】

通过游戏,让大家体验到创造性解决问题的快感,并试着思考团队工作的环境。

【游戏规则】

(1) 将参与游戏的人员分成每组 5 人,给每个小组一些纸和笔,建议每个小组的人围成一圈坐在桌子旁。

(2) 让他们分别列举出 10 个最不受人欢迎和最受人欢迎的氛围,例如:放任、愤世嫉俗、独裁、浮躁、自以为是、轻松、平等……

(3) 活动结束时,主持人将每个小组的答案公布于众,然后让他们解释他们选择这些答案的原因。

(4) 最后大家讨论一下,什么样的公司氛围才最适合公司的发展。

【相关讨论】

(1) 理想的公司氛围与国家提倡的"和谐社会"有没有必然的联系?前者又反映了你什么样的价值呢?

(2) 在交流过程中,你与你团队成员的意见是否相同?如果有不同的地方,你们是如何解决的?彼此应该怎样进行交流?

【游戏延伸】

在这个游戏中,我们只是简单罗列了一些自己以为的"理想模式",通过列举一些相同的条目,我们会发现大家共同的期待——不同的人要扮演不同的角色,有些人更多的看中公司的文化气息,有些人更多的看中公司的竞争精神,最后将大家的意见综合起来,就有可能形成一个有关公司氛围的全面建议。

其实,在现实生活中的其他事情也可以用类似的方式来解决。

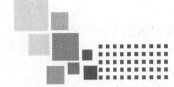

第3章 脱颖而出
——提升自己的表现力

最 强 大 脑

【游戏时间】

5~10分钟。

【参与人数】

不限,团队全体成员均可以参加。

【道具准备】

一卷胶带、三四个气球（游戏用一个,其他备用）、一支标记笔、一张报纸和边长约50厘米的正方形木板（硬纸板也可）。

【游戏概述】

发挥你的想象,用游戏提供的道具将气球取回来。

【游戏目的】

(1) 通过游戏,培养大家多角度思考问题的能力。

(2) 让整个团队参与到解决问题的游戏中来。

【游戏规则】

(1) 在游戏开始之前,用两段长度大约为30厘米的胶带在木板上贴一个"十"字标志。

(2) 选一位志愿者,他的任务是利用现有的道具取回气球。

(3) 主持人在充满气的气球上面写上一些可以调动游戏气氛的话语,比如"极其珍贵""Money多多""心想事成"等字样;也可以在气球里面放一些彩屑或者硬糖块,作为志愿者取回气球的奖品。

(4) 把木板放在地上,并让贴胶带那面朝上,让所有参与者都能看到。

(5) 此时,让志愿者站在"十"字中间,并发给他报纸。

(6) 把气球放在地上,距木板边缘4米远。

(7) 要求志愿者3分钟之内取回气球,但不能离开"十"字,其余人员只能观看,不能提议志愿者该如何取回气球。

(8) 3分钟之后,如果那个志愿者还没完成任务,可以询问其他组员该如何取回气球,并可听取他人的意见,大家一起解决问题。

(9) 然后引导大家就解决问题、协同工作和团队合作等问题展开讨论。

【相关讨论】

(1) 你在游戏过程中,遇到了哪些问题?是如何对问题进行责任落实的?为了解决这些问题,每个人都做了什么?

(2) 你认为这个游戏有什么技巧?或者有什么最行之有效的方法?

(3) 如果游戏中还可以提供其他一些有趣的道具,你认为应该是什么?对于游戏中提供的道具,你认为有多少种方法可以解决问题?

(4) 游戏中我们自己倾向于扮演什么角色?你是如何与团队进行协调的?

【游戏延伸】

游戏开始后,可以让志愿者站到木板上,给他蒙上眼罩,然后志愿者按其他参与者的提示完成游戏。同样,可以改变为小组游戏,即采用一个1米见方的木板(甚至可以画出一块阵地),让所有组员都站到上面。按相同规则取回气球。

附：游戏答案

我们提供可参考的唯一答案是利用报纸。因为道具中并没有提供其他可以利用的物体。

把报纸像烟卷一样,卷成一个比较紧的纸筒,然后从一端慢慢拉出里面的报纸,使之达到最长的程度,最后形成一个比较硬的纸杆,再从木板上撕下胶带,粘到纸杆儿的一端,胶带的黏面露在外面,两条胶带足够有50厘米,最后利用纸杆儿上的胶带把气球粘过来。

梅 花 桩

【游戏时间】

5~15分钟。

【参与人数】

24人以上。

【道具准备】

给每位参与游戏的成员准备一块边长为30厘米的方纸板(或纸片),但还要多出来一块,如果只玩一次游戏,可用报纸代替纸板,也可以用粉笔在地上画圈表示。

【游戏概述】

这是一个能让所有参与者都开动脑筋、解决问题的游戏。

【游戏目的】

让所有参与者都能很投入地参加到这个需开动脑筋的游戏中来。

【游戏规则】

（1）游戏开始前，将所有纸板都放到地上，按一条直线排列，彼此间距30厘米。

（2）把所有人员分成人数相等的两组，如果总人数为奇数，则让一个人做助手或裁判。

（3）两组成员分别从这排方形木块的左右两边站起，每人站在一块纸板上，两组相对而立，最后中间只剩下一块纸板。

（4）如果是16名组员，则每组8人，中间有一块闲置纸板。每个人一个方块，方块中的箭头代表各个成员应该面对的方向，所以整个小组面向同一个方向（该游戏中的箭头可以由主持人随意设计，但不能跟后面的游戏规则冲突）。

（5）两组将分别从这排方块的这一边走到另一边，规则如下：

① 不允许参与者转身，可以向后看，但身体必须朝着游戏开始时的方向。

② 每次各组只能有一人转身，换句话说，在规则允许的情况下，每小组只有一个可以转身的名额。

③ 参与者可以移到自己面前的空纸板上，见图3-1，方块1上的人或者方块3上的人都可以移到方块2上。

④ 参与者也可以超越对手移到他们前面的方块上，但是不能后退。见图3-2，方块4上的人可以超越方块3而移到方块2上，而方块1上的人不能后退到方块2上。

⑤ 不能超越和你面向相同方向的人，比如你只能看到他们的后脑勺，就是不能超越他们。也不允许一次穿越两个对手，到达前面的方块上。见图3-3，方块1、2、3上的人都不能动。

（6）如果有人发现自己到了无路可走的地步，所有成员必须回到起始位置，重新开始游戏。

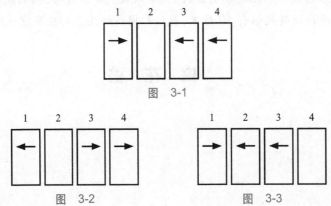

图 3-1

图 3-2　　　　　　　　图 3-3

【相关讨论】

（1）你认为这个游戏有什么技巧吗？或者有什么最行之有效的方法吗？

（2）游戏过程中有人作弊了吗？主持人或者现场裁判对游戏作弊者有没有采取姑息的态度？如果是，你是怎样看待的？

（3）你在游戏的过程中，遇到了哪些问题？如何对问题进行责任落实的？为了解决这些问题，每个人都做了什么？

【游戏延伸】

这个游戏完全可以设置成迷宫形式的娱乐方式，主持人在吃透游戏规则的前提下，可适当更改游戏规则及箭头。

蜘　蛛　侠

【游戏时间】

20 分钟。

【参与人数】

每组 10 人。

【道具准备】

粗绳子 9 根、粗竹竿 9 根。

【游戏概述】

用绳子和竹竿在地上搭起一个架构，游戏者需要具备一些几何知识。

【游戏目的】

鼓励集体合作，在轻松的气氛中激发游戏者的创造力。

【游戏规则】

(1) 主持人将所有人分为若干小组，每组 10 人为宜。

(2) 主持人将 9 根绳子和 9 根竹竿分发给每个小组。

(3) 要求每个小组凭借手中的材料搭起一个稳固的架构，使全组成员能够依靠这个架构同时离地 3 分钟。

(4) 搭建时间为 15 分钟。

【相关讨论】

(1) 获知游戏规则后，你认为完成任务的可能性大吗？

(2) 在搭建的过程中，大家都想出了哪些行之有效的办法？

【注意事项】

这个游戏有一定的危险性，在搭建架构时一定要注意将竹竿捆绑结实，在全体成员一起离地的 3 分钟内，也要时刻提高警惕，一旦发现架构不稳，要及时采取措施，以免出现伤害事故。

【游戏延伸】

也可以将游戏规则变化为"哪一队用的绳子和竹竿最少，而搭成的架构又能够让全组成员同时离地 3 分钟，哪一队就为获胜方"。材料中的竹竿也可以用结实的木板或木棍来代替，但每组的人数和离地的时间要相应减少。

接 盘 侠

【游戏时间】

20~35 分钟。

【参与人数】

每组 3 人。

【道具准备】

每组一个飞盘。

【游戏概述】

这是一个一人做投盘手,两人做接盘手,或者一人做投盘手,多人做接盘手的游戏。

【游戏目的】

锻炼大家团队协作的能力。

【游戏规则】

(1) 让所有参与者都到运动场的一端,人数较多时,3 人为一组。

(2) 主持人一边发飞盘,一边讲述游戏规则,告诉他们目标是运动场对面的一棵树或其他固定物体。

(3) 游戏开始时,小组中的一人必须从运动场的这一端向另一端掷飞盘,飞盘落地前必须被另外两个组员中的任意一人接住。

(4) 如果飞盘没有被接住,其中的一名参与者必须用最快的速度把飞盘拣起,并送到投掷者的一端重新投掷,并且只能在相同的位置。

(5) 如果飞盘落地前被接住,接盘者迅速转投到刚才的投掷者一方,每组的目标是尽量在积分最低的情况下击中运动场另一端的靶子。

(6) 积分规则:击中靶子积 1 分,成功接盘一次积 1 分,飞盘落地一次减 1 分。

(7) 游戏开始前,给每小组 3 分钟时间计划一下该如何配合。

【相关讨论】

(1) 游戏结束时,积分较低的队和较高的队有多大差距?交流一下他们的配合感受。

(2) 你们小组在游戏开始前做了哪些计划?有哪些在游戏中用到了,哪些没有用到?

(3) 如果还有一次机会,你们将会在哪些方面做一些更改?该游戏除了锻炼身体以外,还有哪些方面跟现实生活有联系?说说自己的感受。

【注意事项】

其他未参与游戏的人,请站到安全地带,以免被飞行的飞盘擦伤。

【游戏延伸】

此类游戏在进行的时候,只能由一人投掷飞盘,否则比较危险。鉴于此,可以让两人一组或更多人一起参加到比赛队伍中来,比如,一人投掷多人接盘,既活跃了游戏气氛,又调动了大家的参与性。当然,也可以在运动场的起始端确定另一个目标,当大家返回时再做一轮游戏。

解开烦恼结

【游戏时间】

15~30 分钟。

【参与人数】

每组 12~16 人。

【道具准备】

20 米长的 1 条粗绳子。

【游戏概述】

只用 1 只手来完成解绳结的游戏,在不违反游戏规则的情况下,组员之间可互相配合着完成。

【游戏目的】

提高大家参与游戏的兴趣,学习分析问题与决策的技巧。

【游戏规则】

(1) 活动前依照每组人数,在绳索上取等距打上单结,每个绳结旁均由 1 人单手握住。
(2) 设法用握住绳索的手,将整条绳索的结打开。
(3) 过程中不可将绳索离手。
(4) 不可借助另一只手的帮助,也不能借助任何器具。

【相关讨论】

(1) 在游戏开始前,有些参与者就声称这是一个不可能完成的任务,并到处游说,你觉得这样的想法对决策的形成有没有影响? 为什么?
(2) 在游戏中,当自己的意见与他人相左时,你是如何说服其他人认同的(或被说服)?
(3) 当你的结解开后,你是采取旁观,还是继续参与其中? 现实生活中,在工作或家庭生活中你是否也采取相同的态度?

【游戏延伸】

也许,这个游戏的玄妙之处就在"设法"二字上。如何运用有限的"资源"来解开绳结,当然需要组员的共同努力。主持人也可以在游戏进行当中,给参与者适当提示,以便加快游戏进度,并能适当增加游戏的娱乐性。

快 速 解 绳

【游戏时间】

10~15 分钟。

【参与人数】

每组两人。

【道具准备】

每人 1 条 1 米长的绳子。

【游戏概述】

两人交叉绑住自己后,再用自己的方法解开绳子。

【游戏目的】

打破原有的思考模式、了解经验对人的限制,发挥创意与行动力。

【游戏规则】

(1) 两人一组并发给每人 1 条绳子。

(2) 将两条绳子交叉后,再将自己绳子的两端打结做成绳环,套在自己的左、右手腕上(绳环大小以手腕可以任意活动,但不会松脱为准)。

(3) 想办法在不解开手腕绳环的情况下,各自脱困并挣脱打结的绳子。

【相关讨论】

(1) 你是如何解开绳子的? 如果没解开,那么解不开的原因是什么? 是否曾经想要放弃?

(2) 你在游戏过程中还尝试过哪些方式? 这些错误是否有相同的特性?

(3) 你有没有任何想法是尝试前就被否决的? 为什么? 你是否只在自己的经验中寻找答案?

(4) 你在生活中曾面临类似的情境吗? 你的反应是什么?

(5) 过往的经验对你有何影响? 你会过度依赖经验吗? 你是否曾自己把自己框住了?

(6) 你能够将解开的绳子恢复到一开始操作的模样吗?

【游戏延伸】

这个游戏绝对与魔术没有关系,它只是希望通过两个人齐心协力的努力来达到最后的结果。游戏中,主持人可实际模拟一下绳子的系法,让游戏参与者有一个公平的竞争环境,这样才有利于大家的平等发挥。

惊悚钢丝

【游戏时间】

半天以内。

【参与人数】

每组 5~7 人。

【道具准备】

场地：河边；道具：3 根钢丝,用来固定钢丝的其他专业工具。

【游戏概述】

这是一个适合户外锻炼的游戏。

【游戏目的】

通过游戏,让大家用最快的方式找到自己的搭档,然后在对方的热情指点下完成目标。

【游戏规则】

(1) 游戏开始前,先告诉大家,他们的任务是借助河面上的 3 根钢丝,安全通过小河。

(2) 在开始游戏时,参与者必须踩着一根钢丝,用手扶着两边的钢丝顺利地从河的这头走到另一头。

(3) 主持人的开场解说词举例如下:

俗话说"世上无难事,只怕有心人",相信大家没有几个人走过钢丝。今天,我们走的钢丝并不像杂技演员那样有难度,在距离河面 3 米的上空有 1 根钢丝,大家踩着它,然后手扶着距河面 4.5 米的另外两根钢丝,通过小河。在此过程中,大家的身体可能会随着钢丝摇摇晃晃,你们的脚下河水悠悠,一不小心就会失去重心摔了下来,有人肯定会惊出一身冷汗！其实,越害怕,走得越慢,钢丝绳就抖得越厉害,只要稳住神,朝前看,像平时走路一样,一点都不难。最坏的结果就是你掉到河里,别担心,我们有最专业的防护团队,可保你安然无恙。最后,祝大家好运！

【相关讨论】

(1) 在游戏过程中,有没有人掉下去？是否有人在尝试过好几次后才最终通过？

(2) 你在游戏的过程中,遇到了哪些问题？又是如何对问题进行责任落实的？为了解决这些问题,每个人都做了什么？

【游戏延伸】

可以鼓励一些动作熟练的队员,不要用 3 根钢丝绳,只用两根就通过河面。试着发挥一下,有没有人可以只借助 1 根钢丝绳就通过河面的? 当然,走过去的可能性几乎不存在,臂力好的人可以吊着通过。

天堑变通途

【游戏时间】

30~60 分钟。

【参与人数】

每组 10 人。

【道具准备】

纸板箱、封箱带、胶水、剪刀等。

【游戏概述】

这是一个通过团队合作来赢得比赛的游戏。

【游戏目的】

（1）体验统一的目标和行为规范对于团队成绩的重要性。

（2）加强对领导能力和创新精神的训练,并练习"分析、目标、战略、计划、分工"的工作程序。

（3）回归自然,娱乐身心。

【游戏规则】

（1）游戏开始前,主持人先将故事背景向大家陈述一遍：生活在云南边陲江边的一个少数民族,每年春江水暖的时候,都要举行声势浩大的渡江比赛。有趣的是他们的渡江工具并不是"船"而是"桥",而且除了渡江速度外,桥的美观度、比赛选手的配合熟练程度等都是决定胜负的重要因素。在他们这个朴素的民间游戏中,包含着很多现代科学的管理思想,我们即将要玩的游戏,就与这个故事有关。

（2）所有参赛人员每 10 人为一组,按照龙、虎、狮、豹等命名。

（3）每组按照组织者事先提供的各种原材料和工具,自行设计、制作两座相同的桥,并以这两座桥作为"渡江"工具,渡过规定宽度的"江"。

（4）裁判评定的标准是：所用原材料和工具较少、制作时间较短、"渡江"速度较快、桥身强度及美观度较高、计划性较好、组员的分工配合较优的组获得优胜。

（5）渡江要求：同组的 10 个人全部站在 A 桥上,然后把 B 桥移到 A 桥前,10 个人再全部转移到 B 桥上……如此不断前进。过程中桥不能塌陷、任何人不得从桥上下来,否则都算失败。

【相关讨论】

（1）你们小组的建桥方案是怎样想出来的？是一开始就有，还是在不断摸索中总结出来的？

（2）所谓"众口难调"说的是人们在品尝一碟菜肴时的意见，在该游戏中，总共有10个人的意见需要统一，你们小组是怎样做到这一点的？你们是否尝试着找一名组长？

【游戏延伸】

在游戏过程中，主持人要不断提醒"设计者"们，他们的目标不是设计出合乎常理或者桥梁法则的东西，只要求发挥创造力，任意而为，在博得大家喜爱的基础上创造出能胜任游戏的作品。

此类"渡江"游戏是用桥，那么，我们能不能让游戏参与者在一条比较宽的"江面"上用自己设计的"桥"过河呢？当然，这样的要求肯定加大了对游戏材料的要求并且还会造成浪费，而且，时间消耗也会相应增大，但是游戏乐趣同样也会增加。

搭 建 帐 篷

【游戏时间】

30~60 分钟。

【参与人数】

不限，团队全体成员均可以参加。人数较多时，划分成若干由 8~12 个人组成的小组。

【道具准备】

1 顶小帐篷（小型的，不要太大）、1 把锤子（前两项为每个小组备用一套）、每人 1 块蒙眼布（眼罩）。

【游戏概述】

这项活动会使一些组员感到很受挫，它还可以让某些人切身地体会到：一有机会，自己会变得多么具有统治欲。

【游戏目的】

用一种动手、休闲的方式演示人们习惯于承担特定角色这种现象，并能就如何有效解决面临的问题提供一些思路。

【游戏规则】

（1）游戏开始前，将大家分成由 8~12 人组成的小组，给每个小组分配一个监护员，并让小组之间分散开来，保证每个组都有自己充足的活动空间。

（2）为了能让游戏公平,告诉大家配合游戏,请每人将自己的眼睛认真用蒙眼布蒙起来,如果有人要滑,整个游戏将失去意义。

（3）等大家都蒙好眼睛后,把装在包装袋里的帐篷以及其他道具放在每个小组的面前。

（4）一切就绪后,宣布游戏的开场白:

你们小组刚刚结束了一次愉快的海外旅行,正在归国途中。在今天早些时候,你们所乘坐的飞机由于暴风雨的影响被严重损坏。你们遵照飞行员的指令跳伞求生。在离开飞机的时候,你们中的一个人拿到了一个救援包,包里有一个小帐篷。现在正值午夜时分,天上乌云密布,不见一点月光,你们处于一片漆黑之中,又冷又累。你们现在需要尽快地在黑暗中把帐篷搭起来,越快越好,因为暴风雨马上就要再次来临了。祝你们好运!

（5）等大多数小组都搭好帐篷的时候,宣布游戏结束。

【相关讨论】

（1）在参与这个游戏之前,你搭建过帐篷吗?怎样才能将帐篷搭得更快、更好?

（2）玩游戏过程中,是否每个人都感到自己积极参与了整个过程?你对消极参加游戏的人有什么看法?这和实际工作有无联系?有没有更好的解决办法?

（3）玩游戏过程中有无领导者产生?如果有,是怎样产生的?你能接受这种方式吗?

【注意事项】

最需要注意的问题是:在游戏开始前,不要让任何人看到帐篷。

因为大家都是蒙眼工作,一定要让监护员告诉钉子及锤子的位置,在游戏过程中,还要考虑地面上的其他东西,防止被绊倒。另外一个需要注意的问题是:搭帐篷用的绳子,通常情况下,就算不蒙眼睛也会搞得到处都是,何况是一帮蒙着眼睛的队员,所以,监护员应及时观察、梳理。

【游戏延伸】

因为事先并没有让大家知道袋子里装的是帐篷,在游戏中,可以告诉大家,把袋子里的东西装起来。这样,他们就需要首先判断袋子里到底是什么东西,讨论的场面一定很热烈,而且有趣。

野 营 套 餐

【游戏时间】

整个游戏在野营的某个下午展开。

【参与人数】

不限,团队全体成员均可以参加。

【道具准备】

竹料、木板、绳子以及其他一些野营必备的工具。

【游戏概述】

这是一个适合野营中锻炼大家动手能力的游戏。

【游戏目的】

培养大家的动手能力,体现团队合作精神,在回归自然的过程中,放松自己。

【游戏规则】

(1) 游戏开始前,主持人先向大家介绍游戏背景:在一个阳光明媚的下午,一群来自都市的职业探险家走入一片陌生而美丽的土地,四周群山环抱,芳草萋萋,眼前则是一望无际的湖水……他们向往湖中那座神秘的小岛,他们要在岛上燃起炊烟、支起帐篷、享受沉浸在湖光山色中的生活,但是,首先他们必须抓紧时间,在天黑以前用有限的原材料和工具扎一只竹筏,作为登岛的交通工具……

(2) 我们的游戏就从这里开始,首先各小组按照组织者事先提供的原始竹料、木板、绳子等,自行设计、制作一只竹筏,并用自制的竹筏划过规定的航道。

(3) 所用原材料和工具较少、制作及划行速度较快、失误(有人落水)较少的队获胜。

(4) 游戏结束后在快乐的气氛中安排其他活动。

① 旷野炊烟:架起土式的烧烤炉,让肉香在傍晚的空气中弥漫……

② 安营扎寨:2 人帐篷、3 人帐篷、4 人帐篷,像万花筒一样在青青的草地上自然绽放出炫丽的光彩,点缀出若干图案……

③ 篝火煽情:当篝火照亮夜空的时候,也照亮了每个人的心灵,所有的激情都在释放、燃烧……

【相关讨论】

(1) 在参加这个游戏前,你乘坐过竹筏吗? 在制作竹筏之前,你对这个游戏有什么样的态度? 为什么?

(2) 如果你不慎掉入水中,你将会有什么样的表现? 如果是别人掉入水中呢?

(3) 在游戏中,什么地方最能体现你们的团队合作精神?

【游戏延伸】

这个游戏可以帮助大家体会到团队管理中的很多思想,例如,它可以让我们体会到同一目标以及行为规范对于团队的重要性,体会领导能力和协作能力对于团队的不同影响等。

在本游戏中,除了用竹筏划过航道以外,其他的项目都属于自由发挥,参与者可在主持人的统一安排下体验野营的乐趣,尽情享受大自然带给我们的快乐。

神话般的人工机器

【游戏时间】

10~20 分钟,小组越多,所需时间越长。

【参与人数】

每组 8~12 人。

【游戏概述】

用自己的奇思妙想,创造出神话般的人工机器。

【游戏目的】

(1) 驱除大家的疲惫精神,使游戏参与者在短时间内活跃起来。

(2) 培养融洽而和谐的集体观念。

【游戏规则】

(1) 把大家分成若干个由 6~10 人组成的小组。

(2) 用 5 分钟的时间设计出一台人工机器:每一位组员都是机器的一个部分,而机器的各个部分都是互相关联的,换句话说,一个组成部分的活动会引发其他组成部分的相关活动。

(3) 5 分钟后,各个小组推选出一名代表,先来介绍一下自己小组的人工机器有哪些特点及优点,并开始展示。

(4) 当所有小组都展示完毕后,全体组员一起选出最佳设计。

【相关讨论】

(1) 你们小组设计的是一台什么样的机器? 对此,你有何看法? 在这台机器中,有多少是你的智慧?

(2) 你在游戏的过程中,遇到了哪些问题? 又是如何对问题进行责任落实的? 为了解决这些问题,每个人都做了什么?

【游戏延伸】

游戏参与者可以事先在纸上写出需要设计的机器的名称,当每位成员都写好后,放到一起,再按实际情况取舍,比如面包机、榨油机、汉堡机、大钟、自行车、计算机、推土机等,让不同小组在设计完后,由大家猜出这是一台什么样的机器。

光 荣 使 命

【游戏时间】

1 小时以上。

【参与人数】

不限,团队全体成员均可以参加。但在人数较多时,可分成每小组 5~8 人。

【道具准备】

每小组需要有下列道具:一段长 10 米左右、直径为 12 毫米的绳子,一根约 2 米长的扫帚把（或类似尺寸的树枝及其他杆状物），一根约 2 米长、直径为 5 厘米的竿子（或类似尺寸的树干），一块 4 米长、截面为 20 厘米 ×5 厘米的硬木板（当然，有更大更宽的也可以），一个装有半桶水的水桶，一个 1~2 米高的陡坡或者类似的高台（组员们将在此展开游戏）。

【游戏概述】

让大家在团队合作的氛围中完成看来不可能完成的游戏。

【游戏目的】

（1）通过游戏，展现团队力量的强大，展示同心协力的益处。

（2）培养团队合作精神。

（3）通过组员的努力，让大家明白表面上看起来不可能完成的游戏，一旦动手操作起来，情况远没有想象的那么糟糕。

【游戏规则】

（1）将参与者划分成若干个由 5~8 人组成的小组，每组选一名临时人员做监护员，确保游戏的安全。

（2）让各个小组站在斜坡上面，把装有半桶水的桶放在他们不易拿到的地方，当然，需要参与者动脑筋，费点周折后才能拿到。

（3）游戏开始前，说明各组的任务：要求大家只能利用所给的道具拿到水桶，并且不允许离开斜坡，桶只能从斜坡上面取走，所有小组，按要求拿到水桶，并且保证里面的水不被溢出，才算成功。

（4）开场举例如下（主持人还可临场发挥）：

有一队充满幻想的人开始了他们遥远而清晰的藏宝之地的探险，他们要去探寻一个位于密林深处的古老城市。在经过几个月的寻找后，他们终于发现了这座下沉了的城市，但令人遗憾的是，这个城市下陷的最低部分被一种罕见的孢子植物覆盖着，如果有人接触到孢子，就会立即致人失明。在经历了各种艰难困苦之后，他们发现了一个古老的花瓶，相传这是维纳斯的花瓶，里面装着各式各样绚丽夺目的珠宝玉石和金币，大家只有带着花瓶，才有可能安全返回原地，因为花瓶里有大量的财宝。

但是，现在的问题是他们找到了一些工具，而且也是唯一可以找到的工具，他们要试图用这些工具取走维纳斯花瓶，所以大家要想方设法避免失误。眼看风越刮越大了，大家抓紧时间完成任务才是头等大事——因为猛烈的风会把孢子吹到空气中，那样损失将更为惨重……

现场的你们，就是他们，希望你们好运，能顺利拿走花瓶，勇夺维纳斯之爱！

【相关讨论】

（1）在这个游戏中，最先完成的那对搭档有什么与众不同的地方吗？游戏结束后，可让他们跟大家分享成功的感受。

（2）你在游戏的过程中，遇到了哪些问题？又是如何对问题进行责任落实的？为了解决这些问题，每个人都做了什么？

（3）你认为这个游戏与现实生活中的工作有关系吗？如果有，请向大家表述你的想法，和大家一起分享游戏和实际工作的联系。

（4）你觉得有哪些因素影响大家的发挥，怎样做才能使任务完成得更出色？

【游戏延伸】

鉴于游戏的难度，主持人还可增加一些没用的道具来迷惑参与者，比如一个长满树叶的小树枝或者一些易拉罐瓶等。

解决方案类似于图 3-4。

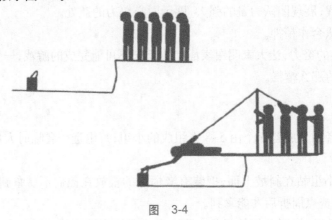

图　3-4

夺命"电网"

【游戏时间】

30~60 分钟。

【参与人数】

不限，可分成若干小组，团队全体成员均可以参加。

【道具准备】

场地最好是在树林里，由两棵较为粗壮的树干和事先准备好的网组成游戏中的"电网"。

【游戏概述】

这是一个需要大家互相配合后才能完成的游戏。

【游戏目的】

通过游戏，树立相互配合、相互支持的团队精神。

【游戏规则】

（1）在游戏开始前，将参与者分成若干个人数相等的小组。

（2）本游戏的任务是：小组成员必须集体穿过一张与地面垂直的"电网"（绳网）。

（3）游戏规则：网中的一个洞就是一条生路,通过时,身上的任何部分,包括衣服,都不许碰到其边缘,碰到就算死亡,如果小组中有人碰到边缘,则全体小组成员重新开始游戏。

（4）游戏过程中,每条生路只能用一次。

（5）游戏开场白举例如下：

（指着已经设计好的"电网"）现在,你们可以想象一下,摆在面前的是一张充满机关装置的"电网",为了完成野外生存任务,你们必须要在不接触"电网"的情况下通过"电网"（此处将游戏规则告诉大家）,希望你们在最短的时间里成为这一站（你们开展的拓展游戏可能有好几个,而这只是其中之一）的冠军！

【相关讨论】

（1）游戏中,你们面对的就是"电网",大家能过得去吗？

（2）你认为怎样才能既节省时间,又减少"牺牲"？

（3）在该游戏中,最先完成的那个小组采取了什么样的战术？你认为他们的方法有什么可取之处？有什么与众不同的地方吗？游戏结束后,可让他们给大家分享成功的感受。

【游戏延伸】

"电网"的形状和高度决定了本游戏的难度,如果大家都能在短时间内顺利完成,可考虑增加游戏难度。

单 杠 飞 人

【游戏时间】

30~60 分钟。

【参与人数】

不限,团队全体成员均可以参加。

【道具准备】

一个可以用绳子悬空固定的"单杠",一块类似高台跳水的木板以及其他安全工具（根据现场情况而定）。

【游戏概述】

这是一个挑战自我的游戏。

【游戏目的】

通过游戏,培养挑战自我的能力,同时锻炼团队的凝聚力。

【游戏规则】

(1)游戏开始前,先找到一个5~7米的高台,将板子固定在高台上,并将悬空的单杠设法固定在距高台前方一臂之处(如大树的树干等)。

(2)游戏开始时,参与者脚踩在木板的前端。

(3)前方一臂以外的空中,悬着一根被风吹得微微晃动的单杠,游戏要求让参与者跳跃出木板,抓住单杠。

(4)主持人开场白举例如下:

这是一个考验大家心理素质的游戏,在很多时候,游戏与现实有着紧密的联系,比如我们即将要玩的这个游戏:如果你想确保安全,完全可以原路返回,你将继续你原来的路,保持原状。但是,如果你纵身一跃,下面的万丈深渊也许就成了你的葬身之地,同时,前面的一线生机也给了你无数的幻想和渴望,何去何从,自己决定。希望大家好运!

【相关讨论】

(1)你是第一次玩这样的游戏吗?在跳跃的那一瞬间,你有什么样的想法?

(2)有没有人选择放弃该游戏?你是怎么看这个问题的?

(3)你认为这个游戏与现实生活中的工作有关系吗?如果有,请给大家表述你的想法,和大家一起分享游戏和实际工作的联系。

【游戏延伸】

作为拓展训练的一个分支游戏,为了安全起见,该游戏还是应该到专门的训练场所去做。自己操作时,必须要做好防护工作。

你说我做

【游戏时间】

15~30分钟。

【参与人数】

每组4人。

【道具准备】

矿泉水瓶(每组一个)、剪刀(每组一把)、其他小饰品(提供给每组的要相同)。

【游戏概述】

这是一个考验传达信息的准确性以及动手能力的游戏。

【游戏目的】

提高大家参与游戏的兴趣,并锻炼参与者的动手能力。

【游戏规则】

(1) 游戏组织者先自己用矿泉水瓶做好一个模型,在开始游戏前,将参加人员分成若干小组,每组 4 人。

(2) 根据小组成员平时的特点,将小组分成两队,一队为"号令者",另一队为"执行者"。

(3) 请每组的"执行者"暂时离开游戏现场,到外面等候一段时间。

(4) 这时,组织者拿出自己做好的模型(不一定是巧夺天工,只要有特点即可),让每组剩下的"号令者"观看。

(5) 几分钟后,组织者将模型收起,让外面的"执行者"进来听从"号令者"的描述,他们不能用手指,只能用语言向"执行者"描述刚才见到的模型,并由"执行者"剪出一个一模一样的造型。

(6) 游戏结束后,组织者展示标准模型,出错率低且用时少者为胜。

【相关讨论】

(1) 如果你是该游戏中的"执行者",你有什么体会?如果你是游戏中的"号令者",你有什么体会?

(2) 当你们的竞争对手已经做完模型,欢呼雀跃的时候,你有什么感受?

(3) 当看到最后的作品与标准模型不一样的时候,你有什么感受?

【游戏延伸】

本游戏还可以用易拉罐等模型来代替矿泉水瓶,同时,也可以让游戏参与者通过描述,来猜出组织者展示给"号令者"们的模型。

力 量 支 柱

【游戏时间】

15~30 分钟。

【参与人数】

每组 8~12 人。

【道具准备】

一根营柱(或与之类似的一根平直长木棍)。

【游戏概述】

这是用全体参与者自己的双手创造成绩和纪录的一个团队游戏。

【游戏目的】

了解集体的沟通模式,并培养良好的团队合作精神与团队运作技巧。

【游戏规则】

(1) 全体学员排成一排,把左、右手的食指伸直平放在营柱下,然后设法让棍子从肩膀的高度下降至地面。

(2) 游戏过程中不可用手指勾柱子,也不能够让手离开柱子。

(3) 违反规定则重新开始。

【相关讨论】

(1) 这个游戏的关键就是过程。在整个过程中,作为参与者的你,心情是怎样变化的?你是如何表达自己的想法并与别人进行适当沟通的?

(2) 如果失败了,你对同组人员的感受和对自己的感受是一样的吗?为什么?你试图了解别人对你在做游戏时的感受吗?如果有时间,可在分享的时候大家一起交流彼此的感受。

【游戏延伸】

游戏的要求可谓苛刻,主持人可先从易到难,即先要求参与游戏的人用右手的食指托起营柱到肩膀的高度,甚至更高的高度(可列为纪录),然后按照上述要求,进行一次游戏,在下落过程中,右手食指不能离开营柱,但左手可适当协调身体来完成动作,当动作顺利完成后,再进行两手食指并用的游戏。

绝 处 逢 生

【游戏时间】

1小时以上。

【参与人数】

不限,人数较多时,将参与者划分为每组 5 人,团队全体成员均可以参加。

【道具准备】

4 根直径约 20 厘米、长约 45 厘米的圆木,1 块长约为 4 米、宽为 30 厘米、厚度为 5 厘米的硬木板,1 根 5~8 毫米粗、6 米长的绳子,另外准备用来标明起点和终点的颜料(两段绳子也可)。

【游戏概述】

这是一个适合大动干戈的游戏,如果你所在的地方离木器厂近,便能很轻松地准备好所有道具。

【游戏目的】

通过动手游戏,培养合作配合、共同解决问题的能力。

【游戏规则】

(1) 游戏开始前,先选择一块地面不是特别平整,但比较松软的场地。

(2) 分成若干小组后,每个小组指定一名组长。

(3) 让所有小组到起点站好,并发给他们道具中所提供的材料——圆木、木板和绳子。

(4) 告诉各小组他们的任务是用发给他们的材料,越过一片"危险"地段。在穿越的过程中身体不得接触地面。

(5) 开场白举例如下:

事情的经过是这样的:你们小组在参观一个工厂时,发现一个强腐蚀酸的管道漏了,开始的时候并没有注意,但返回来时,这些强酸已经蔓延了一大片,完全挡住了你们的去路,它们发出的气味已经在空气中弥漫,让人感到呼吸困难,甚至有窒息感,你们现在能做的就是想尽一切办法尽快逃离现场!

而手头能用的逃命工具只有 4 根圆木、1 块木板和 1 根绳子,它们可以帮助大家渡过难关。其中,木板和绳子不能接触强酸,如果在穿越的过程中有人触地,整个小组必须立刻返回原地……总之,在整个过程中,大家需要借助这些材料,在不接触地面的情况下安全穿越 10 米宽的强酸区! 祝你们好运!

【相关讨论】

(1) 在穿越强酸区的过程中,最先完成的那对搭档有什么出众的表现吗? 游戏结束后,可让他们给大家分享一下他们从开始计划到获得成功的感受。

(2) 你们小组是怎样分析问题的? 游戏过程中有无领导者产生? 如果有,是怎样产生的? 你能接受这种方式吗?

(3) 你在游戏的过程中遇到了哪些问题? 如何对问题进行责任落实的? 为了解决这些问题,每个人都做了什么?

【注意事项】

选择场地时,一定要选择松软不平整的,因为太光滑的地面圆木易滚动,游戏参与者很难在上面站稳,另外,要确保圆木的表面没有尖锐的棱角。

【游戏延伸】

圆木游戏本来就有难度了,如果还想加大难度,可以蒙上其中一两名参与者的眼睛,开场白也需要改变。但这样的改变比较危险,所以需要按照游戏时的实际情况慎重考虑。

奇 思 妙 想

【游戏时间】

40~60 分钟。

【参与人数】

每组 4~8 人。

【道具准备】

3 段 5 米左右的绳子、1 个旱冰车、4 张 A4 纸、2 节木棍（类似拖布把）、2 个小球和 2 个大球（大球可以是排球或足球等）。

【游戏概述】

此游戏可以激发参与者的创造性思维。

【游戏目的】

在娱乐的同时展示合作的重要性，并能提高以小组为单位解决问题的能力。

【游戏规则】

（1）在游戏开始前，将组员划分成若干个由 4~8 人组成的小组，发给每个小组相同的游戏材料。

（2）游戏的任务是：让每个小组利用手中的材料，在 30 分钟的时间内设计出一个全新的游戏，半小时过后，各个小组派一名代表分别讲述自己设计的游戏。

（3）所有小组都讲述完毕后，大家共同选出最佳游戏，最后一起来尝试这个最佳游戏。

（4）你可以这样设计游戏开场白。

你们是一家设计和销售户外游戏公司的员工，公司已经在好长时间内没有推出新游戏了，这种低迷的状况引起了公司上层的高度关注，前不久你们设计的一个游戏在推出后市场反应很冷淡，并造成了大量的原料积压。于是，公司的 CEO 大发雷霆，要求各个部门用最快的速度设计出一个全新的游戏，并要求想出一个精彩的名字，半个小时后，CEO 就要亲临现场，听取每个小组的意见。

在汇报的过程中，本组人员要进行"汇报演出"，让大家能感受到游戏的精彩程度。

【相关讨论】

（1）平时你喜欢参加游戏吗？让你设计游戏时，你首先会想到什么？

（2）游戏过程中，你们遇到了什么困难？是如何克服这些困难的？

（3）在设计游戏的过程中有无领导者产生？如果有，是怎样产生的？你有更好的方式吗？

【游戏延伸】

这是一个就地取材的游戏，可根据实际情况，选择不同的游戏道具。

巧 舌 如 簧

【游戏时间】

每人 5 分钟。

【参与人数】

不限,团队全体成员均可以参加。

【道具准备】

一个塑料瓶、写有字的纸条若干。

【游戏概述】

这是一个根据自己抽到的纸条进行即兴演讲的游戏。

【游戏目的】

通过毫无准备的游戏测试,锻炼参与者即兴发挥的能力。

【游戏规则】

(1) 主持人将一些写有各种不相关话题(可以是任意内容,如地球、医院、可乐、网吧……)的纸条放在一个透明的瓶内面向游戏参与者。

(2) 每位参与者在瓶内抽取任意一张纸条,由主持人宣读内容后,不允许有任何思考时间,就所抽内容进行 5 分钟的即时演讲,中间不能有停顿和间隙。

(3) 活动结束后,主持人请相关人员对所有演讲人员的情况进行总结和打分,并现场评述。

【相关讨论】

(1) 你是第一次参加这样的节目吗? 过程中有什么样的感受? "脸红、心跳加快,甚至连面部肌肉也不受控制……"一位第一次参与该游戏的朋友告诉笔者,但现在,她已经是一位出色的经理人了。可见,锻炼对个人的发展来说很重要。

(2) 你如果不是第一次参加这样的节目,那么是第几次参加? 各有什么收获,可同大家一起分享一下。

【游戏延伸】

这是一个个人表演的团体游戏,个人是演员,团体的环境是舞台。

对有些人来说,这样的演讲也许是第一次。对另一些人来说,相对地应付这样的场面却十分简单,主持人可在游戏的间隙随机采访几位表现不错的参与者,让他们说出自己的演讲经历以及相关心路历程,这样,对一些羞涩内向的人来说,在活跃的气氛中不仅得到了锻炼,在口才方面,也会有相当不错的收获。

此游戏既能锻炼大家在面对陌生人的问题时的演讲与表达力,同时也可在演讲的过程中激发演讲者的自信心。

玩 具 公 司

【游戏时间】

15~30 分钟。

【参与人数】

每组 5~7 人。

【道具准备】

纸、笔。

【游戏概述】

这是一个用小组的智慧创造一款纸上玩具的游戏。

【游戏目的】

培养创造性地解决问题的能力,以及最短时间内发挥联想的能力。

【游戏规则】

(1)游戏开始,主持人告诉每个小组,现在他们就是一家玩具公司,任务是设计出一个新的玩具,可以是任何类型、适合任何年龄段,新玩具的唯一要求就是要有新意。

(2)给每组 10 分钟时间,然后让每一组的一名参与者对他们设计的玩具进行详尽的介绍,内容包括名称、针对人群、卖点、广告策划、预算等。

(3)每组分别做完自己的介绍之后,评委(主持人临时邀请在场重量级人物)和大家一致评判出最好的组,即以最少的成本做出了最好的创意。

(4)另外也可以颁发一些单项奖,比如:最佳创意奖、最优发挥奖、最炫名字奖、花钱最多的玩具奖等。

【相关讨论】

(1)你们小组采纳了你的哪些建议? 你认为什么样的创意会让你觉得眼前一亮? 怎样才能想出这些好创意?

(2)时间的限制对你们想出好的创意是否有影响? 想到好创意的关键因素是什么?

(3)一个好的提案是不是只要有好创意就行了? 如果不是还需要什么东西?

【游戏延伸】

现在,驰骋国内的很多家知名企业,也都是由创意而发展起来的,他们的创意能体现在任何一个环节上,从产品的设计、开发、营销、推广甚至在广告的不断变换等方面,都投入了大量的绝佳创意。寻找创意的方法有很多,头脑风暴、自然联想的方法是最为常用的,因为它可以打破思维的局限性,自由地让想象力驰骋,从而获得好的构思。

但是对于一件相对成熟的产品来说,创意并不是唯一重要的,一个团队的精诚合作、一个团队积极的理念等都是一个产品能否走向成熟的约束,比如本游戏中时间的约束、预算的约束等。

极 地 营 救

【游戏时间】

30~60 分钟。

【参与人数】

每组 8~12 人。

【道具准备】

一棵大树(树干用来系可以承担一个人重量的绳子)、用来标记河岸的道具(比如木棍、绳子、颜料粉等)、一个桶和足量的水。

【游戏概述】

这是一个能让大家热血沸腾的游戏。

【游戏目的】

本游戏除了娱乐,还可培养团队的合作、沟通和计划能力。

【游戏规则】

(1) 游戏开始前,先要选好一棵足够高大的树,而且要有适合荡秋千的树干,在上面系好准备好的粗绳子,其用途是游戏中帮助大家“渡河”,绳子要足够长,以保证队员能从“河”的一边“荡”到河的另一边。

(2) 根据树干位置和飞越的方向,确定“河”的位置和宽度,在做标的时候,以安全为原则,比如用白灰或者在钉好的木桩上拉上绳子。

(3) 给每个小组的桶里装满水,水面距离桶边有 2~3 厘米。

(4) 游戏开场白举例如下:

你们在野外探险的时候遇到了情况,一处岩洞塌方导致全队人员不能出去。侥幸的是,你们小组被塌方的岩洞隔离在外面了,现在,你们面临的问题就是救出里面的同伴。营救的唯一方法就是炸开落下的岩石,当你们小组赶回营地取回炸药时才发现,塌方的地方已经被周围的水流包围,而水中充满了怪异的食人动物,碰到它们很有可能会导致当场毙命。

当然,你们可以通过绳子从河上荡过去,但是在飞越的过程中必须有人要携带那桶液体炸药,而且一滴也不能外漏。如果不小心弄洒了炸药,即便只有一点点,炸药的威力就会减小,达不到解救同伴的效用。所以,此时携带炸药的人必须要重新返回,渡河行动就要重新开始。如果有人在渡河时不小心碰到了河面,这个人就会被河里怪异的动物吃掉。在游戏中,一旦发生了这种情况,整个小组都必须回到对岸,重新开始。

在营救过程中,你们面临的第一个挑战是绳子悬在河的中央,必须想办法把它拉到岸边来。注意,任何人都不许接触河面。

(5) 开场白结束,开始游戏。

【相关讨论】

(1) 你们小组在游戏的过程中遇到了哪些问题? 是如何对问题进行责任落实的? 为了解决这些问题,每个人都做了什么?

(2) 你觉得有哪些因素影响大家的发挥,怎样做才能使任务完成得更出色?

(3) 在游戏中,有没有失败者感觉到一种挫败感? 对此,你有什么看法?

【注意事项】

如果在游戏中,没有小孩子参加,就不能允许在绳子上打结。

如果有年龄较小者参加,可以考虑在绳子末端打一个结,距地面1米左右,这样在荡过去的过程中,可以用脚夹住绳结。

另外,游戏全程应该有监护人员陪同。

【游戏延伸】

本游戏也可以让两人一起"渡河",同时,开场白需要更改一下;另外也可以设置时限,相应地,开场白也需要做些许变动。

美 丽 景 观

【游戏时间】

50分钟。

【参与人数】

每组10人。

【道具准备】

每组一套:A4纸50张、胶带1卷、剪刀1个、彩笔1盒。

【游戏概述】

用小组的智慧创造一处"美丽景观"。

【游戏目的】

通过游戏,充分发挥小组中个人的智慧,提高大家的协调性及动手能力。

【游戏规则】

(1) 将参与者分成10人一组,然后发给每一组一套材料,要求他们在半小时内,建造出一处优雅美丽的景观来,要求景色美观、创意第一。

(2)"景观"完成后,每组选出一个人来解释他们的景观的建造过程,例如思路、设计、实施办法、象征意义等。

(3)由大家选出最有创意的、最具有美学价值的、最简单实用的景观,胜出组可以得到一份小礼物。

(4)如果参与小组比较多,可以分散设置一些其他奖项,比如最具人气奖、最佳组合奖、最优展示奖等。

【相关讨论】

(1)在你所在的小组创造的作品中,大家有没有采纳你的创意? 你是一个善于表现者吗?

(2)你们组的创意是怎样产生的? 对于组员来说,如果你有了新的创意,一定要跟其他人交流,让他们明白你的意思,并让大家评定你的点子是否可行。

(3)在建造"景观"的过程中,你们的合作过程默契吗? 大家的协调性怎么样? 各人扮演什么角色,这一角色是否与他平时的形象相符?

【游戏延伸】

本游戏可以充分利用近一个小时的时间展现大家的才华,为了让"景观"成为真正的景观,主持人还可以给大家提供诸如塑料玫瑰花、塑料花草等植被用来点缀景观,可达到意想不到的效果。

当然,这个游戏中创意的好坏直接关系到景观的成败。如果一开始思路就错了,或者根本没有明确的目标,就会在以后的工作中面临越来越多的问题,比如时间管理、审核标准、资源分析等。

挑战极限的动作

【游戏时间】

5~10分钟。

【参与人数】

不限,团队全体成员均可以参加。

【道具准备】

一条1米长的绳子。

【游戏概述】

这是一个适合陌生人比较多的时候展开的游戏。

【游戏目的】

通过游戏,说明即使优秀的人也会在一些游戏中失败。

【游戏规则】

(1) 把绳子拉直后放在地上。

(2) 让参与者们在距绳子30厘米处站立。

(3) 让他们下蹲,双手分别紧握脚后跟。

(4) 他们的任务是跳跃通过绳子,而手脚不能松开。如果有人完成这个动作,将赢得相当诱人的奖品,他们只能向前跳跃,不能滚动或者倒下,同时双手紧握双脚,不能放松。

(5) 所有人都放弃后,告诉大家一个小道理:对于看起来似乎"不可能完成"的事情,有些的确无法办到,但有些也未必。总之,大家重在参与,乐在其中。

【相关讨论】

(1) 这个动作有可能完成吗?

(2) 既然动作完不成,为什么还要做,做游戏的目的是什么?如何在游戏中调节气氛?是否可以用诱人的奖品在游戏未开始之前制造一点神秘感?

(3) 你认为这个游戏与现实生活中的工作有关系吗?在游戏结束时,可以跟大家分享一下你的感受。

【游戏延伸】

本游戏不仅是在挑战极限,而且为大家的出洋相做好了充分的准备,主持人可事先将绳子给参与者,让他们在不知道要玩什么游戏的情况下充分用绳子舒展一下筋骨。

萌萌的鬼脸

【游戏时间】

5~10分钟。

【参与人数】

不限,团队全体成员均可以参加。

【道具准备】

硬币多枚、一块干净的草地（或可躺下来的地方）。

【游戏概述】

可作为某项活动中的过渡游戏,引入笑料,增加活动中的轻松元素,缓解紧张气氛。

【游戏目的】

从游戏中找到乐趣,让大家在笑声中轻松起来。

【游戏规则】

(1) 主持人和所有参与者围成一个圈,面向中心站立。

(2) 选一半以上的志愿者到圆圈里面,脸向上,平躺在地上。

(3) 游戏开始时,主持人也和这些志愿者一起走到圆圈中,要求他们的身体和头部完全静止,头不能离地或者左右环顾。

(4) 主持人在每个志愿者的鼻尖上放一枚小硬币。

(5) 整个游戏的要求很简单:参与者通过做鬼脸的方式让硬币从脸上掉下来,主持人的手头一定要有照相机,给他们照一些面部特写镜头,带回去张贴出来,公布示众。

(6) 志愿者的游戏结束后,另一半人换过来,重复游戏。

(7) 一些组员成功完成动作后,让他们平躺在地上围成一个圆,头挨着头朝向圆心,看谁最先把硬币弄下来。

(8) 整个游戏过程中,其他一些临时人员也可以给大家照相,留下精彩瞬间。照片或张贴或收藏,一定都是美好的回忆。

【相关讨论】

(1) 你认为影响这个游戏娱乐氛围的最关键因素是什么? 你在参与这个游戏时很投入吗? 是不是觉得无趣或者有别的放不开的因素存在?

(2) 你觉得完成该游戏最快的人和最慢的人起码在什么地方存在差别?

(3) 这个游戏和团队建设有关系吗? 你认为有什么样的积极因素或者消极因素?

【游戏延伸】

为使游戏更有趣,更富挑战性,可将 3 枚硬币分别放在志愿者的鼻子、额头和下巴上。当然,可以有针对性地选择几名志愿者一起执行游戏,比如 3 名志愿者,可以头挨着头,朝向圆心,夹角为 120°;如果是 4 名志愿者,可选两男两女,同样的方式,用 90° 的夹角躺在中间,像万花筒一样,一来可以拍照留念,二来可以帮助大家找回丢失已久的童心。

彗 星 造 访

【游戏时间】

10~20 分钟。

【参与人数】

不限,团队全体成员均可以参加,男女搭配,每组两人。

【道具准备】

每组一只长筒袜或者一双连裤袜、一个网球（或沙包等）。

【游戏概述】

也许网球和长筒袜在这里要改变自己的使命了,它们不再是衣服和娱乐的附着品,在这里,要被用做其他一些事情。

【游戏目的】

让各个小组在竞争的游戏中找到团体游戏的快乐。

【游戏规则】

(1) 游戏开始前,把所有参与者带到一处开放的场地,让他们男女搭配,自由组合。

(2) 给每对搭档发一只长筒袜和一个网球。

(3) 游戏规则是:把网球放进长筒袜的脚尖部分,在紧靠网球处扎紧长筒袜,并封口。这样拉伸长筒袜时,网球后面形成一个长长的尾巴,形状酷似"彗星"。

(4) 两位搭档的任务是互相扔接球,只允许抓彗星的尾巴。但不能抓网球!两人轮流扔接,最后看哪对搭档扔的彗星最远,并且成功率比较高。

(5) 开始前,给每组 10 分钟的时间准备。

(6) 各组轮流在其他人面前表演,最后看哪组搭档扔球最远。

【相关讨论】

(1) 游戏过程中,扔球最远的那对搭档是怎么表现的? 他们在生活中互相认识吗? 游戏结束时,请他们分享一下成功的感受。

(2) 你和你的搭档在游戏过程中遇到了什么问题? 是如何对问题进行拆分的? 每个人的任务是什么?

(3) 你觉得每组搭档都能像整体一样努力工作吗? 这个游戏给团队建设带来什么启示?

【注意事项】

在游戏中,"彗星"的速度肯定很快,因此,让扔接球的参与者应远离其他组员,以防伤人。如果场地不是太大,可以采用高尔夫球手的诀窍。告诉大家,如果他们看到彗星将要击中某个人时,立即大喊一声"让开",或用其他方式来保护即将被击中的参与者。

如果即将被击中的参与者听到大家的帮助信息后,并不能迅速躲开,则可以用传统的保护动作——蹲下,用两手护住头部。

【游戏延伸】

本游戏也可以 3 人或 4 人一组开展游戏,每组有一名投球手,其他的参与者都可以做接球手。

前 后 滚 翻

【游戏时间】

10~20 分钟。

【参与人数】

不限,团队全体成员均可以参加。

【道具准备】

一块平坦的草地（或两块以上的体育用海绵垫子）。

【游戏概述】

相信自己,看似完不成的动作,只要做了,就能成功。

【游戏目的】

通过引人发笑的游戏学会正确跌倒。

【游戏规则】

(1) 游戏开始前,主持人先告诉大家,这个游戏的任务是自由跌倒,向前向后都可以,通过这个游戏,我们就能学会在跌倒时不受伤,保护方法为著名的"前滚翻"和"后滚翻"。

(2) 有些人显然不想参与这个游戏,没有关系,主持人在讲解的过程中可以询问并提示:摔倒方式有正确和错误之分,错误的摔倒方式会让人受伤,而掌握正确的摔倒方法则不会。那些不怕摔疼的组员则可以去欣赏风景,不必在这里逗留。

(3) 主持人(当然要很熟练地掌握前滚翻和后滚翻的动作)先给大家演示一次前滚翻,并开始解说前滚翻,解说词示例如下:

无论最初姿势是站立还是下蹲,都可以做前滚翻。它的基本动作要领是:下蹲,双手支撑,提臂,两腿蹬地,低头含胸团身,抱腿起立成蹲立。

如果想依靠右肩向前滚动,则右肩向前倾斜,此时,左臂可以起到平衡作用,但不能作为支撑点。右臂向身体的左前方伸展,掌心对着左膝盖,和身体呈 45° 角。右肘稍稍弯曲。这样右前臂就为身体向前翻滚腾出了地方。眼睛向下看左臂,以便头部处于正确位置——即低头向下看,同时向左转头。然后依靠右肩向前滚动,身体蜷缩,最后,呈下蹲姿势。前滚翻不是向正前方滚动,而是偏离 45° 角。

(4) 解说完之后,主持人再给大家做一个示范动作,并鼓励大家积极试验。

(5) 大家先从站立的动作开始,主持人或熟练前滚翻的朋友帮助其他人一起完成该动作。

(6) 游戏中,不断重复上面的动作,直到大多数人都能熟练掌握为止。然后再从蹲地前滚翻开始练起,大多数人都熟练掌握后,开始新的锻炼——后滚翻。

(7) 同前滚翻的演示步骤一样,主持人先给大家演示一遍后滚翻的动作,再让会后滚翻的朋友站出来陆续给大家演示一下,最后再解释动作要领。

由站立姿势开始,上体前屈,胸部贴近大腿,同时两腿伸直,臀部后坐,两手在大腿外侧撑地,臀部着地后,上体迅速后倒,举腿翻臀,向后滚翻,当肩、头触地时,两手在肩前用力推地,经屈体立撑成站立姿势。

(8) 解说完之后,再做一次动作示范,并像练习前滚翻一样,直到大多数人掌握为止。

(9) 最后,让组员们结对儿,练习从站立、走路或慢跑时做前滚翻或后滚翻。

【相关讨论】

(1) 你在这次游戏中,学会这两个动作了吗? 现在,你对这样的游戏有何感受? 还想不想学习其他的类似动作?

(2) 你认为要完成这两个游戏的关键因素是什么? 通过分析关键因素,你能帮助其他朋友顺利完成游戏吗?

【注意事项】

在游戏过程中,一定有很多成员存在身体协调性等方面的差异,如果不行,则不能强求。另外,每一次动作都需要有保护动作,可以让能熟练完成这两个动作的其他成员负责保护。

【游戏延伸】

那些不能参加游戏的人员,可以让他们负责处理后勤,比如帮忙筹备休息时吃的茶点等,这样,大家都能参与到游戏中来。

如果有海绵垫子,也可以在垫子上进行,那样更安全。

抵达"登月舱"

【游戏时间】

15~30 分钟,游戏的时间跟参与人数和所选定的路线有关系。

【参与人数】

不限,团队全体成员均可以参加。

【道具准备】

口哨一个,每队准备两个气球,另有若干气球备用。

【游戏概述】

除了娱乐,本游戏还可以将其他游戏中剩下的气球用掉。

【游戏目的】

(1) 从游戏中找到乐趣,让大家彻底从笑声中轻松起来,并能积极参与到这个具有竞争性的游戏中来。

(2) 培养团队合作精神,活跃团队气氛。

【游戏规则】

(1) 开始游戏前,大家随机结为搭档。

（2）临时组成的搭档到指定地点领取两个气球，一个充气后扎口，另一个备用。为显示游戏的公平，可将所有的气球都按一定大小充满气，然后由临时人员分发给每组搭档。

（3）大家的任务就是带着充气的气球通过一条预先设有障碍的线路。

（4）这个障碍可能是绕过树木，如果是野外，最好是能绕过一段灌木丛；也可以选择从桌子旁边或者下面通过，甚至是绕过篱笆或一块大草坪等。

（5）哪组搭档最先到达终点，并且气球完好无损，即为获胜者。要求气球始终飘在空中，不允许组员手拿气球前行。如果气球落地，他们必须回到起点，重新开始。如果气球爆裂，他们只能待在"事发地点"，并拿出备用气球将其充满气后（在充气的过程中，主持人或临时裁判负责监督，不允许做假），才能继续前进。当然，也不能边吹气，边前行，如果发现，则必须要回到起点重新开始。

（6）吹响口哨，游戏开始。

（7）开场白如下（主持人也可根据情况适当更改）：

游戏中的气球是你和搭档在月球上很幸运地拣到的一个神秘物体，但是月球上重力很小，你们不能携带在身上，只能让它飘浮在空中，也不能让其落到地上。所以，你们的任务是将这个物体带回登月舱，整个过程中，你们不能让它接触地面，一旦物体触地，你们必须回到起点，重新寻找这个神秘物体，重新开始。如果这个物体被扎破了，你们只能创造一个新物体，然后才能向登月舱行进，最后，祝大家好运！

【相关讨论】

（1）在这个游戏中，最先完成的那对搭档有什么与众不同的地方吗？游戏结束后，可让他们给大家分享成功的感受。

（2）你认为这个游戏有什么技巧吗？或者有什么最行之有效的方法吗？

（3）游戏过程中有人作弊了吗？主持人或者现场裁判对游戏作弊者有没有采取"睁一只眼，闭一只眼"的态度？如果是，你是怎样看待这件事的？

（4）在游戏中，有没有失败者感觉到一种挫败感？对此，你有什么看法？

（5）你看到的每组搭档，他们都能像整体一样努力协同完成游戏吗？这和实际工作有没有联系，你的看法如何？

【注意事项】

在这个游戏的大部分时间里，游戏参与者一直是仰望气球的，因此，需事先告诉参与者在什么地方必须要注意脚下的情况，确保大家的安全。

【游戏延伸】

如果第一轮比赛中，有很多人的气球都保持着完好无损的状态，可在第二轮比赛中要求每组搭档必须保持 3 个或 3 个以上的气球同时飘在空中，只要有一个气球破裂或者发生上述游戏中的情况，都按规则处理。

穿越"毒蛇阵"

【游戏时间】

1小时左右。

【参与人数】

每组 8~16 人。

【道具准备】

两条长且粗的绳子,绳子的弹性最好不要太大,场地选择在野外较为宽阔之处,需要有很多近距离的树木。

【游戏概述】

这个游戏是踩着下面一根绳子,扶着上面一根绳子走路的游戏,旨在考验团队的合作及野外生存状况。

【游戏目的】

(1)不论男女,使团队的各个成员都面对挑战。

(2)通过游戏中的互相帮助与共同前进,培养团队精神。

【游戏规则】

(1)游戏开始之前,需要着手搭建游戏场地。选一个地方,里面栽有几棵粗壮的大树,大树要能承受几个人的重量而不弯曲。

(2)拿一根绳子紧紧捆在其中一棵树的树干上,距地面 1.5 米高。把绳子拉到距树 3~4 米远的另外一棵树上,在同样高的地方缠绕绳子,并拉紧,一直重复下去,直到将绳子用完,在最后一棵树上将绳子绑紧(务必要绑好)。

(3)拿另一根绳子,依然从第一棵树开始,在距离地面 3.5 米的高度重复同样的步骤,如果太高,同组组员可想其他办法来完成上面绳子的固定工作,不过一定要注意安全。

注意:游戏过程中,务必要保证把绳子的起始端和末端紧紧绑在树上。最后,两根绳子都连接在树之间,一根绳子距地面 1.5 米,另一根绳子比它高 2 米左右。

(4)游戏开始,主持人宣布开场白:

你们是一个团队旅行者,天快晚了,但回家的路上有一处无边的灌木丛。走到中间的时候路断了,这两条绳子是好心的过路者给大家留下来的唯一的回家之路,绳子的下面,全是灌木丛中的有毒动物,比如毒蛇、蜥蜴等。你们当中的一名组员已经身中剧毒,三步之内,早已毙命。天马上要黑了,你们没有充裕的时间返回去再走另一条路,只能向前走。幸运的是,眼前有这条回家的路……

所有参与者都要攀爬绳子,穿越废墟场,而不能踩地。如果有人不慎踩地,全队必须返回去重新开始。

(5)开场白结束后,把所有参与者按分组带到已经布置好的场地上。

（6）要求参与者从绳子一端移动到另一端，且不能踩地，如果在游戏过程中有人不慎落地，全队必须重新开始游戏。

（7）游戏过程中，主持人统计时间，当各个小组都完成游戏后，所用时间最少的小组获胜。

【相关讨论】

（1）你所在的小组中，是不是所有组员都顺利地穿越了整根绳子？

（2）游戏过程中，有没有认为自己不能穿越的人？为什么？

（3）这个游戏中，组员之间的协作性体现在什么方面？有没有故意捣乱晃动绳子的人？

（4）你觉得该游戏中，有助于成功完成游戏的因素是什么？

【注意事项】

在游戏过程中，需要安排几位临时人员，作为游戏的监护员，确保安全。当然，关于监护员能在地上安全行走的原因，可以给大家解释一下，也可以将他们当成透明。

【游戏延伸】

如果蒙住几名身体协调性较好的成员的眼睛，显然增加了游戏难度，但开场白也需要更改。或许，有人想把第一根绳子绑得低一点——距地面 1 米高或者 0.5 米高，但一定要保持第二根绳子比第一根绳子高出 2 米左右，否则该游戏将索然无味。

钥匙的命运

【游戏时间】

30~45 分钟。

【参与人数】

不限，团队全体成员均可以参加。

【道具准备】

每小组的道具：一把椅子、一把扫帚或拖把（一端可以拧下来的那种）、一串钥匙、一根 15 米左右的绳子以及一些其他道具，比如花瓶、杯子、饼干盒、剪刀、胶带、书和报纸等。

【游戏概述】

一个富有挑战性的游戏，通过游戏可提高大家的多角度思考问题的能力。

【游戏目的】

（1）在游戏中，组员可以互相观察别人是如何解决问题的。

（2）在游戏中展示如何激发创造性思想。

（3）引导大家就预见性问题展开讨论，并让大家明白，该游戏可培养参与者在受到打击后灰心丧气的状态下如何多角度地去思考问题的能力。

【游戏规则】

（1）游戏开始前，先选两位志愿者，要求两位志愿者立刻离开游戏场地，使他们不能听到大家说的话，也不能看到你们在干什么。

（2）开始布置道具：把椅子放在游戏场地的中心位置，同时把那串带有钥匙环的钥匙放在椅子上，把绳子放在地上，距椅子约两米远，然后以椅子为圆心把绳子围成直径 4 米左右的圆形。

（3）准备就绪后，让其中一位志愿者过来参加游戏，并告诉他，他的任务是从椅子上取走钥匙串。要求不能跨入绳子围成的圆圈中，只能利用扫帚或拖把取走钥匙，并且钥匙不能掉在地上。

（4）把扫帚或者拖把交给那位志愿者，其余成员息声屏气地观看他如何完成任务。

（5）志愿者不论采用什么样的方法，肯定能把钥匙取走，比如，试图尽量把扫帚把或者拖布把手插进钥匙环等。主持人可提示他寻找其他办法解决问题，在经过不断地提示后，这名志愿者有可能用扫帚头或者拖布钩住椅子腿，把椅子拉到绳子边缘，取下钥匙，随后解决问题，成功后，主持人祝贺他，但也要告诉他，那种方法不是大家期望的，并把椅子和钥匙放回原处，让他用其他办法再试一次。

（6）一直做下去，直到他采用了你们期望的方法。即把拖把或者扫帚的把手拧下来，用较细的一端把钥匙环挑出来（注意：要是挂在一个直径约 2~5 厘米的圆环上，圆环的直径尺寸很重要，要求扫帚或拖把的手柄刚好不能插进钥匙环内。然而，拧下来以后却能插进钥匙环）。

（7）第一位志愿者成功后，让另一位志愿者继续参加游戏。

（8）重新摆好道具，要求第二位志愿者按照同样的规则去做，这次他可以利用所有道具，包括扫帚或者拖把，直到采用了大家期望的方法为止。

【相关讨论】

（1）你认为该游戏中的第一种方法可预知吗？为什么？

（2）游戏结束时，可征询一下两位志愿者的感受，看看他们各自有什么不同的想法，说出来与大家分享。

（3）游戏进行时，观看的组员有什么想法，是不是很着急或者手舞足蹈地给志愿者指示？你对此有什么看法？

（4）志愿者好不容易想出办法但被告知是错误的时候，他有何感受？如果是你，你会怎样去面对？

（5）在游戏中，给第二位志愿者许多不相关的道具，公平吗？你觉得实际工作中，有没有这样的事情？

【游戏延伸】

其实，这个游戏稍微一拓展，就是一个钓鱼游戏，让大家不废任何脑筋地只用一串钥匙和一根钓竿就能完成的游戏,当然,还可以提供一些其他道具,距离也可以设远一点。

彩 色 T 恤

【游戏时间】

30~40 分钟。

【参与人数】

每组 5~8 人。

【道具准备】

给每个组员准备一件肥大的纯白 T 恤衫、给每组准备一套永久性彩色墨水,用作衣服上色剂。

【游戏概述】

如果刚刚开始一段培训或者一段旅游,组织该游戏就能让大家很快确定新的小组,连队服都是自己设计的。

【游戏目的】

(1) 在一次培训刚开始的时候,让小组在短时间内消除羞涩和忸怩之感,快速融入团队。

(2) 使组员们协同工作,营造团队气氛。

【游戏规则】

(1) 在游戏开始前,将大家分成 5~8 人的若干个小组（小组人数由总人数来决定,也可适当调整）。

(2) 分组结束后,给每位成员发一件纯白 T 恤衫,并给每组发一套衣服上色剂。

(3) 根据本书提供的游戏分组法,或者现场即兴的分组法则,要求在 20 分钟之内,各组创立一个队名,并为自己组设计一个标识物,最后由组员自己把队名和标识物写在自己的 T 恤衫上,标志和队名尽量统一,当然,也可多人合作完成。

(4) 完成后,让大家展示自己的 T 恤衫,并解释队名及小组 Logo 的标志各有什么意义。

(5) 主持人鼓励大家在接下来的活动中都穿自己绘制标志的这种衣服,在适当的时候给各小组留影纪念。

【相关讨论】

(1) 在所有小组创建的 Logo 中,你最喜欢哪一种? 为什么?

(2) 你们小组为什么会选择这种 Logo? 你们小组的 Logo 是由谁来设计的,其中有多少是你的思路? 在设计的过程中,大家的意见有没有分歧,如果有,你们是怎么处理的?

(3) 你觉得有哪些因素影响大家的发挥? 怎样做才能让设计的图案和 Logo 更为出色?

【游戏延伸】

这个游戏的难度是显而易见的,如果没有一定的美术基础,那就成了彻底的涂鸦了,如果你的组员们实在不是多才多艺的人,就可以让他们统一用一个简单线条设计的队徽,并由自己绘制在 T 恤衫上。

神奇的乒乓球

【游戏时间】

10~20 分钟。

【参与人数】

每组 4~8 人。

【道具准备】

看后面的清单列表,让每个小组自己去想办法解决。

【游戏概述】

这是一个激发创造性思维的有趣游戏。

【游戏目的】

(1) 建立游戏参与者之间彼此的信任。

(2) 倡导多角度思考问题,并培养团队合作精神。

【游戏规则】

(1) 游戏开始前,替各组把管子埋在地上后,扶直。

(2) 管子的地上部分长约 25 厘米,如果参与者有充足的时间,可以把管子埋在地上多次试验,但每次做完后都要将管子盖起来,以防绊倒人。

(3) 游戏开始时,向各组展示埋在地上的管子,并向每一根管子里放一个乒乓球。

(4) 各组的任务是,尽量在不弄破乒乓球的前提下将其取出,也不能破坏地面和管子,但可以使用列表中可能用到的道具。

(5) 游戏进行到一半或者结束后,主持人或培训师引导大家就相关策略和方法展开讨论。

【相关讨论】

(1) 在游戏的过程中,你们小组想出了多少种办法? 这些办法都有效吗?

(2) 你们是如何想出这些办法的? 在这些办法中,有多少是你的智慧?

(3) 如何将这个游戏和日常生活联系起来? 从这个游戏中,你得到了什么样的启示?

【游戏延伸】

游戏道具的准备过程可能会玩笑层出,不过这样也有利于整个游戏的趣味性,开始的时候,可让小组成员独自想办法,然后一起汇总,再用大家的办法——试之。

附:游戏答案

(1) 将矿泉水或其他饮料倒入管子,使乒乓球飘上来（当然如果水不够,也可以想一些其他方法）。

(2) 在绳子一端蘸少许蜂蜜,然后把乒乓球粘上来。

(3) 将小麦放进管子里,浇水,最后长大的植株会把乒乓球顶出管子。

附:道具清单

道具清单纯粹是迷惑大家的把戏,多多益善,主持人可事先告诉大家,尽可能地找到道具:一段约 30 厘米长的管子（管子的内径比乒乓球稍微大些）、一个乒乓球、一个较大的活动扳手、2 把螺丝刀（一把梅花的）、一把木工锯、一团绳子、一小瓶蜂蜜、2 张能写字的纸、2 支钢笔、一个放大镜、一听未开封的 2.5 升矿泉水、一个塑料防雨屏风、一个网球和一个网球拍、3 卷卫生纸、一瓶未开封的酒、2 个瓷杯子、4 个新气球、一枚生鸡蛋、一枚熟鸡蛋、一些小麦。

绿 色 游 戏

【游戏时间】

15~30 分钟,游戏轮数越多,所需的时间越长。

【参与人数】

不限,团队全体成员均可以参加。

【道具准备】

一个排球网、一个秒表、一个哨子、3 张订在一起的小纸片,还需要大量的垃圾,但垃圾不能太另类,最好是诸如塑料袋、旧报纸、饼干盒、旧杂志、旧衣服、小纸盒等。

【游戏概述】

一个排球网和一堆可循环利用的垃圾,就已基本具备了本游戏所要求的条件。

【游戏目的】

在轻松的气氛中,让两个小组展开竞争。

【游戏规则】

(1) 在游戏开始前,大家需要做的事情如下:

① 在那 3 张订在一起的小纸片的第一页上写"100 秒",第二页上写"130 秒",第三页上写"160 秒"。

② 事先架好排球网,或是让大家一起来架设排球网。

(2) 游戏开始,告诉大家,即将要玩的是一个新的绿色游戏,因为游戏所用的材料都是可以再循环利用的材料,所以叫"绿色游戏"。

(3) 把大家分成两个人数相同的小组,让他们分别站到排球网的两边。

(4) 将垃圾平分给两个小组,并告诉大家,你将通过吹哨开始和结束游戏。

(5) 游戏开始后,大家向对方场地中狂扔垃圾。但每次只能扔一件垃圾,而且只允许从球网的上面扔垃圾,不可以从下面或侧面扔垃圾。

(6) 判断游戏输赢的关键是看自己场地中垃圾的数目,垃圾数较少的小组获胜。

(7) 第一轮游戏结束后,告诉大家,他们还有两轮比赛,但时间是不一定的(为了避免黑哨的嫌疑,将每轮时间事先写在纸上),让两个小组各就各位准备好垃圾,然后吹哨继续进行比赛。

(8) 三轮比赛时间不宜太长,然后以三局两胜定胜输,获胜者将得到奖励。

【相关讨论】

(1) 游戏过程中有人作弊了吗? 主持人或者现场裁判对游戏作弊者采取了什么样的态度? 你认为游戏和现实是不是应该有很大的区别?

(2) 你们小组在游戏中使用战术了吗? 每个小组都使用了什么战略战术?

【注意事项】

游戏过程中,一定要确保没有人搞恶作剧,投掷危险品。

【游戏延伸】

游戏结束后,最好进行适当的讨论,这样,就可以适当多增加轮次,但每轮的时间不宜过长。为了丰富讨论的内容,也可以把一些参与者的眼睛蒙起来。

激 情 碰 撞

【游戏时间】

30~45 分钟。

【参与人数】

8~16 人。

【道具准备】

一辆小滑车、一个空网球筒、可以在天花板上系绳子的场所(一棵大树也可)、一段粗绳子和一套防护服(包括头盔、手套、护膝、护肘等)。

【游戏概述】

一个谁都能参加的小滑车游戏,本游戏中的防护服是用来保证骑手安全的。

【游戏目的】

(1) 能够让参与者自然而和谐地进行身体接触和配合,消除羞涩和忸怩之感。

(2) 培养团队合作精神,并建立起游戏者之间信任与合作的关系。

【游戏规则】

(1) 游戏开始前,先准备好一个小滑车,或者自己做一个简单的小滑车:用一块厚度约为 20 毫米、边长为 45 厘米的正方形胶合板,再找一些结实的滚轴,把滚轴装在胶合板的四个角上就能做好一个简单的小滑车。

(2) 让大家以绳子为圆心站成一圈,相邻成员间的距离约一臂远。

(3) 游戏开始时,随机邀请一名志愿者站到圈内,让他穿好防护服,并站到小滑车上充当骑手的角色。

(4) 将准备好的空网球筒放在圆心处,等游戏中的"骑手"穿好防护服、站到小车上之后,让他抓住从上面下来的绳子。

(5) 大家的任务是:站在原地,在不移动的情况下,想办法利用小滑车来撞倒这个网球筒,但网球筒被撞倒的那一刻,骑手必须也在小滑车上。

(6) 骑手的任务是:尽量不让小滑车撞到网球筒。骑手可以通过手中的绳子控制小滑车并防止自己摔跤。

(7) 再次随机选一名志愿者,让他走到圆心,把骑手和小滑车一起拉到自己原来所站的位置,然后瞄准网球筒的方向,把骑手和小滑车推出去。

(8) 重复上面的步骤,直到网球筒被撞倒为止,让骑手数一下自己一共被推了多少次。

【相关讨论】

(1) 如果你是骑手,你觉得该游戏最大的挑战来自哪儿? 对身体的协调性有什么要求?

(2) 作为推车的一方,什么战略对你们来说最有效? 你认为你的战略和别人的战略有何不同? 你是怎么想出这个战略的?

(3) 你觉得有哪些因素影响大家的发挥,怎样做才能使任务完成得更出色?

【注意事项】

骑手之所以穿防护服,目的很明确,即防止从小滑车上掉下来。所以,本游戏的安全就应该从骑手着手。另外,也该留意一些推车者,防止用力过猛。

【游戏延伸】

在确保游戏安全的前提下,可以在滑轮上安装几个拉环,并装上绳子,让 4 名参与者从不同方向控制滑车(骑手手中也可以有一根拐杖),其他游戏规则不变。

穿 越 时 空

【游戏时间】

15~30 分钟。

【参与人数】

每组 10 人。

【道具准备】

每组一个呼啦圈，两个篮球。

【游戏概述】

本游戏最适合用来考验集体智慧。

【游戏目的】

在笑声中促进集体合作和集体创造力的培养。

【游戏规则】

(1) 游戏开始前，主持人将道具发放给每个小组。

(2) 游戏的任务是，每个人都要手拿着篮球钻过呼啦圈，并且在通过的时候篮球不允许掉地，也不能碰到呼啦圈。

(3) 在每组游戏人员旁边，都要有一名临时人员做裁判，如果哪位成员违反规则，则需要重新开始计时。

(4) 在正式开始游戏之前，给每个小组 5 分钟左右的练习时间。

(5) 游戏开始后，每组裁判负责计时并察看有没有人员犯规。

(6) 游戏重复三次，将所用时间平均后决出胜负。

【相关讨论】

(1) 在这个游戏中，实际的预期可能要和游戏结果有很大的差别，你认为原因是什么？

(2) 你觉得决定这个游戏时间快慢的关键因素在哪儿？如果多玩几次，会不会好一点？

(3) 有没有小组在三轮游戏中发挥都特别出众，他们有什么诀窍吗？

【游戏延伸】

在游戏中，一个小组就是一个整体，在前几轮游戏结束后，主持人可以让大家集思广益，改进游戏的方法，然后重新给两次机会去完成任务，通过大家的讨论后再看看完成游戏的时间上有没有变化。

不 死 鸟

【游戏时间】

不限。

【参与人数】

16~20 人。

【道具准备】

一棵枝杈粗壮的大树（用来悬挂绳子）、一条结实的长绳、一根长木杆或绳子、一个准备好的平台。

制作平台：在一块厚为 20 毫米、边长为 100 厘米左右的正方形胶合板下钉四个木桩作为平台的腿，两腿之间用横木条加固。平台能承受 12 个人左右的重量。

【游戏概述】

如果你曾试图搞明白一个电话盒子究竟能装下多少人，就会发现这个游戏多么有趣——这是一个富有挑战性的游戏。

【游戏目的】

(1) 让每个参与者参与到解决问题的游戏中来。

(2) 让参与者能够自然地进行身体接触和配合，消除羞涩和忸怩之感。

【游戏规则】

准备：

(1) 需要悬挂一条摆绳，使参与者从树下摆动到平台上。

(2) 选一个结实的树杈，把绳子牢牢捆在上面，绳子要足够长，能从起始线摆到平台上。

(3) 计算好绳子的摆动区域，在绳子摆动区域一侧的地上放置一根长木杆或绳子，代表起始线。如果用绳子代表起始线，最好在地上立好两个标桩，把绳子两端分别系在标桩上，并拉紧。

(4) 把平台放在距起始线 4 米的地方，固定位置，因为参与者要从起始线一端摆到平台上。

步骤：告诉参与者有 10 分钟准备时间。之后，他们将创造一个前所未有的世界纪录——看这个平台究竟能站多少人。

要求：任何人不能踩地，平台上的其他人也不能伸胳膊迎接或以任何形式协助他人站到平台上。为安全起见，参与者不能在平台上叠罗汉，只能通过绳子摆到平台上。任何人如果在摆动时不慎踩地，必须回到起点重新开始。

【相关讨论】

(1) 在游戏过程中碰到了什么问题？是如何对问题进行拆分的？每个人的任务是什么？

（2）游戏中团队是如何协同配合的？

【游戏延伸】

（1）蒙住几个参与者的眼睛，游戏会很有意思。蒙上团队中天生具有领导才能的人的眼睛，游戏效果更佳。

（2）把平台固定在其他位置，使得参与者们不能从起点沿直线摆动到平台上。

（3）如果参加人数较多，可以适当分组。

命 悬 一 线

【游戏时间】

10~15 分钟。

【参与人数】

不限，团队全体成员均可以参加。按照人数分成若干小组，每组 6~8 人。

【道具准备】

1 棵枝杈粗壮的大树、1 条结实的长绳、2 根短绳、1 根长木杆、6~8 块直径约 30 厘米的圆木板。

【游戏概述】

这个游戏注重提高团队成员之间的合作和沟通能力，使参加者协同完成游戏。

【游戏目的】

（1）促进团队合作。

（2）提高团队解决问题的能力。

（3）让队员们能够自然地进行身体接触和配合，消除害羞和忸怩之感。

【游戏规则】

准备：

（1）游戏开始之前要准备好场地。首先把绳子系在大树的枝杈上（树杈要粗一些），绳子垂下来恰好落在将要搭建的"山洞入口"处。

（2）把绳子系好后，考虑人们喜欢沿哪个方向摆动绳子，然后在这一侧的地上横置一根长杆或绳子代表山洞入口。如果用绳子代表山洞入口，需在地上立两个桩子，把绳子两端固定绷紧。

（3）把所有的圆木板放在大树下的地上，分布在绳子晃动的区域内。

步骤如下：

（1）给每个小组做游戏开场白，讲述游戏规则。开场白示例如下：

你们曾看过电影中的某个情节吧，在一山洞内的地面上有很多压力敏感区，一旦踩到这些地方就会有大麻烦。游戏的情况相类似,为了进入藏有宝藏的山洞,需要大家站到对面的圆木板上,而且不能离开圆木板。圆木板周围的地方是压力敏感区,假如你踩到这些地方,麻烦事就会接踵而来。垂到地上的绳子表明洞口是开着的,你们只有紧握绳子摆动到圆木板上,才是进入山洞的唯一方法。踩到圆木板后,只能待在上面不能乱动,直到各个板上都站满了人为止。这时候山洞的墙壁就会打开,隐藏的财宝将展现在大家面前。首先要抓住悬在洞顶上的绳子。记住:不能踩地。

(2) 任何人踩地全队都需要从头再来。

(3) 在规定的时间内各个板上都站满了人的一方获胜。

【相关讨论】

(1) 在游戏过程中碰到了什么问题? 如何克服的? 每个人的任务是什么?

(2) 哪些因素有助于我们成功完成游戏?

(3) 游戏揭示了什么道理?

【注意事项】

通常情况下不允许在悬挂的绳子上打结,但是如果队员坚持这样做或者他们年龄较小时,可以考虑在绳子末端打一个结,距地面 1 米左右,这样他们就可以用两腿夹住绳结,比较容易地摆过去。

【游戏延伸】

(1) 如果不进行比赛可以不设组,让所有参加的人一起游戏,分派一人做监护员。

(2) 限制游戏时间。告诉队员们,当第一个人落到木板上时,洞口还能开 15 分钟,之后将关闭永不再开门。

(3) 可以采用体育馆内的爬绳在室内开展此类游戏。

跨 越 障 碍

【游戏时间】

20~30 分钟。

【参与人数】

20 人,每组 5 人。

【道具准备】

木棍 4 根、秒表 4 只。

【游戏概述】

这是一个沙滩游戏,适合大家出游的时候在沙滩上消遣。

【游戏目的】

在问答之间,利用所获得的信息缩小范围,从而达到解决问题的目的。

【游戏规则】

(1) 游戏开始前,将全体人员分成 4 组,每组 5 个人,每组的队员拿一根木棍。

(2) 画出起跑线和终点线,在起跑线和终点线之间的沙滩上竖立 3 根木棍。

(3) 每组成员站成一横排,将木棍平放在各队队员的手中(手臂与肩平齐)。

(4) 任务就是每组成员用最快的速度 S 形线路绕过木棍,到达终点,比一比哪个组的速度快。

【相关讨论】

(1) 在这个游戏中,最先用 S 形线路跑完木桩的那组搭档采取了什么样的战术? 你认为他们的方法有什么可取之处? 有什么与众不同的地方吗?

(2) 游戏中能实现互帮吗? 你们是怎么实现的?

(3) 你看到的每组搭档,他们都能像整体一样努力协同完成游戏吗? 这和实际工作有没有联系? 你的看法如何?

【游戏延伸】

还有一种堆沙包的方法,以上游戏规则不变,只是最后大家不是穿越木桩,而是各个小组用自己的思路,用最快的时间堆起沙包,将棍子掩埋,最先看不见棍子的小组为胜利者。

拼装空方阵

【游戏时间】

50 分钟。

【参与人数】

每组 5 人或 10 人,一场游戏以 2~4 组为佳。

【道具准备】

空方阵塑料板。

【游戏概述】

一个比较复杂的游戏,需要团队的力量共同完成。

【游戏目的】

增强个人和集体、个人和个人之间的配合及沟通。

【游戏规则】

将小组成员分为计划、执行、观察 3 个团队,如果是 10 人一组就按 4∶4∶2 的比例划分,也就是计划团队中有 4 人,执行团队中有 4 人,观察团队中有 2 人。如果是 5 人一组就按 2∶2∶1 的比例划分,也就是计划团队和执行团队各 2 人,观察团队 1 人。主持人会将 3 份不同的任务指令分别交给这 3 个团队。

1)计划团队

任务指令:

(1)计划团队的每一个人都会从主持人那里拿到一个装有塑料板的信封,这 4 个信封中的塑料板拼在一起就是一个空方阵。

(2)从拿到信封开始,计划团队有 25 分钟的时间为如何指挥执行团队拼出空方阵做出计划并且让执行团队执行该计划。

(3)在执行团队开始动手拼装塑料板以前,计划团队随时可以给执行团队口头指导,但只要执行团队开始动手工作,计划团队就不能再做任何指导。

规则:

(1)不能随意动别人的塑料板,也不能把所有的塑料板都混合起来,个人信封中的塑料板只能摆在自己面前。

(2)在任何时间都不能直接说出或展示图形答案。

(3)不允许自己动手拼装塑料板,更不能在塑料板或信封上做任何记号。

(4)当执行团队开始工作时,计划团队不能再进行任何指导,但要留下来观察执行团队的工作进度和装配情况。

执行团队必须监督计划团队遵守上述规则。

2)执行团队

任务指令:

(1)执行团队的工作是按照计划团队下达的指令来执行任务。计划团队可以随时为执行团队下达任务及指导工作,执行团队也可以主动去向计划团队汇报工作。执行团队的任务必须在 25 分钟内完成,在开始动手工作的计时开始后,计划团队不能再给予任何指导。

(2)执行团队要尽可能迅速地完成计划团队所下达的任务。

3)观察团队

任务指令:观察团队的成员要在现场分别对不同的小组进行观察并记录下来。

(1)计划团队对执行团队的指导是否清晰明白。

(2)执行团队对于塑料板的拼装是否正确。

(3)计划团队是否没有亲自动手,而只用言语进行指导。

(4)当执行团队开始工作时,计划团队是否没有再参与指导。

4)最终目标

哪一组在遵守规则的情况下最先拼装出空方阵,哪一组就为获胜方。

【相关讨论】

（1）作为计划团队的一员，如何才能在最短的时间内将指令最清晰地传达下去？

（2）作为执行团队的一员，在等待一项未知的任务时，心里有什么感想？

（3）作为观察团队的一员，你认为其他两个团队在游戏中是否能够把握问题的关键？他们的工作效果如何？

（4）在游戏中，你对团队成员的领导能力、沟通能力以及融洽合作能力有什么新的感悟？

【游戏延伸】

游戏中的空方阵塑料板也可以用七巧板、拼图或拼插玩具等代替，在游戏中各小组成员一定要注意沟通和配合。

合作搭模型

【游戏时间】

50~60 分钟。

【参与人数】

每组 6 人。

【道具准备】

拼插模型或玩具积木、桌子。

【游戏概述】

指导者与操作者通过沟通共同完成模型的拼插工作。

【游戏目的】

培养游戏者的传达能力、接受能力和沟通能力，感受合作与竞争的意义。

【游戏规则】

（1）将所有人分为几个小组，每组以 6 人为佳。

（2）经过讨论，根据游戏者自身的特点将 6 人分为指导和操作两个小队，每队 3 人，讨论时间为 3 分钟。

（3）主持人先将各个组操作小队的队员请到门外，然后向指导小队的队员展示自己事先已经拼装好的模型或积木，要求指导小队的成员只许观看、不许拆卸，认真记住模型的样子，展示时间为 15 分钟。

（4）主持人将模型收好，然后将操作小队的队员请进来并将未拼装的模型发给每个人。

（5）由各组指导小队的队员将模型的样子描述给自己小组的操作队员，拼装搭建出与主持人手中一模一样的模型，并开始计时。

（6）各组的模型完成后，主持人向大家展示标准模型，哪个小组的速度最快并且与标准模型最接近就为胜利方。

【相关讨论】

（1）作为指导小队的成员,你在游戏中有什么感受? 作为操作小队的成员,你的感受又是什么?

（2）当其他小组的完成速度超过你的小组时,你如何去调节自己小组成员的情绪变化? 当你看到自己小组完成的模型与标准模型相差甚远时,你有什么感受?

【游戏延伸】

这个游戏与趣味猜图、蒙眼撕纸、七巧板等游戏有异曲同工之妙,旨在培养游戏者的学习能力、领悟能力、指导能力以及沟通能力等。

解救 "人质"

【游戏时间】

30 分钟以内。

【参与人数】

每组 6 人。

【道具准备】

布满障碍物的房间（桌子、椅子、板凳等）、眼罩。

【游戏概述】

这个游戏情节紧张,要求几个人互相配合成功地将人质解救出来。

【游戏目的】

通过游戏,可以使大家团结得更紧密,相互之间更加信任。

【游戏规则】

1）游戏背景

一天,一群歹徒受雇于一家公司,绑架了这家公司的竞争对手——某公司的 3 名高层管理人员,旨在使他们不能参加当天下午举行的招标会议。接到报警后,警方迅速出击,经过缜密地调查,发现 3 名人质被歹徒藏在一个废弃的工厂内,工厂内到处散放着机器、桌子等障碍物。被派出进行营救工作的 3 名警察中,有一名是队长,其他两名都是队员。

2）游戏方法

主持人首先将游戏者分为 6 人一组的小组,其中 3 人扮演人质的角色,另外 2 人扮演营救队员的角色,剩下 1 人扮演营救队长的角色。

游戏规定,人质必须戴上眼罩,等待警方的救援;两名营救队员能看、能动,但不能讲话；营救队长能看、能讲话，负责指挥行动，但不允许进入关押人质的地方。

3）最终目标

在 20 分钟的时间内，由营救队长指挥营救队员将人质安全解救出来；如果人质在中途摘下眼罩或营救队员开口讲话或营救队长进入了关押人质的地方，则此次营救任务失败。

【相关讨论】

（1）在这个游戏中，你最大的感受是什么？游戏开始前，你和伙伴们是否商量了行之有效的行动方案？

（2）你认为在整个解救人质的行动中，取得胜利的最关键问题是什么？

【注意事项】

这个游戏有一定的危险性，戴着眼罩的人质在穿过布满障碍物的房间时，如果和其他伙伴沟通不利，有可能会被障碍物绊倒或碰伤，所以游戏时一定要集中精力，以防受伤。

【游戏延伸】

游戏中的部分环节可以根据情况自行改变，如营救队长虽然能看、能讲话，但不允许进入关押人质的地方，并且还要随时回答主持人提出的问题或按照主持人的要求做出一些动作等。

"妖兽"再现

【游戏时间】

15 分钟。

【参与人数】

每组 6~8 人。

【游戏概述】

让大家用身体和智慧组成一个"妖兽"，不需要任何道具，只需要灵活的四肢和发达的大脑。

【游戏目的】

使大家能够充分发挥想象力和创造力以及协同作战精神，会议间隙安排这个游戏可以让大家从冗长沉闷的会议内容中解脱出来。

【游戏规则】

（1）主持人将所有人分为若干小组，每组 6~8 个人为宜。

（2）在游戏正式开始前，主持人要求各个小组发挥想象力和创造力，共同想象一只上古妖兽的模样,时间为 5 分钟。

(3) 5 分钟后,让各个小组用身体进行组合排列,将创造出的妖兽形象展示出来。

(4) 各个小组可以尽情发挥想象力,如妖兽头上有两支角、妖兽有 8 条腿、妖兽在脑后还长着一个长鼻子等,但在创造出妖兽之后,各个小组必须在现场展示时将妖兽的这些特点表现出来,例如可以用 4 个人来演示妖兽的 8 条腿等,如果展示不出来,则算失败。

(5) 各组都表演完之后,主持人召集大家一起展开讨论,评选出哪一只妖兽最威风、最可怕、最怪异。

【相关讨论】

(1) 你想象中的妖兽是什么样子? 在小组创造妖兽的时候,你充分表达自己的想法了吗?

(2) 其他小组展示的妖兽有没有特别吸引你的? 如果再玩一次,你是否能创造出更棒的妖兽?

【游戏延伸】

可以在游戏前让大家用笔将想象中的妖兽模样记在纸上,然后按照记录内容组成妖兽,让其他小组的成员进行对比,看看与纸上记录的妖兽形象是否一样。

潘多拉的魔盒

【游戏时间】

20 分钟。

【参与人数】

团队集体参与,每组 2 人。

【游戏概述】

这是完全凭借想象来完成的一个游戏,无须道具,可在任何场合、任何空闲时间内组织大家进行娱乐。

【游戏目的】

激发游戏者的想象力和创造力,为大脑思维插上飞翔的翅膀。

【游戏规则】

(1) 首先,主持人将所有人分为若干组,每组 2 人,分别扮演 A 和 B 的角色。

(2) 主持人示意大家将双臂紧贴在腰际,小臂及双手向前伸平,并告诉大家:“现在,我将把潘多拉的魔盒放在你们手中,你们一定要捧好它,这个神奇的盒子会知道你的想法,如果你想让它大一些或者小一些,它都会按照你的想法变化。每个人都可以从这个魔盒中得到自己想要的东西,只要将手伸进去拿就可以了。”

（3）虽然这只是整个游戏的铺垫，但主持人千万要注意自己的表情，为了尽量让大家觉得自己手中真的捧着一个魔盒，一定要保持严肃的神情。

（4）游戏正式开始后，先由B捧着魔盒并向A提出问题："请问，你能告诉我这个魔盒里藏着什么令人讨厌或恐惧的东西吗？"然后由A将手伸到魔盒里，一边将自己想象的东西摸出来，一边告诉B自己摸出的是什么。在这个过程中，A必须持续、快速地从魔盒中摸出令人讨厌或恐惧的东西，并告诉B，直到A再也想不出什么令人讨厌或恐惧的东西为止。

（5）接下来，由A捧着魔盒并向B提出同样的问题，B也必须像刚才A所做的那些动作一样，从魔盒中摸出令人讨厌或恐惧的东西并告诉A，直到自己再也想不出来为止。

【相关讨论】

（1）如果你的面前不是一个人，而是一群人，你还有勇气继续这个游戏吗？你会不会觉得玩这个游戏很白痴？

（2）玩过这个游戏之后，你的心情有什么变化吗？

【游戏延伸】

游戏的部分环节可以改为要求A、B两人从魔盒中摸出令人觉得好玩的东西、快乐的东西等，具体内容可根据情况自由设定。

搞 笑 之 王

【游戏时间】

10~15分钟。

【参与人数】

团队全体成员参与，每组2人。

【道具准备】

写好台词的纸。

【游戏概述】

一个令人爆笑的游戏，使人大脑放松、全身舒畅。

【游戏目的】

考察游戏者即兴发挥的能力以及思维方式的灵活性。

【游戏规则】

（1）在所有人中挑选出两位朋友，分别为甲和乙。

（2）请甲和乙共同表演一个即兴小品，情节可以是发生在两个人之间的任何事情。如果这两位朋友是一男一女,可以表演热恋中的情侣的对话场面;如果是两位男性朋友,可以表演一起在酒吧里喝酒聊天的场景;如果是两位女性朋友,可以表演一同上街购物的场景。

(3)将写好台词的纸交给乙观看,并要求乙在表演时,不管甲说什么,乙都只能按照纸上写的这几句台词轮番回答。

(4)要求甲在表演中必须根据乙的那几句固定的台词进行即兴发挥,自己创作台词并且必须与乙刚说的那句话有联系。

(5)如果实在想不出合适的台词来接乙的话,甲可以向一旁的观众求助。

(6)举例如下。

甲说:"我最近又掉了不少头发。"

乙说:"看外面的阳光,多么炽热,多么多情啊!"

甲说:"是啊是啊!就是因为太阳老这么炽热,总是多情地晒在我的头上,所以把我的头发都晒掉了!"

(7)整个表演都是类似于这样的对话,用不了10分钟,大家就会笑得前仰后合、不能自持了。

【相关讨论】

(1)如果你是甲,要根据乙那毫无章法可循的话语来调整自己的思路,使这个小品能够继续演下去,你会有什么想法?

(2)如果你是乙,当你听到甲费心费力地接着你的话将这个小品演下去的时候,你有什么感受?

【游戏延伸】

虽然这是个非常搞笑的游戏,但在游戏中却蕴含着深刻的道理:只有乐于接受各种挑战,并根据现实的状况不断调整自己的人,才能适应社会的不断变化,成为强者。

啦啦队大比拼

【游戏时间】

20~30分钟。

【参与人数】

每组20人。

【道具准备】

彩笔、彩纸、剪刀、胶水、铁丝。

【游戏概述】

啦啦队在比赛场上的作用是非常重要的,快参加这个游戏,看看你的啦啦队是不是最出彩的那一个。

【游戏目的】

鼓励集体合作,在轻松的气氛中激发游戏者的创造力,并增进彼此的关系。

【游戏规则】

(1) 主持人将所有人分为 20 人一组的若干小组。

(2) 让每一个小组的成员都设想自己是某一支比赛队伍的啦啦队成员。

(3) 要求成员们在 20 分钟内为自己的啦啦队编出展示节目,方式不限,喊口号、跳热舞、顺口溜、三句半等都可以,数量越多越好。

(4) 让各个啦啦队在空场中进行表演。

(5) 表演都结束后,让大家互相进行评判,看哪一个啦啦队的节目最有创意、最能鼓舞场上队员的士气。

【相关讨论】

(1) 你在游戏中有什么独特的创意吗?大家是否欣赏你的创意?你认为哪种方式最能鼓舞士气?

(2) 游戏结束后,你感觉身心轻松吗?

【游戏延伸】

彩纸可以是各种颜色的电光纸,也可以是五颜六色的皱纹纸,根据情况自定。在编排节目的时候,注意多从自身优势方面找灵感。

打造“航母”

【游戏时间】

60 分钟。

【参与人数】

每组 4~6 人。

【道具准备】

白纸、彩纸、彩笔、筷子、长塑料管、短塑料管、剪刀、胶水、皮筋。

【游戏概述】

简单的手工制作游戏,仿佛令人回到了小学时的手工课上。

【游戏目的】

增强游戏者动手、动脑的能力,在轻松和谐的气氛中融洽彼此的关系。

【游戏规则】

(1) 首先,主持人将大家分为若干个小组,每组以 4~6 人为宜。

(2) 主持人为大家介绍游戏规则:"今天的游戏内容是大家一起动手,利用分得的材料和工具制作出一艘小船,并且要给自己的小船做一面漂亮的彩旗。做完后,看哪队的小船在水中漂得最远、浮的时间最长,哪队就是今天的获胜方。"

(3) 主持人为大家一一分发所需要的材料和工具,分别是每人一张白纸、每两人一根长塑料管、每两人一根短塑料管、彩笔、彩纸、筷子、剪刀、胶水、皮筋。

(4) 主持人宣布,制作时间为 60 分钟。

【相关讨论】

(1) 你所在的小组成绩如何? 游戏结束后,你有什么感想?

(2) 你觉得作品令你满意吗? 其他小组的作品是否使用了你没有想到的制作方法?

【游戏延伸】

使小船增强浮力并更加结实的方法是:可以用皮筋将塑料管固定在小船的底部,塑料管的浮力会使小船漂得更远,并不易下沉。也可以将制作纸船改为制作纸飞机等,哪一组的飞机飞得最远,最后落地,就为获胜方。

营造安乐窝

【游戏时间】

30~60 分钟。

【参与人数】

每组 5~7 人。

【道具准备】

纸制小房子(每盒 8 张)、每组一张 A4 白纸和一卷透明胶带。

【游戏概述】

这是一个非常好玩的动手、实践游戏。

【游戏目的】

通过动手游戏,锻炼大家的谈判、沟通、分析及时间管理能力。

【游戏规则】

(1) 组织者首先根据所分的小组的组数给每组发一盒纸制小房子、一张 A4 白纸、一卷透明胶带。

(2) 各个小组的任务是:在半个小时内,将大家完成的小房子粘贴在白纸上;组织者需告诉大家要在 30 分钟内,完成小房子的制作并粘在白纸上。

(3)在粘贴房间的同时,大家还要完成房子的造型设计、起名字、名字的由来、策划方案的设计思路,并要策划一个小的房地产广告和小组其他成员一起表演。

(4)游戏开始时,组长(可以由各小组自行确定)安排好小组内的分工,一定要在规定的时间内完成任务。

(5)半小时后,请各个小组依次派代表(不能由组长表演)表演整个小组策划的广告,内容要包括房地产的名称、名称的含义、造型设计的优点以及让别人购买你们设计的房子的理由等。

(6)各个小组演示完毕后,大家休息 10 分钟。

(7)休息结束,组织者告诉大家,因为开发商与客户的种种关系及原因,现在你们几个小组需要在名字上做出一个统一,现在由各家派出一名谈判高手出来谈判(此次的谈判高手不能是组长和刚才演示的那位组员),谈判必须要在 30 分钟内结束,谈判必须要有一个结果。给各小组 10 分钟时间讨论以便让各个小组制作谈判方案。

(8)谈判过程中,组织者可根据形式设置障碍,如到达 15 分钟仍然无任何小组有明显胜出优势,可以让谈判停止,让小组其他成员来点评,或者给一定的场外谈判时间等。

【相关讨论】

(1)你们小组的沟通如何?在小组人员从事何种工作的分配上,组长是否做好了安排?

(2)是否能让自己的工作与其他成员充分配合?在你们谈判之前,小组的所有成员都明白谈判的目的吗?

【游戏延伸】

本游戏中,房子的模型由组织者提供,如果时间充足,为了增加游戏的难度,还可以给大家提供剪刀、一些小饰品等道具,让大家自己建造房子,并出台一套可行的广告策划。

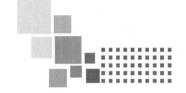

第4章 换位思考

——角色扮演游戏

待 客 之 道

【游戏时间】

15分钟。

【参与人数】

每组2人。

【游戏概述】

人与人相处,最好的方法就是要真诚地彼此沟通,相互站在对方的角度思考问题,想方设法地替对方着想。这组游戏以销售人员与顾客的对话方式,告诉参与者如何保持微笑,如何彼此理解。

在交流的过程中,语言的选择非常重要,同样的意思用不同的话说出来意思是不一样的,多用一些积极的词汇,尽量避免使用一些否定的、消极的话语,这样才能让人觉得心里舒服,让对方满意。

【游戏目的】

当面临异议和争端的时候,怎样才能与人进行很好的沟通,让对方对自己感到满意,是每一个人应该学习的。

【游戏规则】

将参与者分成两人一组,其中一个是A,扮演销售人员;另一个是B,扮演顾客。

游戏一:A现在要将公司的某件商品卖给B,而B则想方设法挑出商品的毛病。A的任务是回答B的问题,即便是一些吹毛求疵的问题也要让B满意,不能伤害B的感情。

游戏二:假设B已经将商品买了回去,但商品有一些小问题,需要进行售后服务,B要讲出很多对于商品的不满,A的任务是帮他解决这些问题,提高他的满意度。

之后,A与B交换角色,再做一遍。

最后将每个组的问题和解决方案公布于众,选出最好的组为优胜。

【相关讨论】

(1) 对于A来说,B的无礼态度让你有什么感觉?在现实的工作中,你会怎样对待这些顾客呢?

（2）对于 B 来说，A 怎样才能让你觉得很受重视，很满意,如果在交谈的过程中，A 使用了像"不""你错了"这样的负面词汇，你会有什么感觉? 谈话还会成功吗?

【游戏延伸】

在游戏中学习沟通,锻炼能力,学会选择合适的沟通词语。结合生活中的事,想一想,这样做好在哪里? 还有没有什么更好的方式?

荒 野 求 生

【游戏时间】

半天。

【参与人数】

不限,团队全体成员均可以参加,参与游戏时按小组搭配。

【道具准备】

野营活动中可能用到的一切工具。

【游戏概述】

野外训练游戏,一切行动听指挥。

【游戏目的】

回归自然,放松身心,增进感情,同时训练团队的决策、合作、信任与沟通等能力。

【游戏规则】

（1）游戏开始前,组织者向所有成员讲述游戏背景：1943 年初春的一天,由于一场暴风雪,你和你的团队乘坐的飞机不幸坠落在北极圈内的一处林地,唯一庆幸的是团队成员都没有受伤,更为庆幸的是,你的一个队员居然随身带着一本由美国国防部编撰的关于这一地区的信息汇总,除此之外,你们一无所有,而且气温只有 −20℃,你们必须用最快的时间逃出极地。

（2）当你们正在筹划如何求生时,你们发现有不明身份的其他团队也在附近活动,他们可能也是由于天气原因滞留在此的,这一情况的直接后果是：某些可能获取的求生物资将变得供不应求。

（3）经过研究,你们确定了求生必须要做的两件事。

① 必须在 Scheffervill 镇拿到一份关于如何走出极地的导引图。

② 必须想办法渡过 Laura 河。

（4）现在,游戏参与者所面临的问题如下：

① 导引图被放置在一个特殊的范围内,你们必须借助某些工具才能拿到它,而你们并

没有这些工具或这些工具被告知放在一个非常危险的地方（如树上、树林深处等）。

② 河上没有桥,但河水冰冷且水流湍急。

(5) 当然,在整个参与游戏的半天里,你们的麻烦绝对不止这些。

(6) 本游戏的相关规则可由主持人根据野营的环境来具体制定。

【相关讨论】

(1) 这个游戏会考验参与者的智力、体能、团体合作能力以及勇气和胆识等诸多方面的问题,你准备好了吗? 你认为在活动之前,个人应该注意什么样的细节问题?

(2) 也许,游戏中的河可能是一条模拟的河,甚至连某个城镇都是模拟的,但你在参与的时候是不是全身心投入? 有没有着急过? 怎样克服不和谐的心理?

(3) 你认为在决定团队活动成败的最关键因素中,领导者的责任大一点还是参与游戏者的责任大一点? 或者,还是有其他因素? 为什么?

【游戏延伸】

这是一个可大可小的游戏,主持人或者团队的领导者可在游戏之前将相关法则统一制定,比如渡河。渡河的时候应该怎样过? 是过独木桥还是靠自己的智慧? 另外,引导图该放在什么地方才能让组员比较不容易找到但必须能找到等。

另外,参与此类游戏时,一定要确保游戏的安全。

荒 岛 逃 生

【游戏时间】

10~15 分钟。

【参与人数】

每组 6 人。

【游戏概述】

这是一个利用自己的聆听和表达能力帮助自己逃离困境的游戏。

【游戏目的】

通过游戏,让大家学会在面对困难时怎样聆听别人的想法、怎样表达自己的思想。

【游戏规则】

1) 出场人物

身怀六甲的妇人、居无定所的流浪汉、在艾滋病治疗方面颇有建树的医学家、热带雨林的挽救者——生态学家、即将远征太空并为人类寻找新家园的宇航员、研究新能源汽车的发明家。

2）背景故事

一架客机不幸失事坠落在荒岛上，飞机上只有六人幸存，他们面临着生死的考验。岛上没有水和食物，只有一个橡皮气球吊篮可以作为出去求救的逃生工具，但遗憾的是，这个吊篮只能容纳一个人乘坐。

3）游戏方法

每个人都想自己坐上吊篮离开荒岛去求救，主持人可以召集这6个人坐在一起，让他们各自说出自己需要先行离开的理由，并在陈述自己的理由之前先复述前一个人的理由。最后的胜利者必须是复述别人理由最完整而自己离开的理由最充分的人。

【相关讨论】

（1）在游戏的过程中，你注意到胜利者和失败者在性格上的差异了吗？如果你是失败者，你认为你失败的原因是什么？

（2）完成这个游戏后，你对于聆听和表达的能力有了更新的感悟吗？

【游戏延伸】

在这个游戏当中，出场的角色可以自由变化，最好是选择在各个方面悬殊都比较大的几个角色，例如，本游戏中出场的流浪汉与其他几位人物相比就显得无足轻重，但是在社会中没有地位并不代表没有生存的权力，能否成为胜利者取决于个人的综合能力，在这个游戏中表现为聆听和表达的能力。只有认真聆听并记住别人的想法，才会获得别人的信任；只有表达能力出众的人，才能在危机时刻不乱阵脚，将自己想表达的意思清楚明白地传达给别人，最终拯救自己和其他人的生命。

沼 泽 救 险

【游戏时间】

30~40分钟。

【参与人数】

每组8~10人。

【道具准备】

30米长的绳子一条、20米长的绳子两条、玩具狗一只、竹竿两根。

【游戏概述】

这是一个抢险游戏，旅途中的人需要集中智慧和力量抢救一只陷入危难的小狗。

【游戏目的】

在紧张的气氛中体验集体的力量，加深游戏者彼此的了解，崇尚合作精神。

【游戏规则】

1）游戏背景

一群探险爱好者在原始丛林中摸索着前进,他们有 8~10 人,都来自四面八方,为了共同的爱好走到了一起,在这绵延数十万里的大山里探险。其中的一个成员还将自己的爱犬也带在了身边,为探险队服务。原始丛林中到处都是死亡的陷阱,不是吃人花就是杀人蜂,大家都小心翼翼地向前走着。突然从前方不远处传了几声狗的哀鸣声,大家一下子紧张起来,低头一找,才发现探险队的狗不见了。顺着狗叫声,大家来到了一片沼泽地带,在沼泽的中心,那只狗正在烂泥中挣扎着,看到自己的主人已经赶到,那只狗不再挣扎、不再狂叫,静静地等待主人救援。

2）游戏方法

将 30 米长的绳子围成一个圆圈,绳子内的区域为沼泽地带,在圆圈的中间位置放一只玩具狗;探险队的成员只能利用手中的两条 20 米的绳子和两根竹竿对可怜的小狗进行救援;在救援时,任何人都不得进入圆圈内,而且竹竿不能碰到小狗的身体,以免误伤;探险队成员必须在 30 分钟内将小狗救出,否则小狗就会滑入沼泽深处,丢掉性命。

【相关讨论】

(1)听过游戏背景后,你是否认为这个任务根本无法完成?在游戏过程中,你和伙伴一共想出了多少办法来救助小狗?

(2)你认为哪个救助办法最佳?你认为仅凭你一个人能够完成这个任务吗?

【游戏延伸】

游戏中的背景故事和角色可以由主持人任意改编,只要不脱离几个必需的条件就可以。

穿 越 峡 谷

【游戏时间】

不限。

【参与人数】

不限,团队全体成员均可以参加,将参与者划分成若干个由 6~8 人组成的小组。

【道具准备】

3 块长 3 米左右的硬木板(能承载 4 个人的重量,不等长),1 根长 6 米的绳子,7 块砖或其他物块。

【游戏概述】

这是一个广为流行的经典游戏,旨在提高团队解决问题的能力。事先找出团队中具有领导才能的人,带领大家。参加游戏的一半人要戴上眼罩,以增加游戏难度,使游戏具有挑战性。

【游戏目的】

(1) 让整个团队参与到活动中来。

(2) 鼓励团队协同配合,相互帮助。

(3) 展示同心协力的益处。

【游戏规则】

准备:游戏开始之前,将 7 块砖或物块摆好。

具体步骤如下:

(1) 选一个 6~8 人组成的小组,把他们带到场地起点,简要介绍游戏情况。

(2) 找到 3 块木板和一段长绳子。这些木板和绳子不能着地,把木板搭在上面。

(3) 团队中具有领导才能的人指挥大家行动,边搭木板边"穿越峡谷",如果木板搭错了,大家就要退回来,直到木板搭好,顺利通过峡谷。

(4) 穿越峡谷时,不戴眼罩的要搀扶戴眼罩的,一起往前走。前进或退后要协调好。

(5) 游戏过程中,任何人的身体、木板或绳子接触到地面,全组参与者都要重新做起。

【相关讨论】

(1) 在游戏过程中遇到了什么问题? 是如何解决的?

(2) 队员是如何分工的?

(3) 游戏过程中有无冲突产生? 如果有,是如何处理冲突的?

(4) 游戏对于团队协作有哪些启示?

【注意事项】

组织者摆砖块要根据木板的长度,3 块木板不等长,游戏者只能按照顺序搭才能顺利进行。参与者们想把木板搭在砖块上,但是又看不出它们之间的区别——这就增加了游戏的难度。

【游戏延伸】

齐心协力过独木桥。在搭好的木板上,两个不蒙眼睛的人一前一后,护送一批盲人过独木桥。要求只能手拉手,身体不能接触,6~8 人参加。过桥的时候如果一人掉下来,扣除 1 分,最后得分多者获胜。

穿越生死线

【游戏时间】

30~45 分钟。

【参与人数】

每组 10~16 人。

【道具准备】

一根长绳子（至少需要 5 米），选择两棵大树（将绳子绑在树上，并让绳子足够承受一个人的重量），其他一些在电影《法柜奇兵》中出现的动物装饰品，如蜘蛛等。

【游戏概述】

游戏没有特别要求，只要能从绳子上面越过即可。

【游戏目的】

(1) 不论是否肥胖，是否瘦小，该游戏统统要求大家从绳子上面越过，一定要保持高度的参与性。

(2) 通过游戏，建立小组成员间的相互信任，并能消除游戏参与者的羞怯和忸怩心理。

【游戏规则】

(1) 看过电影《法柜奇兵》吗？本游戏就是从这里演化而来。游戏开始前，先选择好两棵大树，在选好的两棵大树之间拉上绳子，绳子距地面 1.5 米左右。

(2) 游戏的开场白举例如下：

大家看过电影《法柜奇兵》吗？电影中有一个魔窟，里面布满了绊网，如果有人不小心碰到了网子，毒箭、毒液就会从各个方向射出来，轻则皮开肉绽，重则万箭穿心，性命不保……我们即将要玩的游戏中的这根绳子，就是一个连着机关的网线。大家的任务就是安全地从绳子上面越过去，绝对不能碰到绳子，如果有人碰了绳子，整个小组都会被毒箭射死，大家的努力也将白费，过去的所有人要重新站到绳子这边开始游戏。

(3) 开场白宣布完后，开始游戏，裁判或临时人员开始计时。

【相关讨论】

(1) 在这个游戏中，你遇到的最为经典的越过方法是什么？他们是怎样想出该方法的？

(2) 你觉得有哪些因素影响大家的发挥，怎样做才能使任务完成得更出色？

(3) 你们小组有没有领导？如果有，是怎样产生的？

【注意事项】

游戏中，一定要将两棵树之间的绳子拉紧，防止出现意外；有些游戏参与者可能试图跳过去，为了防止扭伤等事件发生，组织者可告诉大家："除了用冲跑的方式来越过绳子外，其他一切方式均不限制！"这样一来，就能避免因为冲跑跳而导致的不愉快事情发生。

【游戏延伸】

如果在游戏中某一个小组用了同一个方式让大家越过绳子，则要求他们适当更改方式，当然要加上类似限制时，开场白也需要做一定的调整。

如果可能会多次使用这个游戏,那么可以用一根直径在 3~5 厘米的木棍代替绳子。

夺 宝 奇 兵

【游戏时间】

10~20 分钟。

【参与人数】

不限,团队全体成员均可以参加。

【游戏概述】

这是一个通过"向导"带路,在蒙着眼睛的情况下安全到达终点的游戏。

【游戏目的】

本游戏可以用于加强彼此之间的了解和信任,增强大家之间的团队友谊精神。

【游戏规则】

(1) 主持人首先给大家讲述下面的一个故事。

你们组属于古城探险队的一部分,据说古城位于一个与世隔绝的森林里。调查研究后找到一个向导,由于存在语言障碍,通过翻译费心地解释,他才同意带路。由于古城到处散落有金币、宝石,并且宣称如果宝物被盗,全城人民将面临灾难,因此,条件是大家必须答应都戴上眼罩,保证以后不会再找这条路,一路上不能用语言交流,但是可以通过其他声音,即肢体语言来传递信息给后面的队友,以确保团队能安全到达目的地。

(2) 游戏参与者手拉手围成圈,戴上眼罩。

(3) 主持人悄悄让一位参与者摘下眼罩,告之他将充当游戏中的"向导",负责带领整个团队到达终点,并告诉"向导"终点的地方。

(4) 让两位临时人员负责沿途的保护(他们要始终保持警惕,防止队员发生不测。因为行进过程中,队员们绝对信任向导,即使他把队伍带到悬崖边,队员们也会径直走过去的),队员之间不允许说话,但是可以吹口哨、拍手或者采用其他方式同队友进行交流,并且每次交流时只能用手碰一名队员。

(5) 游戏开始前,可准备一些饮料及零食,在游戏结束后供大家一边消遣,一边讲述自己在游戏中的感受与体验。

(6) 游戏地点可选在景色秀美的野外或公园里进行,可以使人充分接近自然。

【相关讨论】

(1) 你是一个容易相信别人的人吗? 在游戏的角色里,你确信别人对你没有任何不利,如果在现实生活中,你会怎样处理此类问题?

(2) 你的眼睛被蒙上时有一种什么样的感觉? 你曾体会过盲人的感觉吗?

（3）在生活中，你有没有碰到过需要将自己的安全寄托在别人身上的事情？你会选择怎样做？在何种前提下你才会这样做？

【游戏延伸】

集体交往，最基本的前提是信任，然后才能精诚合作。

此游戏展现给我们的就是一个以信任为基础的拓展训练，不论在工作还是平时的生活中，只有充分信任了，彼此的身心才能愉悦——你能相信他的话，他也能相信你的话。

在人们的共同活动中，一般来说，信任是合作的前提，人们之间信任关系的确立是合作行为赖以产生的基础。信任与合作是无法分开考察的，因为信任必然导致合作，而合作中也必然包含着信任。在没有合作需求的人们之间，也无所谓信任的问题，没有信任的所谓合作，也最多是有了合作的形式，实际上只是互为工具性的"共事"而已。所以，日常生活中的信任，并不是一件"利他"的事情。

城 堡 攻 防

【游戏时间】

20~30 分钟。

【参与人数】

不限，团队全体成员均可以参加，但每组人数要相等。

【游戏概述】

用口诀做动作决定游戏胜负。

【游戏目的】

多人参与，增加彼此间的交流。

【游戏规则】

（1）主持人先向大家讲述故事：古时候有天使、魔鬼、法师三种，天使怕魔鬼，魔鬼怕法师，法师怕天使。他们各自的代表动作如下。

天使：扬翅膀。

魔鬼：伸手。

法师：双手合十。

（2）在游戏开始前，将参与游戏的人员分成两队，相距约 30 米，各自划定一区域作为本方的城堡，本方的说话不能让对方听到，中间相距 5 米画两条线，作为各自的攻击发起线。

（3）双方在自己的城堡各自商量好准备做的动作及先后次序，然后前行至攻击发起线准备，听口令"1、2、3，开始"，并同时做统一的动作。

（4）按照"天使怕魔鬼,魔鬼怕法师,法师怕天使"的原则,赢的一方开始追赶输的一方,输的一方则开始尽力逃回本方城堡,在回到本方城堡前被赢方任何人碰到身上任何部位即成为对方的俘虏,停止逃跑。

（5）等逃跑的一方未被俘虏的人员逃回本方城堡后,获胜方带着俘虏回归本方城堡。然后双方重新商量好后重新开始游戏。当一方全体被俘或者游戏一定时间后,活动停止,人多方获胜。

（6）如果第一次出的动作相同,则按事先商量好的次序继续做动作,因此事先要商量好3~5个动作次序。分出胜负后按"天使怕魔鬼,魔鬼怕法师,法师怕天使"的原则继续游戏。

【相关讨论】

（1）这种团队游戏,最容易出现"害群之马",比如大家在游戏开始的时候商量了"魔鬼"的动作,而偏偏有人出来要做"法师"的动作,直接的结果是,这个人成了对方的俘虏,而且本组成员减少一名,如果你在游戏的时候碰到这样的事情,会怎样处理?

（2）你认为这个游戏胜利的关键因素在什么地方?

（3）很显然,在本游戏中,你们的团队是临时组建起来的,做统一的动作肯定要有一个临时的领导,在你们小组中,这个领导是怎么产生的?

【游戏延伸】

在本游戏中,主持人还可加上一条:"如果做错动作,即自动成为对方的俘虏,到对方城堡等候处理"的规定。

在游戏结束后,将这些做错动作的人统一"揪"出来给大家表演节目,我们也可以给每一个做错动作的人一次自我辩解的机会,从而让大家都能从游戏中学到一些经验。

小 熊 接 力

【游戏时间】

5~10分钟。

【参与人数】

不限,团队全体成员均可以参加。

【道具准备】

皮球1个、布玩具20个。

【游戏概述】

这是一个不断重复传递动作的游戏。

【游戏目的】

（1）通过对流程的不断熟悉,提高工作效率。

(2) 随着外界环境的变化,提高处理多线程工作的能力。

【游戏规则】

(1) 游戏开始前,主持人告诉大家：这是一个练习参与者对某件事情投入程度的游戏,并要游戏参与者在空闲时间抱胸。

(2) 所有的人在一片空场地上围成一圈,主持人将球交给其中的一位参与者。

(3) 第一位参与者要询问下一个目标传递者："准备好了没有?"

(4) 在听到"准备好了"的应答声后,第一人将球抛出,抛出后双手抱胸。其他人依次类推。

(5) 所有的人完成传接一次球的动作时结束第一轮比赛。

(6) 在熟知规则后,快速将球传接一圈,并计时。

(7) 当游戏再次开始时,不断地有布熊玩具（20个）被抛入场中,看有多少个小熊是按照游戏规则及最后顺序归到最后一位接球者。

【相关讨论】

(1) 在传球或布玩具时切忌漫不经心,在游戏中的某些心态均来自你对现实中类似事情的处理态度,认真投入地对待游戏,你一定会有意外收获。

(2) 如果你是主持人,你认为在玩游戏的过程中可能会出现什么问题? 如果你是参与者,你觉得这个游戏的亮点在什么地方? 能不能再发挥一下?

【游戏延伸】

这是一个没有竞争的游戏,如果主持人将在场人员分成每10人或15人一组,让每组轮流完成20个布玩具的传递任务,在游戏过程中,不能将布玩具掉在地上,也不能打破游戏规则。这样肯定具有竞争性,但场面可能会在杂乱中显得更加激烈一点。

在活动结束时,主持人可以告诉大家,本游戏想告诉参与者的是——熟能生巧,每个人都可以处理来自不同层面的多线程事情等。

婚姻上的宾客

【游戏时间】

20~30分钟。

【参与人数】

不限,团队全体成员均可以参加。

【道具准备】

事先准备好的婚礼请柬。

【游戏概述】

用特殊的方式充当婚姻上的宾客。

【游戏目的】

提高游戏参与者的应变能力,并对创造性思维提出要求。

【游戏规则】

(1) 游戏开始前,先从参与者中找出一位新郎、新娘的扮演者(一定要自愿),如果实在没有人愿意扮演,只能由主持人或培训师来扮演。

(2) 将预先准备好的婚礼请柬发给大家,确保每个角色都有一个人扮演,给大家一点时间,让他们熟悉自己的角色。

(3) 给每个人一张卡片,让他们写上自己的姓名和他们将要送给新郎、新娘的礼物,可以是最古怪的或者最俗气的,但一定要符合他所扮演的人的身份。

(4) 他们可以选择在婚礼的任何时候将礼物交给新郎、新娘,以最能表现他们的情绪为佳。

(5) 一切准备得差不多的时候,主持人宣布婚礼开始,大家可以随意走动、聊天,其间参与者要想方设法按照卡片给他的角色表达情感,他们必须不断地相互交流,直到双方都明白了对方的意思为止。

(6) 10分钟以后,结束游戏,请大家描述一下自己所扮演的角色和所送的礼物,以及所用的表达情感的方式,选出最具创意的演员。

【相关讨论】

(1) 小时候,常常喜欢玩新郎新娘的游戏,现在,你愿意扮演新娘或新郎吗? 为什么? 你认为处于不同的情感支配下的人是否会有不同的表现?

(2) 在平时的工作或生活中,你是怎样处理自己的情感或情绪问题的? 你更喜欢释放出来,还是将它们压抑在心底? 哪一种对你的情绪有好处? 一般情况下,你的表达方法是怎样的?

【游戏延伸】

对成年人来说,也许,儿时的游戏已经很残缺了,但它带给我们的记忆却是永恒的。

对参与此游戏的男士来说,大多应该是愿意做新郎的,新娘的空缺可能比较难办一点,这时候就需要看主持人的技巧了。

本游戏中,赠送给新郎、新娘千奇百怪的礼物也从侧面反映了一个人的幽默感和创造力,在幽默的同时也将一种富有激情的个人元素表达出来,整个游戏能不活跃? 人们的思维能不活跃?

星 光 大 道

【游戏时间】

因为本游戏是大家自己准备的节目,时间不能确定,视情况而定。

【参与人数】

不限,团队全体成员均可以参加。

【道具准备】

一张节目单（上面有姓名、联系方式、所表演的节目等细则）。

【游戏概述】

这是一个比较适合在晚餐湖或晚餐会当中开展的游戏。

【游戏目的】

培养团队精神。

【游戏规则】

（1）在某次郊游中,你们需要一次野餐,或者举办一次篝火晚会,但游戏组织者苦于没有时间安排节目,于是就有了该游戏!

（2）在活动前几天,告诉大家:在活动结束后,我们要安排一次烤肉野餐,以篝火晚会的形式进行,野餐中有一个重要项目是挖掘新星,并送到 CCTV 进行长期培训,然后和张导联系,先进军国内电影市场,再到好莱坞发展……

（3）为了达到举贤不避亲的公平目标,每人都要准备一个节目,请大家填好节目单后交到某处。

（4）表演节目时,将大家交上来的节目单按随机方式排列,出场顺序也是随机从节目单中抽出或按某一个公平的方式进行。

（5）所有节目都表演完之后。大家投票选出最佳节目,并给获胜者颁发大奖,主持人可承诺跟张导联系等事宜。

【相关讨论】

（1）你习惯在团队中以命令的方式传递信息吗? 如果不喜欢,有没有别的方式可以解决?

（2）在篝火晚会中,表演什么样的节目容易让大家积极参与进来?

【游戏延伸】

在篝火晚会现场,可以让大家组成小组,简要说明后,让每个小组表演一个简短的节目。

打 是 亲

【游戏时间】

15~30 分钟。

【参与人数】

不限,团队全体成员均可以参加。

【道具准备】

一个无伤害性的棍棒（如纸棒、保特瓶、空气槌等）。

【游戏概述】

这是一个适合在陌生人较多的情况下开展的游戏。

【游戏目的】

通过大喊参与者的名字,让大家快速记住游戏参与者的名字。

【游戏规则】

(1) 游戏开始前,由主持人指定一名青鬼和一名红鬼,青鬼手上拿一个道具中提供的无伤害性的棍棒。

(2) 游戏开始时,青鬼要追打红鬼,而红鬼只要在被打之前喊出一个替死鬼（必须是在场参与游戏者的一个名字）,替死鬼就变成了新红鬼,青鬼就必须再去追打新的红鬼。

(3) 如果青鬼打到了红鬼,他们的角色互换,再由红鬼喊出新红鬼。

(4) 在这个游戏中,只要红鬼实时地喊出人名,就不会被打。而青鬼的任务就是要在红鬼反应过来之前就打中红鬼,否则挨打的只能是自己了。

(5) 当然,这个游戏的主要任务是记住大家的名字,尽管看起来追追打打有点"暴力"倾向,但几轮游戏下来,大家便会在不经意间都记清楚了参与游戏者的姓名。

【相关讨论】

(1) 你在这个游戏中扮演了什么样的角色？通过游戏,你记住了多少人的姓名？

(2) 在这个游戏中,有没有人不投入？大家对此有何看法？在陌生人中间,出现不和谐的插曲应该怎样处理？你们在游戏中出现这样的情况了吗？

【游戏延伸】

如果参与游戏者对"鬼"的叫法比较敏感,可以换成其他叫法,比如"上帝"和"撒旦"、"甲方"和"乙方"等。

斗 智 斗 勇

【游戏时间】

1 个小时以上。

【参与人数】

每组 6~10 人。

【道具准备】

3 根直径在 5~7 厘米的木杆（如果是在野外,可找枯树干）,其中两根约 4 米长,另一根约 2 米长（用来搭建字母 A）;3 段可以将木杆绑在一起的绳子;另外 5 段长约 5 米的绳子;6 段彩色飘带。

【游戏概述】

通过一个 A 字形的框架以及大家的努力,最终目的是让框架上的人安全"行走"50 米的游戏。

【游戏目的】

培养团队合作精神,并让大家发扬协同精神去解决问题。

【游戏规则】

(1) 游戏开始前,把大家集中到一起,游戏场地需要宽敞,如果条件允许,最好是大自然中的草坪。

(2) 将道具中的 3 根木杆和 3 段绳子提供给游戏参与者,让他们利用这些道具,搭建一个类似字母 A 的框架,框架中的横梁要结实,并能承受足够一人站立的重量。

(3) 准备就绪后,参与者将继续游戏的下一个环节。

(4) 要把"A"结构竖立起来,并让一个人站到横梁上,为防止框架倒塌,把另外 6 段绳子绑在框架的顶端,除那个站在横梁上的人外,不允许其他人接触框架。

(5) 要求大家把框架移动 50 米,同时横梁上还站着一个人,而其他人要远离框架 4.5 米之外。并且在移动过程中,框架至少有一点要接触地面。在距离框架顶端 4.5 米远处的绳子上,扎一个彩色飘带,大家可以很容易地识别界限。

(6) 游戏的开场白举例如下:

大家到一个荒无人烟的密林深处探险,你们的一名队友不幸感染了一种容易传染的病毒,病毒的可传染半径是 4.5 米,为了挽救队友,并能保证自己的安全,大家必须在 4.5 米之外帮助队友穿越一段 50 米长的狭长地带。

地上长满了对病人不利的有害杂草,病人一旦再次接触这种杂草,便能立刻毙命,大家应尽最大努力避免让病人接触这种杂草。所以,头领找来了 3 根树干和一些绳子,并用它们扎成了一个框架,"遥控"着病人走出草地。

把 6 根藤条固定在框架的顶端,让大家固定病人的框架防止倒塌,一定要注意的是,你们不能接近框架,必须要在离框架 4.5 米的距离之外,没有其他材料了,就用这些材料将病人运送到安全地带吧!

【相关讨论】

(1) 在游戏的过程中,你们遇到了哪些问题? 又是如何对问题进行责任落实的? 为了解决这些问题,每个人都做了什么?

(2) 你是站在框架上的那位组员吗? 如果是,你有何感受?

(3) 你们是怎样解决问题的? 解决问题前,有没有小组领导? 又是怎样确定小组领导的?

【游戏延伸】

如果参加人数较多,可将他们划分成若干个 6~10 人的小组,各小组之间可以从时间、框架的牢固程度等多方面展开竞争。

趣 猜 人 名

【游戏时间】

20~30 分钟。

【参与人数】

20 人,每组 5 人。

【道具准备】

4 顶写有名人名字的高帽。

【游戏概述】

该游戏是让大家在寻找 YES 答案的过程中,充分和大家一起分享如何组织及分析所得到的信息,从而得到最后答案。

【游戏目的】

在问答之间,利用所获得的信息缩小范围,从而达到解决问题的目的。

【游戏规则】

(1) 游戏开始前,先在活动场所的前面摆 4 把椅子。

(2) 每组推荐一名代表为“名人”,让他坐在椅子上,面对小组的其他成员。

(3) 主持人给坐在椅子上的“名人”们分别戴上写有名人名字的高帽。

(4) 坐在椅子上的人并不知道自己是哪位名人,其他在场的人员都知道,但谁都不能告诉他们。

(5) 游戏开始时,从 1 号开始猜自己是谁,他问的所有问题都是封闭式的,小组的其他成员只能用"是"或"不是"来回答,每位选手在每轮中只能问一个问题,比如:1 号的问题被小组成员回答成 NO 或者 YES 中的任何一个,都不许再提问,然后轮到 2 号接着发问,以此类推。

(6) 先猜出自己是谁者为胜,主持人应该给游戏参与者准备一些小礼物。

【相关讨论】

(1) 你认为这个游戏中的提问可以更逻辑化一点吗? 如果你是名人,你会怎样改进提问的方法?

(2) 你看到的每个小组,他们都能像整体一样努力协同完成游戏吗? 这和实际工作有没有联系,你的看法如何?

【游戏延伸】

这个游戏也可以让一位选手尽可能地往下猜,在猜的过程中,同组人员依然只能回答YES 或 NO,主持人计时,当每位成员都结束游戏后,主持人宣布所用时间最少的一个小组为胜利者。

小母鸡的遭遇

【游戏时间】

每小组表演时间在 10 分钟以内。

【参与人数】

每组 6 人。

【道具准备】

种子、几根稻草、几块面包;装扮成鸡、牛、鸭、鹅、猪的道具一套;几张写有台词的复印纸。

【游戏概述】

这是一个谁都可以参与的小游戏,但需记住几句台词。

【游戏目的】

通过不断地轮换表演,让大家都参与到游戏中来,创造和谐的团队氛围。

【游戏规则】

(1) 游戏开始前,先给大家讲述一则故事,该故事是由 6 名现场的成员表演出来的(需事先记住台词,然后再临场发挥到最佳表现),台词如下:

小母鸡在谷场上扒着,直到扒出几粒麦子,它叫来邻居,说:"假如我们种下这些麦子,我们就有面包吃了。谁来帮我种下它们?"

牛说："我不种。"

鸭说："我不种。"

猪说："我不种。"

鹅说："我也不种。"

"那我种吧。"这只小母鸡自己种下了麦子。

眼看麦子长成了，小母鸡又问："谁来帮我收麦子？"

鸭说："我不收。"

猪说："这不是我们应该做的事。"

牛说："那样会有损我的资历。"

鹅说："不做虽然饿一点，但也不致饿死。"

"那我自己做。"小母鸡自己动手收麦子。

终于到了烤面包的时候，"谁帮我烤面包？"小母鸡问。

牛说："那得给我加班工资。"

鸭说："那我还能享受最低生活补偿吗？"

鹅说："如果让我一个人帮忙，太不公平。"

猪说："我太忙，没时间。"

"我仍要做。"小母鸡说。

她做好5根面包并拿给她的邻居看，邻居们都要求分享劳动成果，他们说小母鸡之所以种出麦子，是因为从地里找出了种子，这应该归大家所有，再说，土地也是大家的。但小母鸡说："不，我不能给你们，这是我自己种的。"

牛叫道："损公肥私！"

鸭说："简直像资本家一样。"

鹅说："我要求平等。"

猪只管嘀嘀咕咕，其他人忙着上告，要求为此讨个说法。

村负责人来了，对小母鸡说："你这样做很不公平，你不应太贪婪。"小母鸡说："怎么不公平？这是我劳动所得。"村负责人说："确切地说，那只是理想的自由竞争制度。在谷场的每个人都应该有他该得的一份。在目前制度下，劳动者和不劳动者必须共同分享劳动成果。"

从此以后他们都过着和平的生活，但小母鸡再也不烤面包了。

（2）表演结束，在场人员首先评出最佳表演者。

（3）评选后，主持人可询问在场的其他成员，还有谁想表演节目，并将台词纸分发给想表演节目的人，做好准备后继续表演，并请下一个小组准备。

（4）游戏最后，评选出最佳表演奖、最佳幽默奖等大奖。

【相关讨论】

（1）你在游戏中扮演了什么角色？有什么感受？

（2）你看到的每组搭档,他们都能像整体一样努力协同完成游戏吗? 这和实际工作有没有联系? 你的看法如何?

【游戏延伸】

这个小剧本里的台词非常简单,如果有充足的时间,游戏组织者还可以让大家自己写剧本、改剧本来完成一部大戏。

记者与明星

【游戏时间】

10 分钟。

【参与人数】

不限,团队全体成员均可以参加。

【游戏概述】

看似简单的沟通游戏,实则充满技巧。

【游戏目的】

培养游戏者的沟通能力和沟通技巧,使其在工作中能够更好地掌握运用这些技巧。

【游戏规则】

（1）主持人开场白:"这个游戏的目的是为了使大家在今后的生活与工作中能够迅速地与陌生人展开话题、消除隔阂,从而提升工作效率、拓展生活圈子。与陌生人的交流过程一般分为三个层次:刚认识时,尽量谈一些比较客观、不会引起别人反感的话题,比如天气、环境等;随着沟通的加深,就可以谈一些与对方有关系的话题,比如家庭情况、祖籍哪里、教育程度等;在此基础上,可以谈更深刻的话题,触摸对方的内心世界,比如人生观、世界观、道德观、价值观等。"

（2）讲解过后,主持人将所有游戏者分成若干小组,每两人一组。

（3）主持人让这两个人随意挑选担当 A 或 B 的角色。

（4）待两人挑选完后,主持人会告知他们, A 代表的是八卦周刊的记者,而 B 则代表被这些八卦记者追踪、采访的明星。

（5）记者可以在采访中随意问明星任何问题,明星可以不回答,但如果回答就必须是真话,采访时间为 3 分钟,不允许用笔记录。

（6）3 分钟后,双方互换角色。

【相关讨论】

（1）这个游戏中,作为记者去采访时你有什么感受? 作为明星被采访时你又有什么感受?

（2）你觉得在沟通的过程中，自己还欠缺哪些方面的素质？能否在沟通中引导对方顺着你的思路去思考问题、回答问题？

【游戏延伸】

游戏的角色不必拘泥于记者和明星，也可以换成其他角色，如警察与嫌疑人、医生与病人、教师与学生等，游戏情节也可以根据角色的不同而自由改编。

真人秀版象棋

【游戏时间】

50~60 分钟。

【参与人数】

每组 16 人，每次上场两组。

【道具准备】

超级大的象棋盘，面积在 15 平方米左右为宜，如准备时有困难，也可用粉笔在石头地面上将棋盘画出；写有角色名称的纸张；别针。

【游戏概述】

这个游戏对道具的要求比较高，准备起来有一定的困难，但十分有趣味。

【游戏目的】

利用传统的象棋游戏提高游戏者协同作战的能力。

【游戏规则】

（1）裁判将所有人分为两组，每组 16 个人，其中一组代表象棋中的红方，另一组代表黑方，每组中的 16 个人代表红方或黑方的象棋子。

（2）小组中的每位成员都会被分配到一个角色，如"车""马""将""兵""帅"等，将写有这些角色名称的纸用别针固定在衣服上。

（3）裁判将所有人带到棋盘前站好，告诉大家："游戏开始后，大家要根据自己所扮演的角色在棋盘的不同位置站好，然后按照象棋的比赛规则开始在棋盘上移动。"

（4）由每组的成员共同推选出一位领导者，负责比赛的全盘指挥。

（5）待大家都听明白游戏规则并做好准备之后，裁判宣布："比赛开始！"

（6）像象棋比赛一样，最先将对方"将死"的小组为获胜方。

（7）在进行第二局比赛之前，裁判宣布："这一局比赛，双方不再推选领导者，每个人都可以按照自己的下棋思路进行比赛，但必须遵守象棋的比赛规则。"

（8）最先将对方"将死"的小组为获胜方。

（9）两局比赛之后，裁判引导大家展开讨论，讨论的内容是：哪一局的获胜较为轻松？

有领导者和无领导者导致的比赛结果差别大吗?

【相关讨论】

(1) 你在游戏中的表现如何? 你认为这个游戏能带给你什么启示?

(2) 你认为组员之间的相互合作、积极沟通在这个游戏中重要吗?

【游戏延伸】

游戏内容不必拘泥于象棋比赛,换成国际象棋或围棋也可以,可根据不同的选择确定不同的道具。

集体“越狱”

【游戏时间】

10 分钟。

【参与人数】

8 人。

【道具准备】

绳子、竹竿、面积较大的棉垫子。

【游戏概述】

上学时体育课上的撑竿跳运动,在这个游戏中再来回味一下吧。

【游戏目的】

能够锻炼游戏者的四肢协调能力,在游戏中锻炼身体,活跃气氛。

【游戏规则】

1) 游戏背景

在一个漆黑的夜晚,某个监狱的犯人酝酿已久的集体越狱行动开始了。当他们跑出牢房、跑进监狱的院子时,挡在面前的是挂满电网的高墙。幸运的是,监狱的看守们还没有发现犯人们的越狱行动,只要犯人们越过这道高墙,就能够获得自由。但高墙布满电网,只要稍微碰到就会马上毙命。犯人们找不到任何可以利用的工具,只在墙边找到了一根粗粗的竹竿。最后,他们决定利用这根竹竿越过高墙、逃出牢笼。

2) 游戏方法

主持人先将绳子的两端悬空拴在结实的地方,距离地面的高度根据参加游戏者的身高来决定,以此来代表监狱布满电网的高墙;每个小组的成员都要保证在身体不接触绳子的情况下越过绳子;在游戏过程中,小组成员可以利用竹竿作为工具,但竹竿同样不能接触到绳子;最后一名越过绳子的成员要将竹竿也一同带走。

【相关讨论】

（1）你认为这个游戏中最难的一个环节是什么？你是小组中最后一个"逃亡"的人吗？

（2）如果你是最后一个越过绳子的人，你是如何将竹竿一同带走的？你使用的方法与其他组的最后一个人相同吗？

【注意事项】

此游戏具有一定的危险性，在游戏时，一定要将面积较大的棉垫子铺在绳子后面，以防游戏者在越过绳子后不慎摔伤，腿部有伤或有疾患的人禁止参加。

【游戏延伸】

使用竹竿只是这个游戏的要求之一，在做游戏的时候，身材高的成员完全可以凭借背跃式或跨越式跳高的动作轻松完成游戏。

胜利大逃亡

【游戏时间】

30~60 分钟，具体时间取决于参加游戏人数的多少和他们的熟练程度，组织者可灵活掌握。

【参与人数】

不限，团队全体成员均可以参加，可将队员划分成若干个由 10~12 人组成的小组。

【道具准备】

（1）一根长为 5 米、直径为 15 厘米的横杆。

（2）两棵相距 3.5~4 米的粗壮大树，直径大约为 20 厘米（如条件允许，最好是两个桩子）。

【游戏概述】

这是一个群体游戏，有众多的参与者，气氛热烈欢快。创建一个具有创新精神的团队，要求每个人都作为参赛者、观察员或者监护员参与到游戏中来。

【游戏目的】

（1）使团队中每个人都积极应对挑战。

（2）增进团队中队员的协调与相互信任。

（3）队员们通过自然地进行身体接触和配合，消除害羞和忸怩之感。

【游戏规则】

游戏开始之前，需把横杆牢牢地绑在两棵树上，距地面大约 2.4 米。注意，务必保证栏杆牢固结实，因为在游戏中它需要同时承担 3 个人以上的重量。

步骤如下：

（1）组织者给每个小组做游戏开场白。

（2）开场白的内容需组织者提前准备好，或临场发挥，以一个小故事的方式最佳。例如：克林特·伊斯特伍德曾经从岩石岛监狱胜利大逃亡，这个故事大家听说过吧，你们现在就扮演胜利逃亡者。其实，你们的逃亡也并不复杂。现在，你们想象自己已经被关押多年，一天，大家突然发现集中营外没有士兵把守，监狱和自由世界之间只隔着一堵高 2.4 米的墙。大家达成共识，尽量让更多的队员翻越高墙逃生。逃离的时间只有 15 分钟，否则就会被人发现，招致整个行动计划的失败。祝你们好运！

（3）同时要强调一点（游戏规则），为了大家的安全，队员不能被扔过栏杆，也不允许跳跃跨过栏杆，最多只允许 3 个人同时翻越栏杆。

（4）让不想参与逃跑的队员尝试做监护员。

（5）以在规定的时间内越过栏杆人数多者获胜。

【相关讨论】

（1）团队是如何成功应对挑战的？

（2）你们在游戏过程中碰到了什么问题？如何分析和解决问题的？

（3）你们是如何分工的？在里面谁是指挥？

（4）整个团队的运作是否有效？为什么？

（5）你们在游戏过程中遇到了什么困难？如何协调克服的？

（6）哪些因素有助于成功完成游戏？

【注意事项】

游戏中，应保证每个组有一个监护能力较强的人员。当队员通过栏杆时，提醒这些监护员密切注意他们，当队员不慎摔落时，监护员应首先用身体支撑他们的上身，避免摔伤。

【游戏延伸】

如果你想进一步增加难度，可以蒙住 1~2 个队员的眼睛，作为伤员，希望同其他人一起逃离监狱。

步　步　高

【游戏时间】

15 分钟。

【参与人数】

不限，团队全体成员均可以参加。

【游戏概述】

这是一个大游戏套小游戏的游戏，在猜拳的过程中，可以让大家玩得津津有味，所以这是一个典型的可以调节气氛的游戏,让大家在玩乐中相互熟悉起来,相互沟通。

【游戏目的】

在工作之余同事之间做一些小的游戏,既有助于同事之间的情感沟通,又有助于活跃办公室的气氛,增强大家的工作积极性。

【游戏规则】

(1)开始时让所有人都蹲下,扮演鸡蛋。

(2)相互找同伴猜拳,或者其他一切可以决出胜负的游戏,由成员自己决定,获胜者进化为小鸡,可以站起来。

(3)然后小鸡和小鸡猜拳,获胜者进化为凤凰,输者退化为鸡蛋,鸡蛋和鸡蛋猜拳,获胜者才能再进化为小鸡。

(4)继续游戏,看看谁是最后一个变成凤凰的。

【相关讨论】

(1)本游戏的主旨是什么?

(2)你在游戏中有过换位思考的意识吗?

【游戏延伸】

所有人员可分成4个等级:国王、大臣、将军、士兵。

移动与集合

【游戏时间】

半天或1天。

【参与人数】

不限,团队全体成员均可以参加。

【道具准备】

野外活动中可能用到的一切工具。

【游戏概述】

这是一个通过口令找到同伴,然后再完成任务的游戏。

【游戏目的】

(1)强化游戏参与者的责任意识和纪律意识。

(2)培养参与者之间的相互信任,并帮他们认识个体的工作对于提高团队效率的重要性。

【游戏规则】

(1) 游戏开始前,主持人或培训者告诉大家游戏背景:你是一名深入敌后的盟军特工,突然接到总部命令,必须尽快找到另外 7 名来自英、法、俄等盟国的同伴,然后去执行一项绝密任务,与此同时,另外 7 人也收到了同样的命令……问题是,你们相互之间从未谋面,你知道的只有接头地点和接头暗语。

(2) 以下是活动提示。

① 任务:每个小组按照司令部的指示,经过 4 次在指定地点的神秘接头,找到与自己同属一个团队的同伴,而接头的唯一方式是暗语,该暗语由司令部提供,每个小组有不同的暗语,比如上句是:比尔盖茨,下句是:小李飞刀;上句是:天涯和海角,下句是:康熙与小宝等非常有趣且考验记忆的暗语。

② 密令:出发前,每个小组的队员会领到一张行军图并领取由司令部签发的该小组"行动密令"包裹,包裹内有 5 封密令,分别为红、白、绿、黄、蓝 5 种颜色。

③ 接头:打开密令,将看到司令部签发的一系列充满悬念和未知的行动指令,不过,只要每个小组时刻牢记自己的使命、严格执行司令部的命令,"密令"并不会让大家失望的,随着游戏的进行,胜利也会越来越近。

④ 会师:在第 4 次接头之后,所有队员须尽快赶到指定地点,并通过相互接过头的队员的相互指认,使同一团队的队员集合在一起,大家欢呼、拥抱,然后开始新的征程。

(3) 既然同伴都已找到,就可以开始执行"密令"中的任务了。

【相关讨论】

(1) 尽管游戏的参与者都是认识的,但真正在游戏开始的时候,我们面对的都是陌生人,因为我们的口令是从主持人那边领取的,而参与游戏的彼此都不一定能知道自己到底和谁是一组,甚至不知道自己一组到底有几个人,几个男的,几个女的。所以,这样的游戏一开始就充满了神秘和玄妙,只要我们全身心地投入游戏,能带来怎样的启示呢?

(2) 在参与游戏的过程中,先是单打独斗地寻找同伴,然后是集体团结,在广阔的大自然中,尽情享受与朋友合作最终揭开谜团的幸福,并不是每一天都能有的,在这个游戏中,怎样用自己的情绪去感染别人,是游戏模拟成功与否的一个重要因素,你准备好了吗?

【游戏延伸】

野外游戏最诱人的一点就是场景的不断变化,而且培训者或主持人还可根据不同的场景随机制定不同的游戏规则。

本游戏中有 5 张密令,如果你是培训者或者一个团体的领导人,你将怎样制定呢? 由于密令首先是在完成了寻找同伴的前提下才能执行的,所以,其中必须要包含团队才能完成的任务,举例如下。

"红色密令":寻找到一棵挂有红色标记的松树,在松树上藏有一张表格(地图、矿泉水等),请找到表格并将它交到总部。

当然,其他"密令"也可以根据野营地点的情况来适当制定。

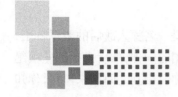

第5章 同甘共苦
——让团队充满凝聚力

如果感到幸福你就拍拍手

【游戏时间】

20分钟。

【参与人数】

不限,团队全体成员均可以参加。

【游戏概述】

合拍是一个简单的细节问题,也许我们从来没注意过,通过本游戏,就能让大家感觉到从众心理对人们的影响。

【游戏目的】

通过游戏,让大家感觉到凝聚力和合作的力量。

【游戏规则】

(1)游戏开始前,将所有人员分成3～4组,所有参与者在游戏过程中都必须闭上眼睛。

(2)由第1组开始,第1组全部成员开始无规则拍手,并通过倾听使第1组拍手的节奏逐步一致。

(3)第1组的拍手节奏保持一致后,第2组全部学员开始拍手,第2组拍手必须在第1组两次拍手之间拍两下,直到第2组的拍手节奏一致。

(4)第2组的拍手节奏保持一致后,第3组全部学员开始拍手,第3组拍手必须在第1组两次拍手之间拍4下,直到第3组的拍手节奏一致。

(5)以此类推,第4组拍6下,直到全场拍手节奏都一致。

【相关讨论】

(1)如果要想使所有的节奏保持一致,需要大家具备什么条件才可以实现?

(2)你觉得有哪些因素影响大家的发挥,怎样做才能使任务完成得更出色?

【游戏延伸】

游戏中,不能有领导人,除了主持人说话以外,别人务必保持沉默。按上面的规则完成一轮游戏后,可要求大家同时从杂乱的拍手中找到一致的节奏,并使全场有着同一种声音。

团队"围猎"

【游戏时间】

5~15 分钟。

【参与人数】

不限,团队全体成员均可以参加,最好是每组 20 人左右。

【游戏概述】

从不可能完成的任务中带给游戏者无尽的快乐与欢笑。

【游戏目的】

(1) 创造融洽的气氛,使参与者充满活力。

(2) 能够让参与者自然而和谐地进行身体接触和配合,消除羞涩和忸怩之感。

【游戏规则】

(1) 让大家紧密地围成一圈,主持人也要在圆圈的圆周上。

(2) 让每位参与者都把自己的胳膊搭在相邻同伴的肩膀上。

(3) 游戏开始,主持人从队列中告诉大家:我们要完成一个非常艰巨的任务,这个任务就是大家一起向着圆心迈出三大步,同时要保证手不能从肩膀上放下来,已经围好了的圈也不能遭到破坏。

(4) 等参与者都搞清楚游戏规则后,让大家一起开始迈出第一步。

(5) 一般情况下,第一步比较容易迈出,等完成第一步后,给予适当的鼓励和表扬。

(6) 然后继续迈出第二步,现在就不必担心大家能否轻松完成了,环顾四周,就能发现,参与者个个都已洋相百出了。

(7) 如果你们组侥幸迈出了第二步,那么在第三步的时候就会非常热闹,其结果无非是圆圈断开、众多队员摔倒……也许能很艰难地完成任务,但大家一定横七竖八了,而且很多人肯定会笑成一团,当然,生活中的烦恼也随之烟消云散。

【相关讨论】

(1) 你觉得完成这个游戏的难度在哪里? 既然是不能完成的游戏,为什么还要搞得大家前仰后合才算罢休呢? 对此,你有何想法?

(2) 游戏过程中,你得到的最大益处是什么?

(3) 游戏中有没有捣乱者,你是如何看待该游戏中的捣乱现象的?

【注意事项】

在迈出最艰难的一步时尤其要注意,不要让组员摔得过重。

【游戏延伸】

在参与游戏的人数较多的情况下,可以分成小组进行游戏,防止乱糟糟的局面发生,如果是在安全的草坪上,也可以将大家的眼睛蒙起来做这个游戏,但要配备几个监护人员。

团队俯卧撑

【游戏时间】

10~20分钟。

【参与人数】

不限,团队全体成员均可以参加。

【道具准备】

一块宽敞的草坪。

【游戏概述】

这是一个与"叠罗汉"类似的团队游戏,所有参与者都有机会叠起一个另类罗汉。

【游戏目的】

使整个团队参与到一个互助的游戏中来、从游戏中找到乐趣,让大家在有趣的合作中轻松起来。

【游戏规则】

(1)游戏开始前,主持人随意选4位志愿者。

(2)最开始的志愿者最好身强力壮,并能保证他们每人至少能做一个俯卧撑,且背部没有毛病。

(3)让那些不想参加游戏或者暂时未能参加游戏的人、不能做俯卧撑的人做监护员或摄影师。

(4)4位志愿者的目的是:做一次集体俯卧撑。

(5)动作要领:他们必须趴在地上,把双脚放在另一位志愿者的背上做俯卧撑。

注意:如果4位能按要求正确完成动作,最后的造型是地上不会有脚,只有4双手。

(6)4位志愿者成功做完第一个俯卧撑后,也给其他队做好了示范,其余队员即可按4人一组参与游戏。

(7)每做完一个集体俯卧撑,增加一个新队员继续进行,并且所有成员都必须趴在地上从头开始,目的在于使尽量多的参与者完成一个超级大的俯卧撑。

【相关讨论】

(1)你在游戏的过程中,遇到了哪些问题?如何对问题进行责任落实的?为了解决这些问题,每个人都做了什么?

(2) 你认为这个游戏有什么技巧吗? 或者是有什么最行之有效的方法吗?

(3) 你认为这个游戏与现实生活中的工作有关系吗? 如果有,请给大家表述你的想法,和大家一起分享游戏和实际工作的联系。

【游戏延伸】

当整个团队尽可能地形成一个大圈,努力完成最后一个超级俯卧撑之后,如果大家的体力尚可,主持人可以建议大家保持该造型几分钟,拍照纪念。当然,主持人还可在最初的4人组合时,要求大家一起"走路",看谁能创造最终的纪录。

十 指 紧 扣

【游戏时间】

5~10 分钟。

【参与人数】

不限,团队全体成员均可以参加。

【游戏概述】

这是一个抓住和逃跑的游戏,训练参与者的敏捷性和注意力是否集中。

【游戏目的】

集中注意力,增加彼此熟悉程度。

【游戏规则】

(1) 游戏参与者按"男女男女"的方式围成一个圆圈,面向圆心站好,然后把左手张开伸向左侧人,把右手食指垂直放到右侧人的掌心上。

(2) 主持人发出"原地踏步走"的口令后,全体踏步走。

(3) 主持人可用"1、2、1"的口令调整大家的步伐。

(4) 当发出快速的"1、2、3"的口令时,游戏参与者的左手应设法抓住左侧人的食指,右手应设法逃掉,以抓住次数多者为胜。

(5) 抢口令者抓住无效。

(6) 手掌不张开者,抓住无效。

(7) 游戏结束后,两位参与者十指紧扣,以示团结。

【相关讨论】

(1) 在这个游戏中,你左手的任务是"抓",右手的任务是"逃",想一下,怎样才能配合好? 归结起来是不是一个快速"握拳"的动作呢?

(2) 参与游戏时,有没有其他干扰因素"诱导"你注意力分散,如果有,是什么?

（3）如果你是位男士,左右肯定都是女士,反之亦然,会不会给异性一些照顾?现实生活中有这样的事情吗?

【游戏延伸】

很显然,这个游戏如果同性之间玩起来也有很大的挑战性,异性搭配的目的只是为了增加游戏的娱乐性而已。

躲 猫 猫

【游戏时间】

1小时以上。

【参与人数】

不限,团队全体成员均可以参加。

【道具准备】

1个比较亮的手电筒,手电筒的光束最好比较窄。游戏场地的中间是"家",在家的两端各有一个"路标"。可以把小屋、大树、汽车等命名为"家",将其他一切可以命名的物体充当路标。

【游戏概述】

这是一个可以回忆起童年的美好的游戏,此游戏只适合在晚上进行。

【游戏目的】

（1）让人们从集体中得到游戏的乐趣。

（2）让所有参与者都能很投入地参加到一个具有竞争性的游戏中来。

【游戏规则】

（1）让所有成员在"家"的附近集合,准备听取主持人的游戏说明。

（2）游戏一开始,先给大家说明选择在外面宣布游戏规则的用意,可以让参与者的眼睛在游戏正式开始之前渐渐适应黑暗,并能辨认黑暗中的物体。

（3）可以这样给大家描述游戏规则。

① 这个游戏的名字叫"躲猫猫",类似于"捉迷藏",但它和你童年时代玩过的捉迷藏游戏略微有些不同。

② 游戏中,将选择一人负责捉人,并给他一个手电筒,需要注意的是,他只能在游戏允许的时刻打开手电筒。

③ 负责捉人的人要蒙上自己的眼睛,慢慢地、大声而清晰地从1数到50。

④ 在数数的这段时间里,其他人要快速地找地方藏起来。

（4）当数到50之后,他就要打开手电筒开始找人了,一旦发现了某个人,负责捉人的人就要用手电在他（她）的脸上照一下，并大喊出他的名字，被捉住的人将不得不从藏身处走出来到一个事先指定好的地点，等待其他人员。

（5）在找人的这段时间内，其他尚未被发现的成员要尽可能地安全返回"家"中。回"家"的路线是指定的，需要分别到达指定好的那两个路标，然后再返回"家"中。整个行进过程都不能被发现。成功到"家"之后，你需要碰一下"家"，然后再大喊一声："安全！"

（6）在黑夜里行进时一定要注意安全，小心摔倒和受伤，等所有藏起来的成员安全到"家"或被捉后，本轮游戏结束。

（7）第一个安全返回的人将成为下一轮游戏中负责捉人的人。

【相关讨论】

（1）你觉得这个游戏有趣吗？能不能从游戏中找到童年的影子？

（2）你觉得有哪些因素影响大家的发挥，怎样做才能使任务完成得更出色？

【注意事项】

这个游戏要求主持人及其他负责人员对场地特别熟悉，应绝对避免出现任何问题，如果不熟悉的话，坚决不要这块场地。另外，也要保证在游戏开始之前，大家的眼睛已经适应黑暗的环境。

【游戏延伸】

如果将条件定得更苛刻一点，可以告诉捉人的队员：手电筒最长可以开 5 秒，然后必须关掉至少 5 秒后，才允许再次被打开。在手电筒关掉的时候，负责捉人的组员必须大声地用 5 秒的时间数 5 个数，这样其他组员可以据此判断手电筒重新被打开的时刻。

成人版"过家家"

【游戏时间】

2~5 分钟。

【参与人数】

不限，团队全体成员均可以参加。

【道具准备】

100 条橡皮筋。

【游戏概述】

这是一个适合在大家彼此都不十分熟悉的时候开展的游戏。

【游戏目的】

让彼此熟悉，通过做两三组游戏，使大家在短时间内互相认识，交朋识友。

【游戏规则】

（1）主持人挑选 6 对选手上台（1 男 1 女为 1 对，男士头发要长），助手给每对选手发 50 个橡皮筋。

（2）主持人讲解游戏规则，告知在规定的 3 分钟内，男士头上被扎的小辫最多者为第一。

（3）"老公"站立不动，"老婆"给"老公"迅速、精心地扎小辫，主持人计时。

（4）主持人和助手统计小辫数。

（5）主持人宣布获胜者，请领导颁奖。

【相关讨论】

（1）如果台下有真正老公和老婆该怎么办？

（2）戏说"老公""老婆"，那么是不是在游戏中适当延伸这两个词的含义呢？主持人可根据参与游戏者彼此的熟悉程度而定。

【游戏延伸】

这个游戏中，是女士给男士"扎小辫"，如果反过来是不是同样有趣？但这样的游戏会有几个积极的志愿者来参与也许是个问题。

其实，一些看起来很粗俗的游戏如果能适当发挥，加之现代化的团队建设理念，往往能取得出其不意的效果。

绑 定 了

【游戏时间】

20~40 分钟，取决于参加人数的多少。

【参与人数】

8~20 人。

【道具准备】

标志路线的彩色飘带若干、一根足够长的绳子（能够把整个小组捆 5 圈）、一条约 100 米长的小路。

【游戏概述】

这是一个放松性的游戏，可鼓励队员更好地相互了解。

【游戏目的】

（1）本游戏可以让参与者互相学习。

（2）能够自然而和谐地进行身体接触和配合，消除羞涩和忸怩之感。

【游戏规则】

(1) 游戏之前,先选定路线。

(2) 用绑在树干或较低的树枝上的彩色飘带标出游戏路线。

建议：如果游戏参与者们能够沿途克服一些障碍,比如一棵倒下的大树,或者楼梯中的一段台阶,游戏将更有乐趣。

(3) 游戏开始：所有人都站好,靠近,整个团队挤作一团（不规定怎样挤,只要挤做一团就可以）。

(4) 用绳子将所有人捆紧,当然,不能妨碍大家的自由呼吸和运动。

(5) 捆绑后,让整个"人团"沿着指定的路线前行。

(6) 大家在沿着小路前进时,每个人都要讲述一段自己独特的经历,或者自己以为相当出众的才华。

(7) 主持人告诉大家,当他们到达终点时,将要随意挑选其中的几人转述别人的经历,以便增加活动气氛,让其他人员在路上能专心去倾听别人的故事。

(8) 游戏结束后,请大家就活动中的问题及想法做一总结,并将收获等一些细节上的事情广泛交流。

【相关讨论】

(1) 在游戏中,你了解了一些你以前并不知晓的才能了吗? 对此,你有什么想法?

(2) 你是怎样讲述自己的才能和经历的? 你觉得什么样的才能或者经历别人容易记住? 在这方面,你有没有区别于别人的特长?

(3) 你认为这个游戏与现实生活中的工作有关系吗? 如果有,在活动结束时可以给大家表述你的想法,和大家一起分享游戏和实际工作的联系。

【注意事项】

游戏中的监护人员应密切注视每一个人,保证他们不被绊倒。如果一人不慎摔倒,整个团队就有可能倒下,紧束的绳子有可能伤及他们。

【游戏延伸】

这是一个挑战团队配合默契度的游戏,在整个游戏中,大家的移动一定要有服从和配合意识,否则将举步维艰。本游戏还可用其他玩法,比如：

(1) 可在事先不标出路线,让主持人带着大家走,但主持人最好不要影响大家的激情发挥。

(2) 还有一个方法可以给团队带来挑战,那就是蒙上团队中几个人的眼睛,让一个或者两个人不蒙眼睛给大家指挥,同时多安排几个监护人员,那样游戏一定会更有趣、更刺激。

身体器官脱口秀

【游戏时间】

20~30分钟。

【参与人数】

每组8~12人。

【游戏概述】

这是一个大阅兵式的身体器官脱口秀游戏,适合在晚会或聚会的后段进行。

【游戏目的】

通过"脱口秀"的方式,增加大家的交流沟通能力。

【游戏规则】

(1) 游戏过程中,每个小组以中队命名,比如第1中队、第2中队等,他们必须以身上的器官为限,但说过的器官不能再说,如重复说出某一器官,宣布该小组失败。

(2) 游戏口诀举例:鼻子啊鼻子,鼻子啊鼻子,攻击第2中队。

(3) 口诀必须整齐划一,如果小组中出现不和谐的声音,即可扣除1分,如果中队顺利过关一次,则加1分。

(4) 被攻击的队伍必须先喊"第2中队收到了"然后再喊身体器官,例如:第2中队收到了,眼睛啊眼睛,眼睛啊眼睛,攻击第1中队。

(5) 主持人可根据游戏进行的状况暂停游戏,不要让活动节奏进行太快,可适当停下来让小队做声音或气势上的对抗,由此酝酿游戏气氛,到最后才一决胜输,这样,游戏才能达到真正的高潮。

【相关讨论】

(1) 你们小组有带领人吗? 对于某一个口号,你们是怎么达成协议的?

(2) 在什么情况下容易出错? 如果你是主持人,应该怎样挑起对抗的动机与气氛?

(3) 你觉得在游戏开始之前,中队有没有必要配合做一些准备活动? 为什么?

【游戏延伸】

该游戏的变化很广,比如每个中队想一个自己的动作,在念口诀时加上动作;在攻击其他中队时,做出被攻击中队的动作;当器官用完了时,可以改变成"动物接力"游戏,比如陆地上的,天上飞的,水里游的等。

定 点 清 除

【游戏时间】

15~30 分钟。

【参与人数】

不限,团队全体成员均可以参加。

【道具准备】

场地:室内;道具:打包 1 个。

【游戏概述】

打包动作与投掷动作的配合,打包动作与接包能力的较量。

【游戏目的】

(1) 提高投掷能力。打包的动作实际就是投掷的动作,要想取得比赛胜利,打包人必须用力将沙包打得更远,有利于发展投掷的能力。

(2) 提高接包能力。接包人能够接住打出的沙包,是接包人直接取得胜利的重要手段,在游戏中可锻炼这种准确接包的能力。

【游戏规则】

(1) 在游戏开始前,大家用猜拳的方法确定出甲乙二人先参加比赛,其他人排队等候。

(2) 甲持包站在圆内,乙站在圆外。

(3) 游戏开始,甲抛起小沙包然后用手向乙的方向打小沙包,乙尽量阻止小沙包向远处飞行,可以接,可以挡,当小沙包在地上滚动时可以向圆内踢,然后在沙包停下的地方,拣起沙包向圆内投,甲不能干扰。如果投入圆内或乙接住了沙包,都为甲失败,甲退场和等候别人互换角色。

(4) 如果乙没有投包入圈,则为乙失败和等候人互换角色,游戏再重新开始。

【相关讨论】

(1) 打包的动作与投掷的动作区别在什么地方?

(2) 两种角色各有什么特点?

【游戏延伸】

为了增加游戏的趣味性,还可以将该游戏中的沙包换成其他不能伤人的道具,比如乒乓球,甚至包装比较可靠的水果糖等（水果糖在游戏中可以吃掉),但这时需要相应地更改一些游戏规则。

孤 岛 作 战

【游戏时间】

30 分钟。

【参与人数】

30~40 人,小组人数不宜过多。

【道具准备】

报纸若干张。

【游戏概述】

不论采取何种方式,总要保证报纸上的人不能"掉"下来。

【游戏目的】

明确合作的重要性,借团体合作与思考达到解决问题的目的,并体会个人在团体中的重要性。

【游戏规则】

(1) 主持人先将全班分成几组,每组约 6 人。

(2) 主持人分别在不同角落(依组数而定)的地上各铺一张全打开的报纸,请各组成员均踏在报纸上,无论用任何方式都可以,就是不可以脚踏报纸之外。

(3) 第一轮站完后,导师再请各组将报纸对折,再请各组成员进入报纸上。

(4) 各组若有成员被挤出报纸外,则该组淘汰不得再参加下一回合。

(5) 进行至淘汰到最后一组时结束(以上约 30 分钟)。

(6) 分享与回馈:请各位成员围坐成一圈,讨论刚才游戏的过程并分享心得。

(7) 注意成员安全。

【相关讨论】

(1) 你以前参加过这样的游戏吗? 在本游戏中,你感触最深的地方在哪里? 如果你是女孩,你会不会在游戏参与中退场?

(2) 在现实的工作中有没有类似的事情? 请举例说明你会怎样处理。

(3) 你认为赢得这个游戏的关键是什么?

【游戏延伸】

主持人需要注意的一点是:该游戏为"亲密接触"的团体游戏,所以,尽量使游戏双方比较熟悉,避免尴尬。

本游戏在团队建设方面给了我们两点很好的启示。

(1) 要求得团体或班级的成功或胜利,唯有透过合作才能众志成城。合作就是在团体中贡献一己之力,并取长补短,同心协力共同创造团体成功的机会。

(2) 解决问题时可借团体合作与思考达到目的,每个人在团体中都有一定的重要性。

穿越"雷区"

【游戏时间】

15 分钟。

【参与人数】

不限,团队全体成员均可以参加。

【道具准备】

空房间内放置一些障碍物。

【游戏概述】

蒙上双眼走过布满障碍物的房间,这是一个有几分危险性的游戏,所以在游戏时一定要做好防范措施。

【游戏目的】

这个游戏旨在加强组员之间的团结互助精神,提升组织的凝聚力。

【游戏规则】

(1) 主持人会将所有人带到一间布满障碍物的房间里,在房子两边各有一个门,要求游戏者蒙上双眼从一个房门出发,穿过整个房间到达另一个房门。

(2) 先让一个组员独自走过这片障碍区,在穿越过程中,没有任何人会给他帮助和提示。

(3) 然后再让其他组员轮流穿越障碍区,但在行进过程中,他可以向大家提出一个问题或要求,通过得到的答案帮助自己成功穿越。

【相关讨论】

(1) 做过这个游戏后,你有什么感想? 如果没有大家互相帮助,而让你独自完成这个游戏,你认为结果会怎样?

(2) 当你发觉自己陷入了困境,第一个映入你脑海的解决办法是什么?

(3) 在游戏时,你提的问题或要求是什么? 为什么会提这样的问题或要求? 你得到的答案对你顺利穿越障碍区帮助大吗?

【游戏延伸】

人在黑暗中总是会感到恐惧、孤独,继而丧失原有的判断力和思考能力,导致自己陷入更大的困境中。这种时刻,一个指点迷津的温暖声音无疑会让你牢记一辈子。在人类的社会里,从来就没有什么"孤胆英雄",互相帮助、共同进步才是人类社会发展的支柱。所以,在别人需要帮助的时候,别吝啬,热情地伸出你的双手吧!

逃生呼啦圈

【游戏时间】

10~20 分钟。

【参与人数】

每组 12~16 人。

【道具准备】

每组 1 个呼啦圈(每个呼啦圈有 3 ~ 4 种颜色更好)。

【游戏概述】

这是一个锻炼大家的观察力及协调性的游戏。

【游戏目的】

观察力和团队凝聚力的训练。

【游戏规则】

(1) 每组围成一个半圆,由主持人面对伙伴手持道具,开始宣布:"现在要进行的是一个很严肃且每个人都会面临的生命课题'生与死',我现在用'1'代表生、'2'代表死,现在给大家示范 1 和 2 的表示方式。"

① 主持人先将呼啦圈摆放一个位置(例如,转单数圈……)后,然后说明:"注意看,这是 1。"

② 主持人再将呼啦圈改变摆放方式(例如,转双数圈……),然后说明:"这是 2。"

(2) 示范结束后,主持人开始变换呼啦圈的摆放方式(刚开始 2 或 3 次依照示范的方式,然后开始改变,因为规则不在此),然后询问游戏参与者:"这是 1 还是 2?"

(3) 当几位参与者回答后,肯定有人答对,主持人必须确认:"对! 这是 1(或这是 2)。"错误时,则告知:"这是 1(或这是 2)。"

(4) 如果游戏参与者表示知道,可请他继续参与、确认,或者举手向主持人单独确认,但不要直接说出答案,以尊重其他伙伴的学习权力。

(5) 其实,本游戏的答案就在每次主持人的提问方式中:

当问句是:"注意看,这是 1 还是 2?"代表"1"。

当问句是:"这是 1 还是 2?"则代表"2"。

【相关讨论】

(1) 人们都习惯用亲眼所见来判断事情,当你所看到的规则不断被打破,你有什么感觉? 是什么让你改变原有的观察模式而找到答案?

（2）在游戏过程中，你是否大部分时间都在观看训练员的每一个示范动作和其他伙伴的每一次行动？问题是否因此被解决了？你觉得自己的行动力够吗？

（3）在游戏过程中，如果有人质疑训练员的对错时，你会采取什么态度？当我们面对问题而无法解答时，你是先换个方向、反问（反求）自己，还是先质疑别人？在生活、工作中，有没有相同或类似的情形？

（4）团体中可能有某些人不气馁、不断提供答案或意见，这对你能否造成影响？是什么？或者当团体越来越沉默，会不会让你更不敢开口表达？在你的生活周围，是否有类似的例子？

【游戏延伸】

本游戏的第 5 条明显地说出了游戏的答案，但游戏参与者不一定都能掌握，主持人可在游戏开始时给予适当提示。

抢占安全地带

【游戏时间】

20 分钟。

【参与人数】

不限，团队全体成员均可以参加。

【道具准备】

各种长度的绳子若干条、哨子 1 个。

【游戏概述】

类似于抢椅子的游戏，但更加刺激好玩，会充分激发游戏者的创造性思维。

【游戏目的】

使游戏者在游戏中体会如何通过竞争与合作达到双赢。

【游戏规则】

（1）主持人与游戏者一起将所有绳子结成圆圈的形状摆在地上。

（2）在游戏开始后，主持人哨声一响，所有游戏者必须快速选择一个绳圈并将脚放在里面。

（3）当所有人都站在绳圈内之后，主持人会再次吹哨，大家必须全部离开自己所在的绳圈换到其他的绳圈里去。

（4）三次之后，主持人会逐渐减少场内绳圈的数量，每次减少一个。这样，每次哨响后，每个绳圈内的人数都会有所增加。

（5）当绳圈依次减少最后只剩一个的时候，大家都挤在这个仅剩的"安全地带"里，主持人还会继续通过控制绳节来不断缩小绳圈的面积。

（6）在绳圈不断向极限范围缩小的过程中，主持人会不断询问大家有没有信心挑战极限，鼓励大家积极出谋划策。

（7）绳圈缩小到极限范围后，如果所有人的脚都在绳圈里，则表示挑战成功。

【相关讨论】

（1）玩过这个游戏，你的感受如何？

（2）你为大家想出了什么好办法、好点子？你认为自己的创新能力如何？

【游戏延伸】

这个游戏的最佳解决方法是：所有人都围着绳圈坐在地上，只把自己的脚放在绳圈里，因为游戏的规则是"必须将脚放在绳圈内"。

"盲人"三角

【游戏时间】

10~20 分钟。

【参与人数】

每组 12~16 人。

【道具准备】

一条 20 米长的粗绳、蒙眼罩若干。

【游戏概述】

在蒙着眼睛的情况下，大家配合着用绳子围成一个正三角形。

【游戏目的】

增加团体活动的趣味性，并锻炼团队的凝聚力。

【游戏规则】

（1）在游戏开始前，发给每人一个眼罩，请所有参与者戴上后，由主持人将绳索整捆任意放置于活动场地的任一位置，并开始说明规则。

（2）首先，请游戏参与者设法找到绳索，并将之排列成一个正三角形，三角形顶端需朝向主持人指定的方向。

（3）在整个游戏过程中，手不可离开绳索，当确定完成任务后，请全体蹲下，并将绳索平放在地上。

（4）游戏结束，按完成三角形的质量来评定出最佳小组。

【相关讨论】

(1) 在共同任务中,如何确定自己的方向? 三角形的方向如何确认? 在游戏过程中,你们小组是如何达成共识的? 倘若主持人要求在游戏中不能讲话,你想好怎么应对了吗?

(2) 执行或讨论的过程中有没有人对众人的意见、想法做归纳、整合? 如果有,你觉得这个角色有哪些功能? 通常团队中有没有人扮演这个角色?

(3) 当伙伴的意见无人整合、共识未形成时,你的感觉是怎样的? 你们的团队有没有采取一些措施?

(4) 在蒙着眼睛游戏的过程中,最让你困扰的是什么? 在现实生活中有过类似情形吗?

【游戏延伸】

尽管这是一个蒙着眼睛的比赛,但整个比赛中大家都可以交流,这就大大降低了游戏难度。如果要增加挑战性,主持人可规定在游戏的整个过程中不能说话。这样,场面就会相当热闹。

宇宙大爆炸

【游戏时间】

5 分钟。

【参与人数】

不限,团队全体成员均可以参加,每组 3 人。

【道具准备】

每组一个气球。

【游戏概述】

一个用气球来搞笑的游戏。

【游戏目的】

从游戏中得到乐趣,培养团队观念。

【游戏规则】

(1) 游戏开始前,让大家每 3 人组成一个小组。

(2) 给每组发一个气球,游戏开始时,不可告诉大家吹气球的目的,以免他们把气球吹得轻轻一碰就会爆。

(3) 为了提高游戏的娱乐性,可以跟大家说,随便吹一下就行了,但要保证气球不能漏气,最好是吹到 40%~50%。

(4) 游戏开始：让每个小组都面对面围成一个紧密的圆圈,然后把气球放到圆圈的中间,其高度与腰齐平。

(5) 让 3 人都向圆心的方向走,直到 3 人能够用腹部夹住气球。然后,将手拿开,此时,气球不能落地。

(6) 告诉各小组成员,他们的任务是 3 步之内,挤破气球。第一个挤破气球的小组将会获得特别奖励。

(7) 如果有些小组始终不能挤破气球,则要给他们足够的耐心和鼓励,直到完成。当然,实在不行,可以让那些成功地完成任务的小组过去帮助他们一下。

【相关讨论】

(1) 这是一个常见的游戏,你以前玩过吗?每次玩时的心情有什么不一样?

(2) 如果你们组中,你和两名异性在玩,你会觉得不好意思吗?怎样才能很好地控制这种情绪?在现实生活中你有没有类似的经历?你是怎么解决的?

(3) 你认为这个游戏有什么技巧吗?

【游戏延伸】

该游戏可以从以下几个方面实现拓展。

(1) 如果是夏天,可以在气球里装上少量的水。

(2) 可以将 3 人游戏改为 2 人游戏,那将非常亲密。

(3) 为了加大难度,也可以让 4 人一组来挤破气球。

(4) 可以蒙上大家的眼睛再进行此游戏,也可以在水里进行此游戏。

新型时装秀

【游戏时间】

30 分钟。

【参与人数】

不限,团队全体成员均可以参加, 5 人一组。

【道具准备】

报纸(大量)、剪刀(每队一把)、透明胶带(每队一卷)。

【游戏概述】

这是一个用报纸做"衣服"的即兴表演游戏,适合在互相熟悉的人之间展开。

【游戏目的】

(1) 促进成员间多人合作观念的建立。

(2) 感受个人在团队合作中发挥的作用。

【游戏规则】

(1) 每组出 5 人,并进行工作分工,这 5 人分别是 3 名设计师、1 名模特、1 名裁判。

(2)"设计师们"在规定的时间内,用报纸做布料,为"模特"设计并制作全套的服装。

(3)"裁判"对每个小组的完成情况做评判。

(4) 小组的设计完成后,由"模特"穿着刚刚完成的"衣服"在台上表演,最后以评委评分的高低和观众掌声的热烈程度作为决定胜负的因素。

(5) 胜者获得一定的奖励,当然"衣服"可酌情让参赛"模特"保存。

【相关讨论】

(1) 这种纯粹娱乐的游戏,断然不能跟其他正式的比赛相比,参与时,充分放松自我,输赢自然不用担心。怎么才能充分放松自我呢?

(2) 游戏只为娱乐,并在娱乐中体会团队带给自己的快乐即可,做到这一点需要怎样的心态呢?

【注意事项】

在参加该游戏前,主持人首先要注意两点。

(1) 时装评判标准为新颖性、观赏性、可行性和娱乐性。

(2) 裁判必须公平、公正,各裁判打分要公开。

【游戏延伸】

用报纸做衣服,不可能是做好了再穿,主持人可建议游戏参与者"设计师"们可直接在"模特"身上做衣服,这样可节省不少时间。另外,主持人可参考其他用报纸做素材的游戏,以便延长游戏时间,增加游戏趣味。

气球接力秀

【游戏时间】

5~15 分钟。

【参与人数】

不限,团队全体成员均可以参加。

【道具准备】

两根绳子 (用来标明起始和终止线,也可选择其他能代替的工具),每两个组员至少一个气球。

【游戏概述】

这是一个任何团队都能开展的有趣游戏。

【游戏目的】

调节团队气氛、促进团队合作。

【游戏规则】

(1) 游戏开始前,将两根绳子沿着活动场所的某一边缘平行放置,相距10米左右。

(2) 让游戏参与者自由找到一名异性搭档,并给每位搭档发一个气球。

(3) 游戏开始时,让其中拿着气球的人站在起始线上,他们的搭档站在运动场边缘的终止线上。

(4) 要求带球的人把气球放在两个膝盖之间,放好之后,手不能再碰气球。

(5) 游戏过程中,参与者一听到主持人的口令就要像袋鼠一样跳跃着通过运动场,并保证气球不掉下来,在到达终止线的时候,将气球传递给搭档,但依然不能用手碰气球。

(6) 交换气球后,搭档夹着气球跳回起始线。

(7) 最先跳回起始线的那对搭档获胜,但同样要保证在整个过程中,气球要始终夹在膝盖之间。

【相关讨论】

(1) 在这个游戏中,最先完成的那对搭档有什么与众不同的地方吗?游戏结束后,可让他们给大家分享成功的感受。

(2) 什么因素加大了游戏难度?你认为这个游戏有技巧吗?或者有什么最行之有效的方法吗?

(3) 你看到的每组搭档,他们都能像整体一样努力协同完成游戏吗?这和实际工作有没有联系,你的看法如何?

【游戏延伸】

比赛结束时,可以给大家一段时间去设计如何让游戏更轻松和快捷,然后再重复一次游戏,当然,也可以允许大家商量两个人中谁先第一个跳跃。记下游戏时间,看看和第一轮的时间有何不同。

垫 球 秀

【游戏时间】

15~20分钟。

【参与人数】

每组8~16人。

【道具准备】

1个海滨气球。

【游戏概述】

这个游戏会让所有人都参与进来,甚至可以调动那些最不愿意参与的组员的积极性。

【游戏目的】

通过简单的游戏调动大家的积极性,并培养团队合作精神、加强团队之间的配合意识。

【游戏规则】

(1) 让所有人员站成一圈,告诉大家,他们即将进行的是一项跟挑战吉尼斯世界纪录有关的活动。

(2) 他们的任务是:让球在空中至少停留 2 分 26 秒,在这段时间内,垫球次数不得少于 140 次。

(3) 注意以下问题。

① 任何人不能抓住球不放。

② 大家可以做的唯一活动是通过不断地垫球,让球保持不落地。

③ 不许连续垫球,每一次接到球的人必须要在接触球的瞬间将球送出,传给下一人。

(4) 如果大家能轻松实现上面的目标,则可以提高难度,比如,主持人可以暂停游戏,跟大家说:"诸位,十分不好意思,刚刚接到上面的通知,说是……说是……今天早晨有人……刷新了这项世界纪录,他们的空中停留时间是 3 分 11 秒,垫球次数在 202 次……"

(5) 新的目标诞生,游戏继续。

【相关讨论】

(1) 你认为垫球的技巧是什么? 要想赢得这个比赛,一定要具备的、最关键的因素应该是什么?

(2) 在垫球的过程中,你们遇到了什么困难? 是如何克服这些困难的?

【注意事项】

因为场地的不同,大家在垫球时的危险程度就有所不同,所以游戏中的监护人员一定要及时跟进,防止发生意外。一旦遇到可能出现危险的情况,要立即叫停游戏,重新开始。

【游戏延伸】

该游戏还可以让大家同时垫两三个球,这样小组可以创造出一个全新的世界纪录。

修复计算器

【游戏时间】

15~30 分钟。

【参与人数】

10~30 人。

【道具准备】

数字板 30 块,用来标明 1~30 的数字(可根据参与游戏的人数而定),8~9 米长的绳子两条。

【游戏概述】

用最快的方式:在不重复人、不重复碰触数字板的情况下争取游戏的胜利。

【游戏目的】

在游戏的氛围中,帮助团队提升解决问题的能力,掌握解决问题的技巧,学习决策的形成、执行与改善等。

【游戏规则】

(1)用绳子围成一个长方形的框,主持人将数字板字朝上随机地放置在框内,在距离 4 米远处用另一条绳子标示为起点。

(2)所有参与者须自起始线出发到数字框外围,依次碰触 1~30 中属于自己的数字(按出发顺序决定)后回到起点。

(3)所有参与者须在界线外讨论且不能观察及试验。

(4)号码不可以跳号、重复或同时有一个以上的数字被碰触。

(5)不可同时有两个或以上的人在框内,也不可碰触数字板以外的地面。

(6)活动采取计时方式,每次犯规加计 10 秒。

(7)一共可执行 3 回合,目标是在最短的时间内完成任务。

【相关讨论】

(1)你认为这个游戏最大的难度在哪里?为什么?在整个过程中,你体会到个人行为对团队动力的影响了吗?

(2)在游戏开始之前,你们是怎样讨论问题解决与决策的形成、沟通、协助、支持等一系列可能会事关全局的细节的?

(3)如果参与游戏的组员是你在现实生活中的同事,那么你们考虑过如何使团队有更好的发展吗?

【游戏延伸】

很显然,这是一个简单的游戏。但值得注意的是,这个简单的游戏却有着很复杂的"游戏情节",这样的事情,在现实生活中也是比较常见的。明明是一个简单的事情,但经过一系列的科学化、细致化和条理化的加工后,我们看到的就可能是一项非常庞大的工程了。

正如这个游戏一样,怎样利用每一个人的优势或特点来圆满完成游戏,是每一个团队领导者们所关心的问题!主持人可在游戏当中适当穿插一点领导人及团队建设方面的理论,并用这些理论去指导游戏参与者。

击 掌 传 球

【游戏时间】

30 分钟左右。

【参与人数】

不限,团队全体成员均可以参加。

【道具准备】

场地:室内;道具:排球一个、纱巾一条。

【游戏概述】

本游戏类似"击鼓传花",可作为过渡游戏在任何活动中进行。

【游戏目的】

提高参与者的快速反应能力。

【游戏规则】

(1) 游戏开始前,找一名志愿者站在场地中心,并将其眼睛蒙上。

(2) 其余参与者面向中心站在四周,互相之间的距离保持在 50 厘米左右。

(3) 游戏开始时,站在中心的志愿者开始击掌,其他人按顺时针(或逆时针)方向传球。

(4) 志愿者可随意控制掌声的响起或停止,当掌声停止时,球落在哪个参与者手中,该参与者表演一个节目或接受一些其他惩罚,比如深蹲 5 次、做 1 组俯卧撑等。

(5) 球只能传到同侧参与者的手中,不能抛传,否则罚该参与者俯卧撑 5 次。

(6) 不能高声怪叫。

【相关讨论】

(1) 你认为有哪些因素影响大家的投入程度?怎样做才能让游戏更加有趣?

(2) 你认为这个游戏与现实生活中的工作有关系吗?如果有,请向大家表述你的想法,与大家一起分享游戏和实际工作的联系。

【游戏延伸】

可规定为快击掌顺时针方向传球,慢击掌逆时针方向传球;也可按座位的前后左右传球;如果将游戏中的掌声换成动人心魄的音乐,更能提高游戏兴致,并活跃现场气氛。

轮胎足球"世界杯"

【游戏时间】

1 小时以上。

【参与人数】

不限,团队全体成员均可以参加。

【道具准备】

用两种颜色来区别两个组（比如头巾或袖标）,两块蒙眼布,两个比较大的汽车内胎,一把哨子,如果里面有补胎能手,还可以准备一套补胎工具及气筒。

【游戏概述】

这个游戏会让人充分运动,有很好的减压效果。

【游戏目的】

通过游戏,让大家消除害羞的感觉,使团队气氛迅速活跃起来。

【游戏规则】

(1) 游戏开始前,先检查轮胎的密封性,然后充气至半足,这样在游戏中能避免意外伤害,为了在游戏中让各组人员分辨出自己的轮胎,最好在轮胎上绑上属于自己组的彩带,比如黄队绑黄色的彩带,蓝队绑蓝色的彩带。

(2) 游戏要设置"球门",但在横向上可以没有边线,因为球门是固定的,如果队员将球横着踢,只能白费工夫。

(3) 游戏规则如下:

① 游戏开始时,每组推荐一名成员,让对方组的人员蒙上该成员的眼睛,蒙好眼睛后,双方走到场地的中间,此时,轮胎已经摆放在场地中央。

② 根据本组其他人员的"遥控"指令,两组的代表分别找到自己的轮胎,谁先找到轮胎,便可解下蒙眼布马上开始"踢球",所代表的小组其他成员即可冲入场地开始游戏。

③ 比赛中,只允许用脚踢,用膝盖推,但不允许用除了脚或膝盖以外的其他身体部位,比如手或胳膊等。

④ 如果某个小组的队员不小心犯了"手球"的规则,则裁判可以吹哨要求该小组在10秒内不准碰轮胎。

⑤ 该游戏唯一的防守规则是:不可以用蛮横无理的态度将腿放到轮胎的中间,并用此类动作来阻止对方的进攻。

(4) 当大家都清楚游戏规则后,开始比赛。比赛中,队员们不仅需要有良好的进攻策略,也要像国际比赛一样,善于瓦解对方的一次次攻势。

(5) 游戏中,一旦某队进"球",两个队都要将"球"放到场地中央,准备重新开始比赛,即所有组员退到场外,在自己的球门后面站好,并蒙上其中一名队员的眼睛,重复前面的规则。

(6) 在游戏中,每进1"球"得1分。

(7) 等大家都明确了游戏规则之后,让两个队都退到自己的球门之后,每个队选出一名志愿者,蒙上他的眼睛。一切就绪之后,主持人就可以吹哨开赛!

【相关讨论】

(1) 你在游戏的过程中遇到了哪些问题？如何对问题进行责任落实的？为了解决这些问题,每个人都做了什么？

(2) 在游戏过程中,你所在的小组用了什么战略？这些战略有效吗？

(3) 通过该游戏,你觉得可以通过哪些方法提升团队合作精神？

【注意事项】

游戏中,可能会发生轮胎破裂的情况,就需要有人会补胎,所以要有一个这样的后勤人员为大家开心地玩游戏提供保障。

为了避免意外伤害,要把轮胎的打气阀用胶带包起来。需要清除场地中可能导致参与者摔倒的障碍,为了安全,场地最好设在草地或沙滩上。

在冬天,如果场地上没有积雪,不要让游戏参与者穿着笨重的靴子参加比赛。

【游戏延伸】

在游戏开始前,可以给每个小组几分钟的时间计划和部署一下整个游戏；如果参与游戏的人数较多,可考虑分成几个小组。

国球的激情碰撞

【游戏时间】

30 分钟至 1 小时。

【参与人数】

不限,团队全体成员均可以参加。

【道具准备】

两种颜色的乒乓球,每个组员有 5 个颜色相同的乒乓球,两种颜色的头巾（每位参与者一条）,头巾的颜色要与大家手中的乒乓球颜色相同。

【游戏概述】

这个游戏最适合在野外游玩时进行。

【游戏目的】

通过有趣的竞争方式,增强团队合作精神。

【游戏规则】

(1) 该游戏理想的"战场"应该是郊外的树林中,一是可以隐蔽自己；二是也能欣赏大自然的秀美风景；还可以通过在树上绑彩带来标明界限。

(2) 游戏开始前,按运动能力及身体灵活性等方面均衡的原则,将大家分成两组,多出几位来做监护员。

（3）根据乒乓球的颜色给两个小组命名，比如道具中是黄色和白色的乒乓球，那么把一个队称为黄队，另一个队称为白队。同理，把黄色的头巾发给黄队，白色的头巾发给白队；给黄队的每位成员发 5 个黄色的乒乓球，给白队的每位成员发 5 个白色的乒乓球。

（4）在游戏中，两个小组将各占据边界的一端（边界的位置要确定清楚），游戏开始后，两个小组的全体人员都要快速向对方阵地前进，全部人员都到达对方阵地的时间为小组时间，先到达的小组获胜。

（5）游戏规则：裁判吹哨后各个小组才能前进，在前进的过程中，可以用手中的武器向对方"射击"，被对手击中的人员，在原地停留 15 秒后才可以继续行进（有多名裁判负责计时），被击中的队员要听完裁判的口令"1、2、3、…、15"后才能继续！

（6）被击中 3 次的组员必须返回起点，重新开始游戏；各个小组都可以反复使用落在地上的乒乓球，但是必须是与自己小组颜色相同的乒乓球，一旦某个小组成员到达了对方的阵地，他就彻底安全了，不会再受到乒乓球的威胁。

（7）游戏规则讲解清楚之后，让两个小组各占据边界的一端，给他们 5 分钟的时间做战略战术部署，然后吹哨，开始游戏。

【相关讨论】

（1）在这个游戏中有无领导者产生？如果有，是怎样产生的？领导的作用是什么？你能接受这种领导方式吗？

（2）你觉得有哪些因素影响大家的发挥？怎样做才能使任务完成得更出色？

（3）如何将这个游戏和我们的实际工作联系起来？你认为游戏中的哪些表现可能跟实际工作中的习惯相同？

【注意事项】

让裁判兼监护员从安全的角度留意每名参赛组员，确保不被"战场"中的其他东西绊倒；游戏中，还要防止一些队员专门攻击肩膀以上位置，尽管只是乒乓球，如果砸到眼睛或鼻子等比较脆弱的部位，显然很不舒服，甚至能造成一定的伤害。这些"恶意射击"一旦被发现，将立刻被遣返回原地，重新开始前进。

【游戏延伸】

本游戏还可选用一些能吃的东西代替子弹，当然，包装一定要可靠，否则撒在地上不能吃了。

与"病毒"的赛跑

【游戏时间】

10~15 分钟。

【参与人数】

不限,团队全体成员均可以参加。

【道具准备】

乒乓球 1 个,需事先标出边界线。

【游戏概述】

这是一个非常有趣的快跑游戏。

【游戏目的】

活跃团队气氛,通过游戏,让参与者能自然地进行身体接触和配合,很快地融入游戏。

【游戏规则】

(1) 游戏开始前,主持人告诉参与者,该游戏类似于捉迷藏。

(2) 游戏开始时,让一名参与者当捕手,其他人尽量逃避捕手的追捕,任何参与者只要被捕手接触到身体的任何地方,就算被抓住。

(3) 此时,他的手就要和捕手的手绑在一起,成为新捕手,继续追捕其他参与者。

(4) 一直重复游戏,直到最后一个人被抓住为止。

(5) 开场白示例如下:

(指着被选出来的一位参与者说) 你们当中的一个人已经感染了一种非常罕见的传染病。这种病的传染性很强,只要他接触了任何人,接触到的人就会被粘在一起而不能分开。同样,这个联体一旦再接触到其他人,对方也会被粘过来。你们当中的大多数人就要逃避这种病人、这种病毒,因为病毒不仅影响了人的“健康”,还影响了人的思维,病人不是尽量隔离这种病,反而沉迷于去传染别人。所以,大家的任务就是逃避病毒的追捕,尽量长时间地获得自由,祝你们好运,顺利逃脱病毒的感染!

(6) 开场白结束后,主持人给大家指出活动的边界,并从口袋里拿出乒乓球扔给被选中的一名参与者,告诉大家,此球已经携带了危险病毒,并将传染给他们,不过,主持人已经对此病毒有免疫力而未被感染。

【相关讨论】

(1) 游戏中第一个感染者是谁? 他们是在怎样一种情况下被感染的? 最后一个被感染者又是谁? 他(她)有什么特点?

(2) 你对这个游戏有何感想?

(3) 这个游戏说明了什么样的问题,在整个过程中,通过大家的身体接触,对团队建设带来了怎样的好处?

【游戏延伸】

这个游戏同样适合于破冰游戏,但还可以适当延伸,比如,主持人可以告诉参与者,当病毒感染到 4 个人以后,他们就分裂为两组,每组两人。每组病人继续去感染别人,直到再次变成4人，重新分裂。或者选择足够大的场地，比如一个足球场，这样既能锻炼大家的体能，也能充分创造一种积极向上的团队氛围。

缓冲"防火墙"

【游戏时间】

15~30分钟。

【参与人数】

8~16个。

【道具准备】

一个眼罩、一面坚固的墙壁（建筑物的一面墙或者一排汽车）。

【游戏概述】

这是一个蒙着眼睛走路的团队游戏，用于建立大家的默契和信任。

【游戏目的】

建立游戏参与者之间彼此的信任。

【游戏规则】

（1）本游戏的前提是选择一块平整的草地，里面没有障碍物。防止在游戏中绊倒蒙着眼罩的游戏参与者。

（2）游戏开始时，所有参与者背对墙壁，站成一排，彼此间隔一臂距离。

（3）随机选择两名参与者，让其中一人蒙上眼罩。

（4）让没有蒙眼罩的参与者把蒙着眼罩的同伴带到距离墙壁十米远的地方，面向沿着墙壁站立的那排队员，然后让蒙眼罩的人向前走。

（5）蒙着眼罩的志愿者在行进过程中要摆出"缓冲"姿势，即向前伸出双臂，小臂自然向上弯曲，手掌朝外，手的高度与脸齐平。这是一种常见的在黑暗中行走时的自我保护动作，在发生意外碰撞时，这种姿势有助于减缓意外的物体对上半身的冲击力和伤害。

（6）紧靠墙壁站立的那排队员要保持完全静止和沉默，达到屏住呼吸的状态。当然，站立者还有一个义不容辞的任务就是保护蒙眼睛参与者的安全——当那个蒙眼罩的人靠近队伍时，大家要抓住他，不能让他触及墙壁。

（7）两位在向墙壁行进时，没蒙眼罩的人充当监护员，尾随另一位志愿者，但不能说话或给出任何的暗示，但要保持在一定的安全距离之内，以便蒙眼罩的人快摔倒时能及时被扶住。一切就绪后，告诉蒙眼罩的人向墙壁走去，同时摆出"缓冲"姿势。

（8）墙边的人抓到蒙眼罩的志愿者之后，大家依次交换角色，保证每个人都蒙一次眼罩,做一次监护员。

（9）第一轮游戏结束后,重复一次。

【相关讨论】

（1）你对蒙着眼睛走路有何感想？大家的感想又是如何？你们有没有交流过？

（2）在第二轮游戏中,有没有人大踏步地行走,而且不需要任何的保护？你觉得这是一种什么样的心理？

（3）在第一轮游戏中,有没有搭档出问题？出现了什么问题？

（4）如果你是监护员,在第二轮游戏中有没有松懈？你觉得在第二轮游戏中出问题的可能性大吗？

【游戏延伸】

如果第二轮游戏再重复首轮的步骤,大家肯定感觉到索然无味。但是让两个蒙眼罩的志愿者同时朝墙壁走去,效果肯定会大不一样,看看他们谁先到达。

"瞎子"背"瘸子"

【游戏时间】

5~10 分钟。

【参与人数】

10~20 人。

【道具准备】

椅子若干、拖鞋 4 双（1 双备用）、鲜花若干、气球若干、眼罩或纱巾。

【游戏概述】

这是一个蒙眼前进 5 步或 6 步穿拖鞋的游戏。

【游戏目的】

提高游戏参与者的沟通配合能力,活跃现场气氛。

【游戏规则】

（1）游戏开始前,主持人宣布比赛规则。

当场选 6 名成员,3 男 3 女,男士背女士,男士当"瞎子",用眼罩蒙住眼睛,女士扮"瘸子",为"瞎子"指引路,目的是绕过路障,到达终点,最早到达者为赢。其中路障设置可摆放椅子,需绕行；气球,需踩破；鲜花,需拣起后递给女士。

（2）各队轮流派出 1 人。

（3）把拖鞋放在起点前方 5 步的地方。

(4) 回到起点蒙眼旋转三次以后出发。

(5) 能够准确前进 5 步,第 6 步穿到拖鞋较多的一组获胜。

【相关讨论】

(1) 这个游戏中,可能遇到的尴尬情况有:某个女士不让男士背、某个男士不背女士等。所以,主持人在游戏开始之前先要大家自愿报名。另外,主持人还要练就一双火眼金睛,从台下人员穿着打扮上判断男士女士们的开放程度,你知道为什么吗?

(2) 游戏开始的时候,则主要考验一对新搭档的沟通配合能力,怎样才能在别人的不断干扰下顺利到达目标? 这才是新搭档要事先计划一番的事情。因为是团体活动,你们所代表的团队也会在嘈杂的环境中出谋划策,千万别让大家失望!

【游戏延伸】

在游戏进行中,对方可以用错误的指示来扰乱,主持人也可以根据参与人员的多少而适当调整游戏中障碍设置的复杂程度。

挑 水 接 力

【游戏时间】

15~30 分钟。

【参与人数】

每队男女各 2 人,共计 4 人。

【道具准备】

小桥一座(预先安装);扁担 4 根;挑水小塑料桶 8 个;大塑料桶 9 个(其中 4 个空桶放终点, 4 个装满水的放起点, 1 个装满水的在起点处备用);中塑料桶 1 个(加水备用);秒表 1 个;鼓 1 个;锣 1 面;红绸 4 根(每根长 5 米)。

【游戏概述】

这是一个在一张椅子上站最多人的游戏。

【游戏目的】

调动参与者的积极性,活跃现场气氛。

【游戏规则】

(1) 先分组,按每队男女各 2 人,共 4 人来分。

(2) 比赛流程。

① 预备。扁担 1 根放置在第 1 位队员身旁;两位协作队员各提起 1 桶水,等游戏开始时方可挂上扁担,另 1 位协作队员拿 1 根红绸准备。

② 当主持人宣布"开始"时,各组拿红绸的队员迅速将红绸绕在第1位队员的腰上并扎紧,此时,主持人要求挑水队员原地转若干圈将红绸绕到尽头后扎紧,另两位协作人员迅速将水挂上扁担,一切就绪后,立即挑水出发。

③ 过桥。

④ 到达终点,将水倒入本队的水桶中后,按原路挑着水桶返回,返回时可以不上桥。

⑤ 返回起点后,解开捆在腰上的红绸,交给下一位队员继续,直至第4位队员。

⑥ 在游戏的最后10秒,裁判开始读秒:10、9、8、7、6、…、1停,开始鸣锣!

(3) 规则。

① 时间15分钟,以运送水的多少决出名次。

② 队员顺序为:第1位队员男性,第2位队员女性,第3位队员男性,第4位队员女性,如第1轮完成后仍有时间,则按第1轮的男女顺序继续接力,直至15分钟时间结束裁判"鸣锣收兵"。

③ 在本游戏中,打水及捆绸可以由协作队员进行,但协作队员必须是本队队员,非本队队员不能提供协助。

④ 队员过桥时不许掉下,否则需从桥头重新上桥。

⑤ 中途倒地,可以爬起后继续;若倒地后水已倒掉,则必须返回起点装满水后重新游戏。

(4) 游戏结束后,获胜者获得奖励。

【相关讨论】

(1) 你曾挑过水吗?是什么样的思路让你失败或者胜利?

(2) 这个游戏是个典型的接力赛,在游戏中,你们小组是选出一个代表来指挥你们还是各人按自己的意愿勇往直前?

(3) 当你出色地完成挑水任务后,你想到要为小组做点事情了吗?应该怎样做?因为小组胜利后,你才能发现自己的光环,否则,你再优秀也不能获得奖励。对此,你有何看法?

【游戏延伸】

这个游戏的场景似乎是江南水乡,大有"小桥流水人家"的感觉,类似的游戏还有"踩石头过河",与本游戏联系起来,即为挑着水在小凳子上实现挑水接力的目的。

一般的小型团队游戏,都可以设计成男女搭配的游戏,主持人在主持节目时可考虑这一点,一来活跃活动气氛,二来调动大家参与的欲望。

顶针串串烧

【游戏时间】

5~10分钟。

【参与人数】

不限,团队全体成员均可以参加,人数较多时每组 8~12 人。

【道具准备】

1 包牙刷 (筷子也行)、1 包顶针。

【游戏概述】

这是一个快速的竞争性游戏,它有助于培养团队的合作精神。

【游戏目的】

通过游戏,使大家充满活力,并能培养和谐愉快的团队合作氛围,消除大家的羞涩和忸怩之感。

【游戏规则】

(1) 游戏开始前,主持人先告诉大家,他们要开始一场真正的比赛。

(2) 人数较多时,将组员分成若干个由 8~12 个人组成的小组,给每位成员发一把牙刷,给每个小组发一个顶针。

(3) 让每一个小组排成一圈或一排。

(4) 游戏开始时,让每位参与者都把牙刷叼在嘴里,直到游戏结束。

(5) 把顶针交给每个小组队首的人员,并让他们把顶针套在牙刷上。

(6) 大家要完成的任务是按顺序把顶针由队首传到队尾,只允许用牙刷传递顶针,其他一切辅助动作都不允许。

(7) 如果有人不慎把顶针掉到了地上,只能用牙刷捡起来,而且不能把牙刷从嘴里拿出来。

(8) 第一个把顶针传到队尾的小组获胜。

【相关讨论】

(1) 在该游戏中,你认为哪些因素有助于成功而更加巧妙地完成游戏?

(2) 你们在游戏过程中遇到了什么样的困难? 是如何克服困难的?

(3) 你觉得在实际工作中,怎样才能使团队成员更能相互支持? 当前什么因素阻碍了我们相互支持? 如何克服它?

【游戏延伸】

重复玩几次,在每次游戏开始前,都可以讨论一下如何快速击败其他小组,游戏再次开始后,可以记录每次的时间,比较一下每次游戏在时间上有什么不同。

猜猜他是谁

【游戏时间】

10~20 分钟。

【参与人数】

3~7 人,如果有更多参与者,可将他们分成人数相等的小组。

【道具准备】

一叠空白卡片。

【游戏概述】

用生活中最常见的问题判定生活中最常见的人。

【游戏目的】

让参与者轻松分享大家的知识和信息。

【游戏规则】

(1) 事先准备 4 个或 5 个与此次活动主题相关的问题。如果主题纯粹是娱乐和拓展,那么,主持人就可以准备以下 5 个问题。

① 你知道我们当中谁的老家是宁夏的?

② 对这次活动(旅游),你最担心的问题是什么?

③ 说说你所了解的沙尘暴。

④ 你的偶像是谁?

⑤ 你认为 2017 年的网络流行词是哪一个?

(2) 每人取出一张卡片,写上数字"1",然后在卡片上写下自己对第一个问题的回答。重复以上步骤,直至答完所有问题。但每张卡片上只能有一个问题的答案。将卡片写有答案的一面朝下,放在桌子中间。

(3) 让一位参与者将所有卡片打乱,然后分发给每个人,还是正面朝下,一次发一张。

(4) 宣布游戏时间为 10 分钟,开始计时。

(5) 由第一位参与者抽取一张卡片,大声念卡片上的内容。如有需要,可再念一遍。但不能将卡片给任何人看,以防从笔迹中辨认出作者。

(6) 除了朗读者,台下所有人员猜一猜谁是作者,并把自己猜测的名字写下来。

(7) 完成后,大家公布自己的答案。此时,真正的作者可以揭晓谜底。凡是猜对者均可得 0.5 分,然后将卡片正面朝上放在桌子中间。

(8) 下一位再选择一张卡片,进行同样的过程。

(9) 最后一张,只读出答案,然后将卡片放在桌上即可。

(10) 10 分钟后立即结束游戏,宣布猜对最多者获胜。

(11) 最后,让学员继续朗读剩余卡片上的答案,同时揭晓作者。

【相关讨论】

(1) 在刚开始参与该游戏时,你有什么样的想法? 随着游戏的展开,你的关于游戏的想法有几点是完全吻合的? 不符合的那些想法是什么原因造成的? 试着总结说明。

(2) 在这个游戏中,你最大的收获是什么?

【游戏延伸】

如果你正在为怎样进行一门培训课而发愁,这个小游戏肯定能帮你的忙!

培训课程开始时,培训师需要知道学员们对即将展开的话题究竟了解多少。当然,你可以安排所有学员轮流发言,但这样是否略显枯燥、乏味? 有没有想过换一种方式,让交流和分享在轻松、活泼的游戏中完成? 试一试,一定会有令人惊喜的效果。

猜猜是什么

【游戏时间】

25~35 分钟。

【参与人数】

10~15 人。

【道具准备】

眼罩 10~15 个、一套在形状上有规律可循的玩具。

【游戏概述】

这是一个注重参与者的沟通能力和分析能力的游戏。

【游戏目的】

通过参与者们面对同样的问题所表现出的态度,考察他们在面对困难时是否能凭借自己的沟通能力达成共识,并凭借自己的推理能力去解决问题。

【游戏规则】

主持人先拿出事先准备好的装有眼罩和玩具的袋子,将眼罩发给参与者,在参与者戴好眼罩之后,开始游戏。

(1) 主持人首先从袋子中拿出一个玩具放在别处,然后将袋子内剩下的玩具发给在场的参与者每人一个。

(2) 参与者在整个游戏过程中可以对主持人进行提问,但每人只能问一个关于自己手中玩具的形状的问题,例如:“我手中的玩具是什么形状的?”主持人就会做出正确回答,但注意不能同时发问,如果同时发问,主持人将拒绝回答。

(3) 在整个游戏过程中,参与者只能触摸自己手中的玩具,不得接触其他人的。

（4）游戏的目标是让参与者通过相互沟通,回答出主持人拿走的那个玩具是什么形状的。

【相关讨论】

（1）做完这个游戏,你的感觉如何? 开始是不是以为这是不可能完成的任务? 结局如何?

（2）在进行游戏的过程中,你认为获得胜利最大的障碍是什么? 你对于伙伴们的沟通能力是否认可? 你认为自己还应该在哪些方面有所提高?

【游戏延伸】

在玩游戏时,玩具的选择非常重要,一定要选择有规律可循的玩具,否则参与者就算沟通能力再强也找不到正确答案。不一定非要选择形状上有规律的玩具,也可以选择在颜色或其他方面有规律的器材。

体 验 高 铁

【游戏时间】

10 分钟左右。

【参与人数】

每组 10~15 人。

【道具准备】

哨子。

【游戏概述】

这是一个比较花费力气的游戏,平时缺乏锻炼的人可能会感到有些困难。

【游戏目的】

使所有人都能竭尽全力地贡献出自己的力量,断绝偷懒的念头。

【游戏规则】

（1）主持人将所有游戏参与者分为 10~15 人一组的若干小组。

（2）要求每个小组的成员都将自己的双手搭在前面伙伴的肩膀上,队列最前面的一个人将双手悬空伸平。

（3）主持人继续要求所有小组成员听见哨声一响,就要采用半屈膝的姿态轻轻坐在后面伙伴的双腿上,队列的最后一个人采用蹲马步的姿势。

（4）姿势摆好后,主持人下达"出发"的口令,各个小组都要采用目前的姿势以最快的速度奔向终点。

（5）哪个小组在途中保持了队伍的形态而又第一个到达终点，就为获胜方。

【相关讨论】

（1）做完这个游戏，你觉得很累吗？看看周围的同伴，是否都大汗淋漓、气喘吁吁？

（2）在行进的过程中，有没有人跌倒？你可以连续坚持 3 场这样的游戏吗？

【游戏延伸】

可以将游戏的内容改为主持人以哨音为号，听到长长的一声哨响，表示主持人要求每个小组减缓行进的速度；听到两声短促的哨响，表示快速前进。也可以将向前冲刺改为整个队列倒退行进，但要特别注意安全。

探 囊 取 物

【游戏时间】

4 分钟。

【参与人数】

两人一组，每次 4 组或 5 组为佳。

【道具准备】

呼啦圈、扁口镊子、樟脑球、眼罩、宽口玻璃瓶。

【游戏概述】

这是一个娱乐性很强的游戏，通过两个人的沟通与合作，战胜困难，完成任务。

【游戏目的】

建立人与人之间的信任关系，培养合作精神。

【游戏规则】

（1）主持人将游戏参与者分为两人一组的若干小组，每次比赛上场的小组以 4~5 组为宜。

（2）每个小组中由一人担任取物者，一人担任提示者，取物者将眼罩戴好。

（3）接下来，主持人将 4 个或 5 个呼啦圈摆在地上，每个呼啦圈内都在不同位置摆放了一颗樟脑球。

（4）要求取物者在戴着眼罩的情况下进入呼啦圈内，按照提示者的口头指示准确找到樟脑球的位置，并用扁口镊子将其夹起取回，放在提示者身边的瓶子里，严禁取物者用手触摸樟脑球，否则视为犯规，将被罚停止动作 5 秒钟。

（5）游戏中，取物者不得走出呼啦圈外，指示者也不得走入呼啦圈内。

（6）不管取物者还是提示者，踩到呼啦圈的边沿视为犯规，将被罚停止动作 5 秒钟。

（7）无犯规情况而又最快将樟脑球放入瓶子里的为获胜方。

【相关讨论】

（1）你认为你和伙伴之间的配合是否默契？作为取物者，你认为伙伴的提示够明确吗？

（2）作为提示者，如果游戏重来一遍，你认为你在提示技巧方面会有所改变或提高吗？

【游戏延伸】

可将游戏中呼啦圈内摆放一颗樟脑球改为摆放几颗樟脑球，取物者分几次将樟脑球取回，游戏时间可根据情况适当延长。也可根据自身条件和情况变换游戏工具。

心 灵 宝 石

【游戏时间】

根据游戏人数视情况而定。

【参与人数】

不限，团队全体成员均可以参加。

【道具准备】

各种颜色、大小适宜的电光纸、笔。

【游戏概述】

这是一个通过赞美别人来增进人与人之间融洽关系的游戏。

【游戏目的】

能够有效地提升团队精神，令游戏者之间的关系更亲密、更融洽。

【游戏规则】

（1）主持人将笔和五颜六色的电光纸分发给大家。

（2）每个人开始在电光纸的背面实事求是地写出其他人身上所具备的优点或值得赞扬的地方，每张纸写一个人的优点。

（3）赞扬可以是较浅显、表面化的，如"今天你的发型真漂亮""你在办公室养的那盆花长得真好"等；也可以是较个人化的，如"虽然已经人过中年，但你的体形依然保持得很好""我知道你戒烟成功了，你真有毅力""你说话的声音很动听"等；还可以从工作态度、个人能力等方面进行赞扬，如"你工作起来得心应手，工作效率很高""你的外语水平很高"等；另外还有为人处世的态度等方面，如"你脸上总是带着微笑""你待人的态度很温和、很亲切"等。

（4）大家写好后，在赞扬内容的上方写上受赠者的名字并且折好，按照纸上的名字作为"心灵的宝石"分别赠送给其他人，最好折一张送一个人，以免混淆。

（5）在赠送"宝石"时,赠送者必须正面注视受赠者。

（6）当所有人都赠出了"宝石"并接受了其他人赠送的"宝石"后,大家一起打开纸条观看上面的内容。

（7）看完后,主持人组织大家展开讨论,谈谈个人的体会和感受。

【相关讨论】

（1）当你将赞美赠送给与自己关系不和睦的人时,你会有什么感受? 你注视着他的目光是怎样的?

（2）通过这个游戏,你是否感受到了赞美的强大力量? 在以后的工作和生活中,你是否会继续送出这些"心灵宝石"?

【游戏延伸】

游戏进行当中可以加入一个环节,即在所有人没打开纸条以前,主持人向他们提问:"你们当中有没有人接受了平时与自己关系不合的伙伴赠送的'宝石'? 有没有人将'宝石'赠给了以往自己看不顺眼的人? 你们的感受如何?"

词汇大联欢

【游戏时间】

20 分钟。

【参与人数】

16~20 人,每组 4 或 5 人为佳。

【游戏概述】

参与者需快速喊出不同的词汇,这是一个情节简单、气氛稍微有些紧张的游戏。

【游戏目的】

锻炼大家的联想能力,使大家在工作中能够提出一些突破性想法。

【游戏规则】

（1）首先,主持人让所有人从 1~4 之间选择一个数字,并且在选择完之后伸出与选择的数字一样多的手指。

（2）所有的人举着手指到处寻找,看到和自己伸的手指同样数量的人就结为一组,一直到所有人都结成了若干个小组。

（3）每个小组的成员从小组中选出一个个子最高的人作为第一发令员,选出一个个子最矮的人作为第二发令员,选出一个体重最重的人作为第三发令员,再选出一个肤色最白的人作为第四发令员。

（4）每一组第一发令员面向自己小组的成员站好,小组成员围成圆圈也行,站成一排也行。

(5) 当主持人喊"开始"时，每一组的第一发令员必须在第一时间内迅速说出一个词语，可以是成语，也可以是普通的名词、动词、形容词等。

(6) 当第一发令员说出词汇后，其所在小组的成员必须快速地说出另一个词汇，这个词汇与第一发令员说出的词汇可以没有任何关系，只要在第一时间内回答出一个词语就可以。

(7) 待小组成员都回答完后，第一发令员继续喊出第二个词汇，小组成员同样依照刚才的规矩进行回答。

(8) 直到第一发令员不能迅速喊出词汇时，换小组的第二发令员上场，第一发令员回到小组恢复普通组员的身份，等待第二发令员喊出词汇并进行回答。

(9) 整个游戏以此类推，直到所有发令员都上过场为止。

【相关讨论】

(1) 完成这个游戏之后，你认为小组成员之间的关系是不是融洽多了？伙伴们是不是也轻松、活跃多了？

(2) 在你的小组里，有没有人说出了令你意想不到的绝妙好词？听过这个词后，你是否也想出了比较精彩的词汇？

【注意事项】

在游戏中，主持人要密切观察各个小组上场的发令员，如果发现哪位发令员在说出词汇时有缓慢或停顿的现象，应立即将他罚下场，换下一位发令员上场，如果主持人一个人忙不过来，可以多选几位监督员，每个小组分派一个进行监督。

【游戏延伸】

游戏开始时选择的1~4个数字，可以根据游戏人数的多少自由改变，选择发令员的标准和条件不一定非要按照本游戏的标准和条件去进行，可根据具体情况自由掌握。在词汇选择方面也可以适当提高难度，例如只许在游戏中说出成语，说出成语以外的任何词汇均算失败。

唤 人 接 包

【游戏时间】

不限。

【参与人数】

不限，团队全体成员均可以参加。可以3人一组，也可多人一组。

【道具准备】

场地：室内；道具：沙包1个。

【游戏概述】

作为投掷动作,有时要求投得准,如篮球的投篮、飞标比赛等主要是要求人的投掷准确性。要投得准,不但要求人要有很好的空间知觉能力,还要求人要有很好的控制身体动作的能力,尤其是控制胳膊动作的能力,这些能力是在大量投掷练习中形成的。

【游戏目的】

该游戏能够有效地发展掷准的能力。同时还可以培养自觉遵守游戏规则的习惯。

从游戏实际看,一般都能准确地执行游戏规则,在他们的思想上,已经认定必须这样做,是天经地义的事情,这种思想意识,有利于"遵纪守法"行为的养成。

【游戏规则】

投包或接包的人可随意组合。划出一长 10 米、宽 5 米的长方形场地,被投掷者站在里面,投掷者站在场外,2 个或 3 个人相互配合投掷。

游戏开始,投掷者一边投包一边唤被投掷对象的名字,并以最快的速度叫"停"。如果投中,得一分,被投中者下场;未投中,另一个投掷者接着投,直到投中。

【相关讨论】

(1) 你熟悉全部参与者的名字吗?

(2) 如果你是投掷者,你有信心投中对方吗?

【游戏延伸】

唤被投掷对象的名字时,手的动作要配合好。还可以唤哪一个人的名字却不能投那个人,而投其他的人,被唤的人不停,其他的人要全部停下,没停下的直接罚出场。

袋 鼠 接 力

【游戏时间】

15~30 分钟。

【参与人数】

不限,团队全体成员均可以参加,3 人或 4 人一组。

【游戏概述】

这是一个跳跃游戏,以小组为单位,接力跳。

【游戏目的】

(1) 通过游戏的方式,既活跃气氛,也锻炼身体。

(2) 动作价值:发展立定跳远专项力量。

【游戏规则】

（1）游戏前，先将参与者分为 3 人或 4 人为 1 队，两队进行比赛。

（2）两队中的第 1 人站在起跳线后，其他人站在两侧。

（3）第 1 人从起跳线跳出落地后，第 2 人在第 1 人的落地点处接着向前跳，然后第 3 人在第 2 人的落地点处接着向前跳，依次类推。

（4）整个游戏过程中，每人每次可跳 1~3 次，或按顺序间隔跳 3 次，以跳的远的队为胜。

（5）本游戏的要领是：接力时，跳者必须站在前者的准确落地点上，每一次跳都要用全力。

【相关讨论】

（1）测测你的弹跳力如何。

（2）你的成绩直接关系到小组的总成绩。

（3）如果小组的其他成员比你跳得远，你有什么感受呢？

【游戏延伸】

分小组时采用男女搭配的方式，也可以分成男女两队，但女士这一队的人数要多于男士，一般适于参加游戏的总人数是奇数时，如 5 人或 7 人时采用这种分组法。

搓　纸　条

【游戏时间】

30 分钟。

【参与人数】

不限，团队全体成员均可以参加，以 5 人一个小组为宜。

【道具准备】

一张纸条。

【游戏概述】

这是一个训练手指灵活度的小游戏。

【游戏目的】

娱乐、促进小组成员之间的交流与互相帮助。

【游戏规则】

（1）准备一个 2~3 厘米宽、50 厘米长的纸条。

（2）用你的食指和中指夹住纸条的顶部。

（3）你的任务就是利用食指和中指的相互移动而使纸条上升,直到食指和中指夹住纸条的底部。

（4）可以几个人进行比赛,注意不可以用其他身体部位进行辅助,只能用食指和中指。

（5）以完成游戏速度最慢者的时间代表小组的时间。

【相关讨论】

（1）你会是小组中最慢的一个吗？如果是,有何感想？

（2）在参加游戏的过程中,你得到了同组其他人员的哪些帮助？你有没有帮助别人？

（3）在工作中,有没有这样的事情：必须要单独完成,但在完成的过程中时刻都接受着同事的帮助。你心存感激还是觉得理所应当？

【游戏延伸】

如果你是主持人或培训师,想过为什么要将完成游戏最慢的一个人的时间定为该小组的时间吗？

玩过计算机 DIY 的朋友都有这样的经验：一台计算机的速度,不是决定于该计算机硬件中性能最好、价格最昂贵的一个部件,而是决定于性能最不好、价格最便宜的一个部件,这也是计算机的瓶颈效应。比如,一台计算机的 CPU 是 P4 3.0、硬盘 160GB、内存 512MB 等,而显卡却是某个不知名的杂牌,而且还是集成的,这就决定了整台计算机的性能。

在团体工作中,"整机"的性能往往是由一个最慢的或最差的部件决定的,而如何提高这些"慢"者和"差"者的成绩,也是任何一个团队（即便是最优秀的团队,也有慢和差者）所面临的问题。

报 纸 拔 河

【游戏时间】

5~15 分钟。

【参与人数】

每组 2 人（或是 2 的倍数）。

【道具准备】

旧报纸。

【游戏概述】

这是一个在报纸上挖两个洞来进行拔河的游戏。

【游戏目的】

通过此游戏的娱乐性、游戏性增进参与者彼此的亲和力。

【游戏规则】

（1）在报纸上挖两个人头大小的洞。

（2）两人对坐，各自把报纸套上进行拔河（站着拔也可以）。

（3）报纸破裂离开脖子的一方输。

（4）不可借助手及其他任何除了脖子以外的身体部位。

【相关讨论】

（1）你觉得在游戏中如何用力才能让对方脖子上的报纸先被撕开？

（2）如果这个游戏按小组 PK，你觉得你能进入小组吗？过关斩将的前提是你要充分掌握要领，有没有这样的自信？

（3）当两个人狭路相逢时，你会不会因为对方是异性而羞涩或者勉为其难地弄破自己脖子后面的报纸？如果你代表你们小组出战，你的感受又会怎样？你会不会听取小组其他人的建议？

【游戏延伸】

如果事先没有规定，这个游戏的参与者肯定是随机搭配。

主持人可根据在场人数的多少，在小组分组时分成男女搭配，这样可大大调动游戏的活跃度及其他参与者的兴趣。

暑热中的清凉

【游戏时间】

5~10 分钟。

【参与人数】

不限，团队全体成员均可以参加，每组 2 人。

【道具准备】

气球若干、水（要装在气球里）。

【游戏概述】

该游戏适合在炎热的天气里进行，给大家"泼"一身凉水，引人发笑的同时，又非常惬意。

【游戏目的】

（1）培养团队精神。

（2）让队员们彼此协作。

【游戏规则】

（1）游戏开始前，每位参与者选一名搭档，给所有气球装大约一升水，然后把里面的空气挤掉，扎好口。

（2）参与者面对面站成两排，每对搭档相距2米远。

（3）游戏开始时，让其中一名队员拿着装水的气球。

（4）要求把气球扔给对方的时候，保证气球不破裂。

（5）参与者大多数都成功完成投掷后，说明2米的距离太近，主持人要求其中一排向后退一大步，再把气球扔给自己的搭档，并保证气球不破裂。

（6）重复以上步骤，将距离从2米，再到3米、4米……直到只剩下一个完整的气球为止。

（7）游戏结束，主持人宣布比赛获胜者将可以随意处置他们的气球。

【相关讨论】

（1）你介意夏天的凉水吗？在游戏中，有没有人因为遭遇凉水而不开心的？如果你的身上被洒了凉水，你有什么感受？还能不能及时投入游戏中？

（2）你是什么时候知道主持人的预谋的？知道后对你继续参与游戏的心情有没有影响？为什么？

（3）玩这个游戏的人，大多是"明知山有虎，偏向虎山行"，大家都在期待气球不被自己弄破，游戏中，是怎样面对突然爆炸的"水袋"的，大家可以分享一下彼此的感受。

【注意事项】

此游戏不能在春、秋、冬季开展，避免大家感冒着凉。

【游戏延伸】

这个游戏玩到最后，其中有一半队员一定是落汤鸡，可以建议大家在气球爆炸时和搭档拥抱一下，共享游戏的快乐。

佳人何处寻

【游戏时间】

5~10分钟。

【参与人数】

不限，团队全体成员均可以参加，人数较多时10人一组（男女双方人数相同）。

【道具准备】

纸、笔、透明胶带。

【游戏概述】

因为不需要任何烦琐的准备工作，人人都可胜任，并且参与者都愉快、轻松、尽兴，所以这个游戏,一直深受人们喜爱。此游戏要求每位参与者在最短的时间内,说出对方背后贴着的名字,进而联想自己背后的名字。

【游戏目的】

通过游戏,使大家充满活力,并能培养和谐愉快的气氛,消除大家的羞涩和忸怩之感。

【游戏规则】

(1) 游戏开始前,首先对所有参与者进行分组,最好男女双方人数一样,合计 10 人最为恰当。

(2) 事前,先在纸上写着诸如"罗密欧"与"朱丽叶";"王祖贤"与"齐秦";"梁山伯"与"祝英台"等佳偶的名字。

(3) 将这些已写好名字的纸中的男性名字贴在男性的背后,女性名字贴在女性背后。同时,不可让所有参赛者看到彼此背后所贴的名字。

(4) 一切就绪后,所有出场者,个个竭尽所能,说出他人背后的名字,然后推想自己背后的名字。倘若读出了所有人员背后的名字,就不难推出自己背后的名字了。

(5) 联想出自己背后的名字后,要赶快与自己搭档的对象凑成一组,互相挽胳膊。

(6) 到最后没有成对的人,就是负方。

【相关讨论】

(1) 在游戏中,你找到自己的"佳人"了吗? 你是怎样寻找的?

(2) 你觉得有哪些因素影响大家的发挥? 怎样做才能使任务完成得更出色?

(3) 有没有人在游戏中做得比较幽默? 你认为这个游戏与现实生活中的工作有关系吗?

【游戏延伸】

本游戏的重点,在于寻觅的过程,所以人人都应相处得宜,相互配合,以期找出彼此的最佳拍档。

团队正能量

【游戏时间】

5~10 分钟。

【参与人数】

5 人以上一组为佳。

【游戏概述】

这个游戏很简单,但是仅靠一个人或几个人的力量是不可能完成的。因为在这个游戏中,大家组成了一个整体,需要全力配合才可能达到目标,不但需要大家通力合作,还需要每个参与者的密切配合,如果步调不一致,大家的力气再大也不可能顺利完成。

【游戏目的】

这是一个很有意思的游戏,它可以帮助参与者体会团队相互激励的含义,帮助他们培养团队精神,调动参与者的兴趣,并且能让他们从游戏中体会友谊和协作的乐趣。另外,这个游戏还可以在会议中场或结束时使用,既可以活跃气氛,还能帮助参与者放松。

【游戏规则】

(1)将参与者分成若干个小组,每组在 5 人以上为佳。

(2)每组先派出两名参与者,背靠背坐在地上。

(3)两人双臂相互交叉,合力使双方一同站起。

(4)以此类推,每组每次增加一人,如果尝试失败需再来一次,直到成功才可再加一人。

(5)最终以人数最多且用时最少的一组为优胜。

【相关讨论】

(1)你能仅靠一个人的力量就完成起立的动作吗?

(2)如果参加游戏的队员能够保持动作协调一致,这个任务是不是更容易完成?为什么?

(3)用什么办法来保证队员之间动作协调一致?

【游戏延伸】

游戏可使参与者了解团队协作的重要性,增强团队成员的归属感,激发参与者的奋斗精神。这个游戏还可 3 人一起做,效果会更好。

水 乳 交 融

【游戏时间】

自定。

【参与人数】

不限,团队全体成员均可以参加。

【道具准备】

矿泉水一瓶、牛奶一瓶。

【游戏概述】

这是一个看似简单实则复杂的有趣游戏,游戏者要以极高的注意力和反应力来寻找游戏对话过程中的语言规律。可以作为晚会游戏或者暖场游戏,对于发生回答错误的学员,可以适当给予惩罚。

【游戏目的】

培养游戏者的注意力和反应力。

【游戏规则】

(1) 游戏者全部围坐一圈,相邻的两人之间按照一定的规律互相提问、回答。

(2) 由主持人及其相邻的人先进行现场演示。

主持人（手中拿着一瓶矿泉水）：这是矿泉水。

相邻的人：什么?

主持人：矿泉水。

相邻的人：谢谢!

(3) 游戏正式开始。

甲（手中拿着一瓶矿泉水）：这是矿泉水。

乙：什么?

甲（转向主持人并重复乙的话）：什么?

主持人：矿泉水。

甲（重新转向乙并重复主持人的话）：矿泉水。

乙：谢谢!

(4) 甲乙对话结束后,换为乙和丙进行提问回答,以此类推,最后传到主持人那里。

(5) 与此同时,主持人会将一瓶牛奶沿反方向在团队中传递,并遵照同样的规律进行提问回答,这样两句不完全相同的话就同时在相反方向进行传递。

【相关讨论】

(1) 你认为这个游戏有什么技巧吗? 或者有什么最行之有效的方法吗?

(2) 你觉得有哪些因素影响了大家的发挥? 怎样做才能使任务完成得更出色?

【游戏延伸】

在这个游戏中,主持人一定要密切注意对话的流向,特别是矿泉水和牛奶的走向;游戏者也要特别集中注意力寻找提问回答中的语言规律,以免反应不过来而受罚。

万里长城永不倒

【游戏时间】

5~10 分钟。

【参与人数】

不限,团队全体成员均可以参加。

【游戏概述】

这是一个锻炼大家协调性的游戏。

【游戏目的】

使参与者集中注意力,增加团队的和谐度。

【游戏规则】

(1) 游戏参与者围成一圈,听主持人口令,统一向右转,将双手搭在前面一人的肩膀上,所有人注意听主持人的口令（比如叫停就停,叫跳就跳,叫坐就坐,叫坐时前一人要坐在后一人腿上,叫走就走),听到后必须按口令做,否则要受罚。

(2) 游戏开始,所有人听主持人的口令往前走:"1、2、1,1、2、1,1、2坐!"第一次一般会有人跌倒或者没有坐下,没有坐下的人出局,另外,动作不符合口令者立即出局。

(3) 让大家依然双手搭住前面一人双肩,但距离缩短,再试一次,所有人都坐住了,开始倒数:"10,9,8,7,…,1,站起。"

(4) 参加者双手搭住再前面一人的双肩,再试一次,应该都能坐稳了。

(5) 游戏继续,主持人从"跳""坐""停"等口令中变换着"折磨"游戏参与者。

(6) 活动结束可以请人谈谈感受。

【相关讨论】

(1) 在听到这个游戏规则时,你想到的第一件事情是什么? 为什么?

(2) 怎样才能和大家合拍? 决定你不被前面的人坐倒的因素是什么? 你该怎样避免?

(3) 这个游戏肯定不光是为了娱乐而设的,除了提高团队的凝聚力,还有别的效果吗? 你认为还有哪些? 可以和大家讨论一下。特别是当你是培训师或者某一团队的领导人时更需要讨论与总结。

【游戏延伸】

本游戏中如果加入锣鼓的效果可能会更好一点。比如,当参与者在走的时候,可以用紧锣密鼓的响声来伴奏,锣鼓突然停下,主持人喊出口令,或规定锣敲一下表示"坐",敲两下表示"跳"等。整个活动结束,气氛一定异常热烈。

第6章　肝胆相照

——充分信任, 愉快合作

团队精神一线牵

【游戏时间】

10~15 分钟。

【参与人数】

8~12 人。

【道具准备】

一条粗绳、蒙眼罩若干（按每小组参与游戏的人数而定）。

【游戏概述】

这个游戏是让大家在蒙着眼睛的状态下合作完成一件事情。

【游戏目的】

使参与者互助合作形成共识, 完成低难度活动。

【游戏规则】

(1) 在游戏开始前, 先讲解规则。

(2) 用眼罩将所有参与者的眼睛蒙上, 在蒙上前先让大家观察一下四周的环境。

(3) 然后, 将双手举在胸前, 像保险杆般保护自己与他人。

(4) 目标是整个团队找到一条很长的绳子, 并将它拉成正三角形。

(5) 要求正三角形的一个顶点必须对着北方。

(6) 完成时每个人都能握住绳子, 每小组完成后主持人宣布比赛结束, 并让大家解下眼罩, 看看自己的成绩。

【相关讨论】

(1) 你在参与这个游戏的过程中, 是怎么找到绳子的? 在拉成正三角形的过程中, 你们小组是听从指挥, 还是各自行动?

(2) 想象和蒙上眼之前看到的差异大吗? 其他人当时的感叹及想法如何?

(3) 这个游戏和你平时的工作在哪些方面是类似的? 说出来跟大家分享一下。

（4）你认为这个游戏最有价值的地方是什么？如果再玩一次你会怎么做？

【注意事项】

场地应选择在户外草地上进行，以免跌倒受伤。

【游戏延伸】

这个游戏最能体现团队合作精神，试想一下，在蒙着眼睛的时候，还要听从某一个领导的指挥，关键是，这位领导也是蒙着眼睛的！

如果正三角形太简单，主持人还可将该游戏适当变化。

（1）可以排列不同队形，如正四边形（易）、正五边形（难）……

（2）绳子可以用尽（难），可以不用尽（易）。

团队一条龙

【游戏时间】

10 分钟。

【参与人数】

不限，团队全体成员均可以参加，12~15 人一组为佳。

【游戏概述】

此游戏类似于小品中的无实物表演，通过集体的力量和智慧将一条"人"龙舞得有声有色。

【游戏目的】

通过游戏，培养游戏者的团队合作精神，充分发挥集体想象力，在轻松愉快的气氛中加深彼此的关系。

【游戏规则】

（1）主持人将所有人分成若干舞龙小组，每组 12~15 人为佳。

（2）要求每个小组的成员一起努力，发挥想象力和创造力，用全组成员的身体组成一条巨龙，而且巨龙的头、尾部分要鲜明。

（3）不借助任何工具或器材，让这条"龙"能够闪躲腾挪、摇头摆尾、四海奔腾。

【相关讨论】

（1）在游戏中，你处于整条龙的什么位置？玩过这个游戏之后，你有什么感想？

（2）当两个组员同时相中了某个位置时，你和伙伴们是如何处理的？最终是凭借什么选择了担任这个位置的最佳人选？

【游戏延伸】

除了舞龙，还可以将游戏演变为利用全组人的身体拼字或者拼成一个指定的形状，所不同的是，这需要游戏者平躺在地上完成。

勇 往 直 前

【游戏时间】

30 分钟以上。

【参与人数】

不限，团队全体成员均可以参加。

【道具准备】

一个圆环（或其他类似的东西），每个队员准备一条头巾或一个臂章（数目相同、颜色不同的两种），一个秒表，一处宽敞的运动场。

【游戏概述】

参加这个游戏的队员大多都是精力充沛的人。

【游戏目的】

(1) 活跃团队气氛。

(2) 在团队内部展开组内竞赛。

【游戏规则】

准备：

(1) 把所有参与人员分成两个人数相同的小组，如果总人数是奇数，可以让一个人做组织者的助手。

(2) 每人发一条头巾或臂章。

(3) 告诉大家运动场的边界。

步骤如下：

(1) 组织者把圆环抛向空中，游戏开始。如果两个对手都抓到了圆环，裁判需要重新来。第一个抓住圆环的队员享有控环权，如果他被紧跟其后的对手抓到时，必须立即停止前进，一秒钟之内把圆环传给自己的队友。如果一秒钟后还未把环传出去，裁判（或组织者）就要把圆环拿走。

(2) 游戏重新开始。当一个组的控环时间接近 30 秒时，裁判大声数数 "5、4、3、2、1"，警示大家。

(3) 哪个组总的控环时间先达到 30 秒，便可获胜。

【相关讨论】

（1）游戏过程中各组是如何努力获胜的？

（2）游戏过程中每个人的任务是什么？

【注意事项】

圆环或类似的东西不能太硬，它击中人时不应造成太大的伤害。

【游戏延伸】

（1）根据运动场的大小，变换 30 秒的控球时间。

（2）如果没有头巾或臂章，可以采用其他方式区别两个组。

（3）如果队员要求采用其他规则，可以随意安排。

（4）圆环还可用沙包或球类代替。

生日串串烧

【游戏时间】

10~15 分钟。

【参与人数】

12~16 人。

【道具准备】

4 米长的一块横木（不能滚动）。

【游戏概述】

通过近距离接触，实现参与者间的关系从游戏到现实的完美过渡。

【游戏目的】

（1）让大家透过游戏参与，尝试从错误中学习经验。

（2）学习有效的相互沟通、合作的方式。

【游戏规则】

（1）请游戏参与者任意排列站上横木。

（2）再请成员依出生日期（或可改成身高、体重）调整为由大至小的排序，过程中不能踩到地面，否则小组重新执行游戏。

（3）当有人员落地，恢复刚开始的顺序重新执行。

【相关讨论】

（1）游戏过程中发生了什么？你有什么感觉？任务完成所采用的执行方式与开始是否

相同? 如果相同,这是否就是最好、最适合团队的方法? 如果不同,每次的执行方式是如何被推翻、变革的?

(2) 你们的团队当中有领导者吗? 是如何产生的? 你想给予领导者什么回馈? 如果没有领导者,你觉得对团队的影响是什么?

(3) 游戏过程中,意见的反馈是否通畅? 有没有人提出意见却被忽略? 为什么? 工作中是否有相似的情形? 这个活动是否让你看到更适合团队的处理方式? 当你所提出的意见被否决时,你的感觉如何? 你希望团队如何协助你? 沟通的过程中,是否让每个人都清楚内容? 还是变成小团体的沟通? 实际的工作或生活中是否有类似的情形?

(4) 游戏过程中,伙伴或高或低,或支持或被协助而完成任务,而每个角色对团队的贡献是什么? 如果再执行一次该游戏,你会如何做?

【游戏延伸】

本游戏有几个发散点,比如按身高排,大个子的人完全可以抱着小个子的人畅通无阻地完成任务。当然,前提是木板的宽度只能容得下一个人站。另外,游戏中不可能是单一性别的,只有男女搭配,这样游戏才能发挥到最完美!

朋　友　圈

【游戏时间】

20~30 分钟。

【参与人数】

不限,团队全体成员均可以参加。

【道具准备】

每组一个呼啦圈 (直径约 70 厘米,或用可拆卸式的呼啦圈,依难度调整成适合的大小)。

【游戏概述】

这是一个锻炼参与者身体协调性的游戏。

【游戏目的】

在游戏中学习合作与互助、支持及协调的精神。

【游戏规则】

(1) 主持人可根据现场人员,合理安排分组。

(2) 游戏开始,所有成员手牵手围成一个圆圈,并由其中的两位伙伴一起握住呼啦圈。

(3) 全体 (包括手握呼啦圈者) 都要通过呼啦圈到另一边。

(4) 过程中不可松手,也不可以碰到呼啦圈,否则重新来。

（5）每次执行前，请小组先设定完成时间，可执行 3~5 次。

【相关讨论】

（1）当你不小心碰到呼啦圈时，你的感觉如何？希望别人怎么对你？实际上伙伴提供了哪些协助与支持？你认为这个游戏成功的关键在什么地方？

（2）游戏过程中，如果某些人重复出现失误（例如因为体型、肢体灵活度等问题），对团队及个人有何影响？你是否因此有过抱怨（也许是没说出口）？同样的问题如果换成在自己身上发生，能不能接受自己的表现？你对待别人和自己有没有不同的标准？

【游戏延伸】

在开始本游戏前，主持人最好按现场人数分组，比如，A、B、C，然后设定时间及比赛规则，让各组人员按规则进行比赛，所用时间最少，犯规次数最少者胜出。

圈 里 圈 外

【游戏时间】

15~30 分钟。

【参与人数】

12~16 人。

【道具准备】

每组一个呼啦圈（直径大于 70 厘米）。

【游戏概述】

这是一个参与者手拉手钻呼啦圈的游戏。

【游戏目的】

通过快乐的游戏，让大家了解到团队运作沟通协调的技巧与目标设定等。

【游戏规则】

（1）所有已分组的游戏参与者手牵手围成一个圆圈，并在其中一位参与者的胳膊上套入 1 个呼啦圈。

（2）游戏开始，呼啦圈开始通过每个人的身体，一直传向原点，整个过程采取计时制。

（3）游戏过程中，任何人不得松手，否则重新开始，累计犯规超过 3 次，取消比赛资格。

（4）不可用手指去勾呼啦圈。

（5）主持人可限定执行次数（比如 3 次或 5 次），每次执行后均询问小组要挑战的目标（完成时间），然后再和其他小组就达成的共识次数来进行决赛。

【相关讨论】

（1）通过这个游戏,你认为团队目标（共识）是如何形成的?

（2）在每次游戏执行的过程中,你们小组是怎样采取一些方法的? 采取这些措施后,情况有哪些改变? 每次进步的关键是什么?

（3）在游戏的整个过程中,你给予同组人员什么样的帮助? 你获得了他们的帮助吗? 你是怎样去了解彼此的需求的? 在实际生活中,有没有类似的经验? 如果有,可以在游戏结束时说出来一起分享。

【游戏延伸】

任何一个团队游戏都需要个人的充分发挥,还需要人我关系的极度协调,才能取得最好的成绩。

如果有充足的时间,主持人可以不断更换呼啦圈的大小来提高游戏的兴奋度,在比赛过程中,还需格外注意安全。

环 环 相 扣

【游戏时间】

10~15 分钟。

【参与人数】

8~12 人。

【道具准备】

每组 3~4 个呼啦圈。

【游戏概述】

通过别具一格的手拉手游戏,协调提高团队协作能力及信任精神。

【游戏目的】

在娱乐的同时,了解竞争的本质；学习沟通与合作的技能。

【游戏规则】

（1）每组排成一纵队,前面的队员将左手穿过双腿间,向后握住背后那位队员的右手。

（2）主持人手持 3~4 个呼啦圈站在起点,将第 1 个呼啦圈递给第 1 位队员（呼啦圈需穿越头部落下）,当呼啦圈传到第 3 位队员时,第 2 个呼啦圈才依次递下。

（3）第 1 个呼啦圈传至最后 1 位时,必须带着呼啦圈跑至队伍最前头成为排头,并依照原方式与队员握手,继续进行活动。

（4）当每位队员都轮过排头,而且再回到最初进行的位置时,任务才算完成。

(5) 本游戏还可采用小组竞赛方式进行,进行 2~3 个回合。

【相关讨论】

(1) 在游戏中,如果你很卖力,但却与游戏的决策背道而驰,你会怎样想?那么决策是如何形成的呢?

(2) 参与竞赛的小队,是敌人还是对手?不同的角色定位对策略有哪些影响?在生活中,你有过类似感悟吗?

【游戏延伸】

在很多团体游戏中,呼啦圈都起着不可替代的作用,那么,本游戏中该如何"借题发挥"呢?

如果呼啦圈的直径稍微大一点,还可以考虑将整个奇怪的队伍都钻过三四道关卡,并附加一些新规则即可。

层 层 传 达

【游戏时间】

30~40 分钟。

【参与人数】

每组 8~10 人。

【道具准备】

4~6 个眼罩、一根 20 米长的绳子。

【游戏概述】

这是一个依靠团队的集体力量取得最终胜利的游戏。

【游戏目的】

让团队成员在游戏中发现各级领导在分派、传达任务时容易出现的问题以及改进的办法。

【游戏规则】

(1) 首先由主持人在小组中挑选出 4 个人担当总经理、总经理秘书、部门经理、部门经理秘书的角色,其他组员均为具体执行人员。

(2) 主持人要将游戏规则私下告诉总经理及总经理秘书:执行人员要在蒙着眼罩的情况下充分利用一根 20 米长的绳子在地上摆成一个正方形。

(3) 游戏开始后,由总经理让其秘书将这项任务传达给部门经理,再由部门经理向执行人员传达并指挥其完成这项任务。

（4）在整个游戏过程中,总经理的指令必须由其秘书传达给部门经理,不得直接进行传达,部门经理如果对指令有不清楚的地方,也必须通过部门经理秘书向总经理进行请示,不得直接请示。

（5）在指挥执行人员顺利完成任务时,部门经理与执行人员之间的距离不得少于 5 米。

【相关讨论】

（1）作为执行人员,你认为你的直接上司在下达指令、指挥行动的过程中存在哪些方面的问题或不足?

（2）作为部门经理,你认为你在接受指令、传达指令的过程中是否表述清晰? 你对执行人员的表现是否满意?

（3）作为总经理,你认为下级领导和执行人员在完成任务的过程中存在哪些问题? 应该如何改进?

【游戏延伸】

游戏中的规则和角色可以根据参与者的自身情况自由设定,游戏的内容也不见得一定用 20 米长的绳子摆成正方形,也可以根据现场环境选择其他器材或工具。

合作流水线

【游戏时间】

30 分钟。

【参与人数】

每组 12~16 人。

【道具准备】

水管（剖成对半）每个组为 16 支,长短不一；大小、类型不同的球类 10 个；另需 2 个水桶或 1 个置物篮。

【游戏概述】

这是一个用特殊的道具运球的活动,是一个团队活动。

【游戏目的】

通过游戏,培养参与者团队精神,学习和睦与相互协调。

【游戏规则】

（1）选定一段距离（约比参与人数多出 2 米）,将水桶放在尾端,游戏参与者必须利用手中的水管将所有的球运至尾端的水桶中,任务才算完成。

（2）运送的过程水管不可碰到或重叠,与前后伙伴的手不可接触。

（3）球行进时只能前进不能后退或停滞，也不能掉落地面或水管之外，若违规，必须再重新从起点运送。

（4）球如果弹出桶外，需再从头运送一次。

（5）游戏完毕，按现场统计人员的统计情况来评判胜者。

【相关讨论】

（1）在合作的过程中很容易发生许多状况，通过本游戏，在"如何学习接纳别人的失败"上，你有怎样的切身体会呢？

（2）如果你所在的小组屡次失败，你的情绪会有影响吗？ 你注意到大家的情绪了吗？该怎样去管理自己的这种情绪？

（3）在游戏中反映出来的一些问题，在现实生活中也时常遇到，失败并不可怕，只要我们能认真总结经验，不断了解团队的特质，并透过成员之间持续的支持、互助、协调，克服不同阶段的团队问题，团队目标就可以被达成、被实现。那么如何落实到行动中呢？

【游戏延伸】

参与这个游戏的整个过程中，大家一定要小心翼翼，能不能再增加点难度呢？ 比如，注了干净水的气球、其他一些形状不是很规则的球类（如水果）等。这样的游戏，难度越大，参与者之间的合作就越亲密，从而也就提高了团队合作的默契性。

心 电 感 应

【游戏时间】

20~30 分钟。

【参与人数】

12~16 人一组（偶数为佳）。

【道具准备】

每组 3 个骰子、玩偶或球（整组 1/2 人数的个数）。

【游戏概述】

这是一个用无声的语言交流、传递信息的团体游戏。

【游戏目的】

培养游戏参与者的竞争与合作意识；学习分析问题形成策略、解决问题。

【游戏规则】

（1）请游戏参与者依序按"1、2、1、2……"的方式报数，将全体成员按所报的奇偶数分成两小队面对面坐下，中间距离约 1 米，拿一个玩偶置于两队成员中间并放在队伍最尾端(大约是最后一位伸出手臂才可碰到的位置)。

(2)当主持人掷出单数点数,就可以由排头传递消息,由最后面的一位组员抢放在最后的玩偶,先得到玩偶可得 1 分。

(3)整个游戏过程中,成员不许说话,另外除排头可以看骰子点数外,其余伙伴都要闭上眼睛。

(4)每次得分,队伍则往前推进 1 格(即排头移动到最后一位的位置,第二位开始往前递补为第一位,以此类推);如果抢错了(不允许在偶数点抢玩偶),则倒扣 1 分,同队列的其他组员的位置排列则要退回一位。

(5)原则上,位置一旦坐定,就不可改变顺序(可依情况调整规则)。

(6)每组有两次暂停的机会可运用,每位伙伴都当过排头且回复到原来的位置才算获胜。

【相关讨论】

(1)你觉得在本游戏中,小组制胜的关键在于排头还是排尾(抢玩偶者)?还是讯息传递者?或者你有不同的看法?

(2)活动中团队有特定的领导者吗?或者是因为不同的任务、不同的环境,所以有不同的安排?实际的生活、工作经验中是否有类似的情况?

(3)当你成为排头(发号施令者)时,你有什么感觉?当你的角色是等待、传递讯息、行动先锋(抢玩偶)时,你又是什么感受?

(4)在整个游戏中,你们队一共使用了几种方法?是否曾受到对手的影响(或启发)而改变策略?

【游戏延伸】

该游戏还可用如下方式延伸,其他可根据地方习惯或常规习惯来适当拓展。

(1)每个相对的伙伴中间均摆放一个玩偶。

(2)规则同上,计分方式改变如下:

① 每个玩偶都是 1 分,最后 1 个玩偶分数是前面玩偶分数的总和(例如一共放了 6 个玩偶,最后 1 个是 5 分其余都是 1 分)。

② 如果拿到半数以上玩偶,则总分可乘以 2 倍。

暖身正能量

【游戏时间】

10~15 分钟。

【参与人数】

16~50 人以内,人数不宜过少。

【道具准备】

2~5 颗软性（或毛线球）安全球（球体比足球略小,以一手可掌握为佳）。

【游戏概述】

这是一个在进行其他游戏或学习之前的短暂热身游戏。

【游戏目的】

（1）由初步的肢体接触,打破人际关系的距离。

（2）让学员可以在短时间内增进熟识度、用轻松的状态进入其他程序或培训课程中。

【游戏规则】

（1）一开始可由训练员或由一位学员自愿担任"魔法师",并发给一颗球"施法"。

（2）魔法师施法时,所有伙伴开始进行躲避,活动中只要被魔法师拿着球碰触到就会变成石头。

（3）避免被魔法攻击必须找到另一位伙伴,手拉着手在原地合唱一首歌,就可以形成保护罩,但歌曲如果重复就无效,一样会变成石头。

（4）行进期间除躲避攻击外,不可和其他人手拉手。

（5）过程当中,不可以跑步,只可以快步走,避免学员产生碰撞、跌倒。

（6）活动进行几分钟后,魔法师可改变方式,把被碰触的学员,一样变成魔法师,并给予一颗球执行任务。

【相关讨论】

（1）你在参加这个游戏的时候,是想着逃避呢？还是想找个搭档形成"保护罩"？为什么？

（2）如果你不善于表达,在游戏进行中,别人勾着你的手想给大家表演一首歌时,你会怎么表现？

【游戏延伸】

本游戏的主旨是通过短暂的游戏而暖身,通常不做分享,时间也不宜过长,主要让学员的情绪可以迅速活跃起来,并快速投入活动中即可。

团队万花筒

【游戏时间】

每轮 15 分钟左右。

【参与人数】

50 人的混合游戏。

【道具准备】

实心球若干个、蒙眼罩 3~5 个（视参与游戏的人数而定）。

【游戏概述】

这是一个有 50 人参与的大型游戏,主要考察参与者的反应速度和记忆能力。

【游戏目的】

要求参与者反应敏捷,动作迅速,还要记忆力过人,50 人的大游戏,难免会乱作一团,本游戏还重点考验参与者的自信能力。

【游戏规则】

(1) 所有的参赛者务必记住以下 7 条儿歌口诀。

牵牛花 1 瓣围成圈,杜鹃花 2 瓣好做伴;

山茶花 3 瓣结兄弟,马兰花 4 瓣手拉手;

野梅花 5 瓣力气大,茉莉花 6 瓣好亲热;

水仙花 7 瓣是一家。

(2) 游戏开始时, 50 人随意站立在指定的圈内,但不许携带跟口诀有关的纸条来投机取巧。主持人击鼓念儿歌。

(3) 主持人的儿歌随时会停止,当主持人喊到"山茶花"时,场内的参赛者,必须迅速包成 3 人的圈,此时,就会有 2 人因没能及时反应而被淘汰。

(4) 此时,场内还有 48 人,主持人继续击鼓念儿歌,当喊到"水仙花"时,则剩下的人马上要结成 7 人的圈,这次将会有 6 人被淘汰。

(5) 比如,喊到"牵牛花"时,则只要 1 人站好就可以。

(6) 游戏一直按该规则进行,凡是没有能够与他人结成圈,或者数字错误的,都被淘汰出局,到最后圈子里剩下的为赢家。

(7) 等到圈内剩余人数到 5 人左右,游戏即停止,这剩余的人即获得个人奖。

【相关讨论】

(1) 你认为这是一个"单打独斗"的游戏吗? 为什么?

(2) 在这个游戏中,有没有技巧? 试着想一下,如果你能依靠一位聪明绝顶的同事,始终和他（她）在一起,是不是会省事很多? 当然,也需要自己敏锐的判断力,规则并不是一成不变,如果主持人的口令加快了速度,则很有可能会乱成一团,这也是每一个游戏参与者必须要面对和考虑的问题。

(3) 在这个游戏的某一个瞬间,你有过和现实中处理某件事情相同的心理吗?如果有,可以讲出来跟朋友分享一下,说不定,游戏就成了解决你该心理的一剂良药了。

【游戏延伸】

为了增加游戏的可看性,主持人可以要求每人拿一两个气球进行比赛,在游戏途中,不能让气球弄爆了,否则也算自动出局,然后安排一两个"内线"专门去巧妙地破坏气球。这种节外生枝的事情,也许会让参与者很沮丧,但现实生活中常有类似的事情,不是吗?

团 队 人 梯

【游戏时间】

15~30 分钟。

【参与人数】

12~16 人。

【道具准备】

两人一节 60 厘米长的木棍(或水管),以手能握住为宜。

【游戏概述】

本游戏旨在体现完全信任带给游戏参与者的快乐。

【游戏目的】

通过游戏,了解人我关系的信任与交付。

【游戏规则】

(1) 所有成员两人一组,手握一根约 60 厘米长的木棍,面对面搭成一排"木梯"(可采直立或横或倾斜),高度不宜过腰。

(2) 所有游戏参与者须依序攀爬通过"木梯"。

(3) 在通过"木梯"的过程中,"木梯"两边的队员不能碰触或协助攀爬者。

(4) 掉下或犯规回原始起点,重新开始。

(5) 所有游戏参与者在开始之前,必须先踩稳再前进,主持人或临时人员负责保护参与者的安全。

【相关讨论】

(1) 在这个游戏中,参与者最大的兴奋点可能就是视觉感官与实际体验的落差,你打算如何与大家分享呢?

(2) 感受一下同组人员的支持与协助给了你什么样的感受?你是怎样在这些或熟悉或陌生的人中建立起信任感的?

【注意事项】

在游戏中,一定要确保木棒或水管表面光滑,以避免划伤或扎伤爬梯者。这是一个通过游戏来建立信任的活动,确保每个人都能牢牢抓住木棒,千万不能在队友经过的时候失手。可想而知,如果有人不慎失手,丧失的信任感将很难恢复。

另外,不允许将木棒举到比肩膀还高的位置。

【游戏延伸】

在游戏进行一段时间后,可以调整大家的队形,形成一个弧形的"梯子"。

本游戏要求参与者要充分信任"人梯"的稳固性与安全性,如果有人不"上架",主持人该怎么办? 建立一个和谐的团队,绝非一朝一夕之功。主持人或者培训人员可在小组长的配合下,适当让平时比较内向的人放下包袱,积极参与进来,从而调动整个活动的气氛。

巧妙过河

【游戏时间】

50 分钟。

【参与人数】

每组 8~12 人。

【道具准备】

栈板 3~5 个、(木)踏板 2 片(1.8 米左右)。

【游戏概述】

该游戏可体现团队的协作能力。

【游戏目的】

通过游戏,让参与者了解决策与解决方式,从而强化团队运作的能力。

【游戏规则】

(1) 比赛开始时,所有游戏参与者一起站上第一块栈板(每个栈板间距离为 2.3~2.4 米),并带着两个踏板出发。

(2) 进行过程中若有任何人掉落栈板,则整组必须重来。

(3) 踏板若掉落也必须重来。

(4) 整组人员必须带着两个踏板至最后一站,并唱完一首歌,才算完成。

【相关讨论】

(1) 你认为该游戏成功的关键因素在什么地方?

(2) 面对别人的失误,你会怎样对待? 当你失误了的时候,你又希望别人怎样对你?

(3) 你们小组在开始游戏前的策略是怎样形成的? 如果发生个人利益与团队利益的冲突时,你身边的人可能会采取一种什么样的方式? 你呢? 说说自己的看法。

【游戏延伸】

这样的"过河"游戏不论有多少限制,总会有的小组很早就完成,而有的小组因为某一两个队员身体协调等各方面的问题而迟迟不能完成。此时,主持人或者培训师就要多做鼓励,游戏如人生,在游戏中,大家让得到鼓励的队员重整旗鼓,在朋友的帮助下顺利完成游戏,在高唱凯歌的时候,会不会感觉到不一般的感觉呢?

智渡"硫酸河"

【游戏时间】

10~15 分钟。

【参与人数】

8~12 人一组,人数不宜过多。

【道具准备】

两条长绳、与参与游戏人数等量的柔软垫子。

【游戏概述】

这是一个个人的表现影响团队成绩的明显例子,该游戏试图通过简单的合作来说明团队合作的重要性。

【游戏目的】

通过轻松的游戏,学习资源的有效安排与运用,学习团队合作互助的精神。

【游戏规则】

(1)游戏开始前,主持人说明比赛规则:每位游戏参与者必须要领到一块垫子,才能渡过"硫酸河",中途不得掉进河里,否则游戏失败,重新开始(整个小组)。

(2)两条绳子标明起点、终点,中间距离约 4 米,依人数多少而做调整。

(3)所有游戏参与者必须使用发给的"法宝"(垫子)渡过"硫酸河"到达对岸。

(4)获得"法宝"的唯一方法是,要求游戏参与者必须说出一条"好的团队组合所必备的要素",其他人不能重复。

(5)过程中,"法宝"以外的部分碰触河面(地面),则全体退回起点重来。

(6)"法宝"不可离开成员,否则就会流失。

【相关讨论】

(1)在游戏进行中,你们的法宝是否被有效运用?哪些条件被确实执行?你认为对团队既重要又容易被忽视的东西可能会是什么?

(2)如果你是主持人,事先应该列一个"好的团队组合所必备的要素"列表,以便跟大家沟通交流;如果你是游戏参与者,也要知道几项团队建设的要素。除了在游戏中涉及的要素以外,团队还有哪些可被加入的要素?

(3)个人与团队的需求如何协调与照顾?在游戏中,你是否发现了合作的契机?

【游戏延伸】

为求法宝,本游戏要求参与者说出一条与团队建设有关的因素。如果参与游戏者彼此之间已经很熟悉了,主持人完全可以要求三五人一组,用唱歌或跳舞的方式来求取法宝。

勇闯"地雷阵"

【游戏时间】

5~15分钟。

【参与人数】

不限,团队全体成员均可以参加,两人一组。

【道具准备】

界限绳一条、障碍物若干、蒙眼罩几个(按游戏分组的数目而定)。

【游戏概述】

这是一个一方眼睛被蒙,需通过另一个人的指挥完成任务的游戏。

【游戏目的】

使学员在活动中建立及加强对伙伴的信任感。

【游戏规则】

(1) 用绳子在一块空地圈出一定范围,撒满各式玩具(如娃娃、球等)做障碍物。

(2) 游戏参与者每两人一组,一人指挥,另一人蒙住眼睛,听着同伴的指挥通过"地雷阵"。

(3) 过程中只要踩到任何东西就要重新开始游戏。

(4) 指挥者只能在线外,不能进入地雷阵中,也不能用手扶伙伴。

【相关讨论】

(1) 如果你是行走"地雷阵"的那位参与者,你的每一步都要听从指挥者的口令,你会不会想他可能给你错误的指令?如果脚下不光是一些简单而柔软的玩具,你会参与这样的游戏吗?请问你在通过地雷阵的时候有什么感觉?

(2) 你在玩其他互动游戏时有没有这样的想法?

(3) 若再有一次机会,我们还可以加强些什么?

【注意事项】

(1) 不可用尖锐或坚硬物做障碍物。

(2) 不可在湿滑地面进行。

(3) 需注意两位蒙眼者是否对撞。

【游戏延伸】

如果脚下全是些软绵绵的毛绒玩具,参与者肯定会心不在焉:"反正那么多人比赛,败就败了……"那么,如何才能更加将游戏的可参与性发挥到最大程度呢? 试着准备一些真正让大家害怕但没有大碍的道具吧,比如有少量水的盆子,一些奇怪的恐怖小玩具等。

这个游戏的娱乐方面倒是次要的,同样,最重要的还是参与者之间互相建立起来的信任,不论是一家公司、一个团队,彼此间的信任是最重要的。那么,你所在公司、团队有着怎样的信任度? 如何提升人与人之间的信任感? 也许,这个游戏能对大家有所启迪!

排除"核武器"

【游戏时间】

30~40 分钟。

【参与人数】

每组 10~12 人。

【道具准备】

一条 20 米长的绳子、两条 15 米长的绳子、一个水桶、两根短棒及一块砖头。

【游戏概述】

这是一个依靠集体力量排除危险武器的游戏。

【游戏目的】

培养游戏者互助合作的精神,建立游戏参与者彼此之间的信任,在冒险中得到乐趣。

【游戏规则】

1)游戏准备

主持人指导游戏参与者将 20 米长的绳子拉成一个圆圈,在水桶中装入 8~9 成的水,将水桶放在绳子围成的圆圈当中,并用砖头把水桶垫起来。

2)游戏背景

在美伊战争期间,有人在伊拉克的一个小山村里发现了一件没有引爆的核武器,对这片地区的百姓生命造成了极大的威胁。美国政府派出了特工人员前去该地区取出核武器,并进行引爆。

3)游戏方法

游戏参与者的身份是美国政府派出的特工人员;绳子围成的圆圈内区域为辐射区,水桶就是没有引爆的核武器;所有组员除非凭借两条 15 米长的绳子及两条短棒作为防辐射物品,否则绝对不得进入圈中;在排除核武器的过程中,防辐射物品不能碰到地面;小组成员在 30 分钟内必须将水桶提出,并且不能让水洒出来,否则任务就算没有完成。

【相关讨论】

(1) 在游戏过程中, 你的情绪是怎样的? 紧张还是兴奋? 焦躁还是沉着? 你所在的小组成员一共想出了几条计划来完成任务? 最后你们采纳了哪条建议? 为什么?

(2) 你认为你所在的小组是否有很强的凝聚力和团队精神?

【游戏延伸】

这个游戏表面上是个益智游戏, 实际上却蕴含着深刻的含义。在面对危险困境时, 一个人的力量再强、脑子再聪明也是无济于事的, 俗话说:"三个臭皮匠, 赛过诸葛亮。"要充分依靠大家的力量, 集思广益, 找出最完美的解决问题的办法。

兔 子 舞

【游戏时间】

10 分钟。

【参与人数】

不限, 团队全体成员均可以参加

【道具准备】

道具: 快节奏音乐和音响设备; 场地: 空地或大会场。

【游戏概述】

随着音乐的节奏, 游戏参与者步调一致, 轻松娱乐, 这是一个比较欢快的游戏。玩这个游戏, 全体参与者需要听从统一口令, 全神贯注地做出统一的动作。

【游戏目的】

兔子舞是大家都了解的一种娱乐舞蹈, 它重在游戏者的协调配合, 有助于培养参与者的感情以及增进彼此的了解, 同时让他们体会沟通与合作的妙处。

【游戏规则】

步骤如下:

(1) 游戏适用于 15 人以上。

(2) 所有参与者排成一个小队, 后面的人双手搭在前面人的双肩上。

(3) 游戏一开始的时候是由组织者发号施令。组织者站在一边大声发出号令: 左脚跳两下, 右脚跳两下, 双腿合并向前跳一下, 向后跳一下, 再连续向前跳两下。

(4) 随着游戏的推进, 组织者不再发出号令, 而由某个游戏者在队伍中, 让他发号施令, 大家随着他的号令进行游戏, 由他来左右大家的步伐。

由游戏者在队伍中发号施令会增加游戏的难度, 因为组织者站在旁观者的角度有利于把握全局，说出的命令会照顾所有人。当转交给游戏者在队伍中发号施令时，他只能凭感觉感受大家的需要，难免出现不协调的命令，这种更有难度的方法，会更有利于帮助参与者体会协调与合作的重要性。

除了领导者需要技巧外，参加者也需要提高注意力，不仅注意倾听组织者的命令，还要注意前后同伴的动作，免得踩到别人的脚。

【相关讨论】

（1）玩游戏的过程中会不会出现步调不一致的地方？为什么会出现这种情况呢？用什么方法才能使小组成员的步调保持一致？

（2）游戏进行到后面阶段，这种情况是否有所改进？采用了什么方法？

【注意事项】

参与人数不宜过多，否则会降低游戏的乐趣。

【游戏延伸】

这个游戏有利于加强团队成员的相互了解，激励参与者积极参与，游戏中随着音乐的节奏大家还可以边唱边做动作。

当人数较多时，采用另一种方式。把全体参与者分成4组，排成4条长龙，不用统一的号令，准备活动前告诉大家统一的动作，比如，按照节奏，大家边唱边跳，左踢腿两次，再右踢腿两次，往前走两步，再退后一步，为了步伐协调一致，大家唱着与音乐节奏一致的歌曲。跳一段时间后，随着音乐的结束，排在队首的每两组划拳——"石头，剪子，布"，输了的排在赢者的队尾。然后，游戏继续进行，重复前面的动作。最后成为一队，即为胜者。

青 蛙 大 战

【游戏时间】

5~10分钟。

【参与人数】

每组12~16人（偶数为佳）。

【道具准备】

垫子为总人数的一半、毛线球16颗（与总人数相等）、边界绳2条。

【游戏概述】

用"青蛙跳"的方式向对方阵地进攻，并不断防御来自对方的攻击。

【游戏目的】

培养团队的竞争意识，营造合作氛围。

【游戏规则】

(1) 游戏开始之前,在相距 6~8 米的位置上,以边界绳标出起点与终点。

(2) 请同组人员依序以"1、2、1、2"的方式报数,将整组分成两小队,由一组先攻击并发给每人一块垫子,另一组采取防守并发给每人 2 颗毛线球(软球),双方各自退到起点与终点线的后面。

(3) 攻击方自起点线后出发,前进时必须两脚一齐青蛙跳着前进,垫子则代替荷叶,如果站立在垫子上,则对方不可用球攻击,也可以用垫子来挡球。

(4) 防守方必须站在线外以球攻击,在线内攻击无效。

(5) 被击中的人员必须回到起点重新开始。

(6) 计时 5 分钟,统计共有几人成功地到达了阵地,然后交换器材,攻守互换。

【相关讨论】

(1) 你们小队是采取游击战还是团体战?这两种方法各有什么特长?为什么?

(2) 不同的攻、守策略,导致结果有什么不同?

(3) 在游戏任务中,你扮演何种角色?决定角色安排的因素是什么?不同角色对团队的贡献分别是什么?

【游戏延伸】

"蛙跳"的游戏相信大家在学生时代都玩过,如果玩得太过分了,就可能对第二天的工作和生活带来极大不便,不仅腰酸腿疼,而且浑身乏力。

在团队游戏中,主持人应适当注意某个个人的需要,或者在某次停顿时适当提出,从而达到给个人提供协助的目的。本游戏还可锻炼参与者联系平时的工作、生活的能力,以便总结出对今后的工作和生活有指导意义的规律和经验。

连 续 击 球

【游戏时间】

10~15 分钟。

【参与人数】

不限,团队全体成员均可以参加。

【道具准备】

皮球一个。

【游戏概述】

这是一个娱乐性很强的集体游戏,每个人都能在轻松的气氛中得到锻炼和提高。

【游戏目的】

培养游戏者的计划性和条理性,增强人与人之间的合作精神。

【游戏规则】

(1) 不管游戏参与者有多少人,都让他们围成一个圈站好。

(2) 主持人将手中的皮球向圈内抛出。

(3) 要求参与者竭尽全力,使这个皮球能在空中被击打多次,其间不能落在地上。

(4) 具体击打次数视参加游戏的人数而定。

(5) 每个参与者不能连续击球两次,否则视为犯规,将被罚下场。

(6) 游戏期间,如果球落地了,可以重新开始。

【相关讨论】

(1) 皮球落下时,你和伙伴们是否争先恐后地去抢着击打? 你认为这样做的效果明显吗?

(2) 游戏期间,皮球是否落地了? 是什么原因造成的?

【游戏延伸】

可以将游戏中的皮球换成羽毛球或乒乓球,游戏者站成一圈,每人一支羽毛球拍或乒乓球拍,用球拍击球,使球不落地。

团 队 传 球

【游戏时间】

15~30 分钟。

【参与人数】

20 人左右，4~5 人一组。

【道具准备】

每组一个小皮球。

【游戏概述】

只要见过小皮球,就会玩这个游戏,除了投入,该游戏没有别的要求。

【游戏目的】

从游戏中找到乐趣,让大家在有趣的合作中轻松起来,并能体会到双赢的精神。

【游戏规则】

(1) 将大家分成 4~5 个小组,并让所有小组围成一个圆圈,不能错开。

(2) 主持人和每小组配备的一名临时裁判负责将小球随意交给圈中的某位成员,要求小球必须传过每一个人,不能落地,并规定在30秒的时间内必须传完5圈。

(3) 如果小球落地,球没有按要求传接,则视为犯规,重新开始比赛。

(4) 在规定时间内,没有完成5圈的小组全体受罚,比如做仰卧起坐、俯卧撑等。

(5) 惩罚完毕后,继续进行第2轮的游戏。

【相关讨论】

(1) 你认为这个游戏中的传球有什么技巧吗?或者有什么最行之有效的方法吗?

(2) 如果你在游戏中发现了敷衍了事的队友,你有什么感受?在实际生活中有过类似的心理吗?想想该如何解决?这样的问题也可以在游戏结束时一起交流一下。

【注意事项】

某些队员可能因受罚而产生情绪,认为不公平,所以每轮从不同的起点开始,并在开始前打好预防针。

【游戏延伸】

游戏的第一轮中,可能有人会牢骚满腹,这么短的时间传5圈是不可能的,所以,主持人可以将第一轮的时间适当放长一点,比如1分钟,然后依次递减。在游戏中,如果有人故意"陷害"其他小组,主持人可以告诉他们,"陷害"其他队并不可取,这是因为游戏的结果是随机的;唯一能做的,就是共同努力创造纪录,比如大家把手伸出形成平面,让球在上面滚过去。

合 作 运 球

【游戏时间】

5分钟。

【参与人数】

不限,团队全体成员均可以参加。

【道具准备】

足球若干个、哨子。

【游戏概述】

这是一个非常轻松有趣的游戏,通过合作取得胜利,可以作为活动中途的串场游戏,活跃场内气氛。

【游戏目的】

培养游戏者协同作战的精神,并在游戏中发掘更多的技巧。

【游戏规则】

（1）主持人让所有人排成一个横列。

（2）在每个人中间都放一个足球,要求每个人都用身体与相邻成员的身体共同将球夹住。

（3）主持人哨声一响,所有人必须保持横列的队形立即向终点前进。

（4）在行进的过程中,任何人之间夹着的足球都不允许掉下来,只要有球落地,就要重新开始,直到大家都能夹着球走到终点。

【相关讨论】

（1）你认为这个游戏难度大吗？在实际游戏的过程中,它的难度与你事先想象的有什么差别吗？

（2）你认为完成这个游戏需要哪些技巧？你和相邻伙伴之间的球掉了几次？

【游戏延伸】

游戏成功的关键在于统一大家的步调,可以采用喊口令的方式协调大家的步伐和速度。也可以将游戏变化为两人一组面对面用腹部夹球前进,或背对背用腰部夹球前进。

定 点 进 球

【游戏时间】

5~10 分钟。

【参与人数】

不限,团队全体成员均可以参加。

【道具准备】

1 个大塑料桶（用来接球）、40 个网球（放在袋子或盒子里）。

【游戏概述】

只要会说话,就能参与该游戏。

【游戏目的】

娱乐、活跃团队气氛,同时让大家感受到沟通的重要性。

【游戏规则】

（1）游戏开始前,从成员中邀请一名志愿者,让他和你一起站在前面。

（2）告诉志愿者,他的任务是提着网球袋子向后面的桶里扔球,只能目视前方,不能左顾右盼、东张西望,更不能回头。

（3）将塑料桶放在志愿者的身后稍微偏出正后方一定距离的位置上,垃圾桶与志愿者间的距离为 10 米左右。

（4）告诉志愿者,他至少要向桶里扔进 3 个球才算成功,在扔球的过程中,不许回头看球落在什么位置了,但他可以用其他人的意见来调整每次出手的方向。

（5）在游戏中,让其他成员指挥志愿者,告诉他如何调整投掷的力量和方向才能进球,但是只能通过语言来传达信息。

（6）当志愿者侥幸完成 3 个进球后,此轮游戏结束,请他讲述一下整个游戏中的感受。

【相关讨论】

（1）你发现负责指挥的人比投掷的人还兴奋吗? 试着解释一下这种现象。

（2）你认为这个游戏中,最关键的因素在什么地方? 是哪些因素增加了实现目标的难度?

（3）本游戏和实际工作有无联系? 如果有,表现在哪些方面?

（4）通过每一位志愿者在游戏结束后的描述,你得到了什么启示?

【游戏延伸】

游戏中,可以蒙上志愿者的眼睛,将桶放在正前方 10 米左右的地方;或者,蒙上眼睛,让其在原地转几圈后再进行投掷,其他规则保持不变。

捆绑足球"世界杯"

【游戏时间】

30~45 分钟。

【参与人数】

不限,团队全体成员均可以参加。

【道具准备】

每对搭档一段绳子、一个足球场大小的空间、一个足球、一个口哨。

【游戏概述】

这是一个不需要太多运动,却能调节团队气氛,积极促进团队建设的游戏。

【游戏目的】

使参与者在短时间内体会到协同工作的重要性,可以活跃活动气氛,并让参与者能够自然地进行身体接触和配合,消除害羞和忸怩之感。

【游戏规则】

（1）把整个团队分为人数相等的两组。如果总人数是奇数,可以让他做主持人的助手或者临时人员,负责协调场地安全等事项（即便没有多出来的队员,游戏内还是需要有几位临时人员)。

(2) 让队员们选择和自己身材相当的人,组内结对。

(3) 游戏开始前,先用一段绳子将小组中每两个人的脚踝绑起来,然后把即将要做守门员的 4 个队员,每组两人的腰捆在一起,作为各队的守门员。

(4) 解释规则。两队开展足球比赛,分上半场和下半场,每半场 15 分钟,中场休息 5 分钟左右,下半场开始时两队交换场地。

(5) 比赛进行中,所有参与者必须一直绑着脚踝,也就是用 3 条腿踢球,按国际足球规则进行比赛,即不许手球、不许踢人等。

(6) 在游戏开始前,主持人应该对所有队员的提问给予充分的解答,然后裁判吹口哨,宣布游戏开始。

(7) 让不想参与游戏的人,或者一些临时人员做边裁,主持人可鼓励队员们在开始之前先练习跑动。

【相关讨论】

(1) 赢得比赛的队伍胜了多少球?他们在什么地方表现较为出色?

(2) 游戏中你遇到了什么问题?你是如何和团队合作解决自己遇到的问题的?你觉得团队应该给你提供什么样的帮助?实施情况如何?

(3) 你在和搭档合作的过程中,是怎样确立目标的,是你说了算还是搭档说了算?或者,是共同商量着进行的?

(4) 通过该游戏,你觉得什么因素有助于团队更加有效地运作?

【游戏延伸】

本游戏可以有几个方面的延伸,比如,在下半场时,把 3 个或 4 个队员的腿踝捆绑在一起。也可以让搭档中的一人蒙上眼罩,这样既调节了比赛气氛,也能打破参与者之间的交往隔阂。

足 球 射 门

【游戏时间】

20~30 分钟。

【参与人数】

每组 6~7 人。

【道具准备】

足球、自制球门、哨子。

【游戏概述】

这是一个很简单的足球射门游戏。

【游戏目的】

通过游戏前的操练时间，使游戏者了解并掌握在向同事、下属交代任务、布置工作时所需要的技巧，并通过游戏中的射门成绩检验这种技巧水平的高低。

【游戏规则】

（1）主持人将球门及足球发给每个小组，小组成员有 10 分钟的练习时间，由组中射门技术最好的人向其他组员传授射门技巧。

（2）10 分钟后，主持人哨声一响比赛即开始。

（3）每组要踢 10 个球，每人至少要有一次上场射门的机会，射门者与球门的距离为 8 米，在主持人哨响时射门者必须将球踢出。

（4）比赛结束后，经统计进球最多的小组为获胜方。

（5）主持人请获胜方谈谈经验和体会，怎样才能更好地帮助、带动身边的人一起进步。

【相关讨论】

（1）在游戏中，你的组员中是否有具备高超射门技巧的人？你通过什么方式来断定这个人真的在射门方面有优势？这个人是如何将这种技巧传授给其他组员的？

（2）对于其他组员来说，是否有学习的欲望？在学习中怎样才能突破障碍，在最短的时间内掌握这种技巧并且在临场有较好的发挥？

【游戏延伸】

除了足球射门之外，这个游戏也可以演变为用皮球进行投篮，只要准备一个塑料桶作为篮筐，再准备一些皮球就可以了。游戏时，只要参与者在距离塑料桶 5~8 米的地方将皮球抛进塑料桶即可；还可以演变为用羽毛球拍将羽毛球打入指定位置，游戏时可以将一些大小适中的塑料圈挂在空中，游戏者只要用羽毛球拍将羽毛球打过塑料圈即可。

总之，这个游戏可以根据参与者的自身情况和环境情况自由选择方式。

一起去看流星雨

【游戏时间】

20~30 分钟。

【参与人数】

不限，团队全体成员均可以参加，人数较多时，需要划分成若干个由 20~30 人组成的小组。

【道具准备】

每位成员有一件可以扔且不能伤人的东西，比如打了结的毛巾、订在一起的旧报纸等。

【游戏概述】

在游戏中,挑战别人的同时挑战自我。

【游戏目的】

以"挑战"为主题活跃现场气氛。

【游戏规则】

(1) 游戏中的道具可以让参加游戏的成员在事先准备,然后放到一起,游戏开始时让大家随意挑选一件可以扔来扔去的东西。

(2) 让大家拿着可以扔的东西,站成一圈。

(3) 最好是在大家还没有明白游戏之前,先邀请3名志愿者,此时,让他们站到圆圈的中心,把手中的东西暂时放在自己原来的位置上。他们3人要背对背,站成一个紧密的小圆圈。

(4) 告诉圈儿上的参与者,听我数到3后,大家要把手中的东西一起像抛绣球一样高高抛给这3个站在中间的人,如果有人恶意捣乱,也在允许之列!

(5) 告诉站在圆心的3个人,他们的任务是尽可能多地接住抛过来的东西。

(6) 游戏开始,大喊:"1、2、3,抛!"

(7) 这一轮结束,检查3名志愿者各接住了多少东西,并询问一下他们有没有被不明物体砸中,通常情况下,一个也接不到和被东西砸着的情况将会一起出现。

(8) 让3人回到原来的位置,另请3人到场地中间,重复同样的游戏,直到所有人都经历一次被砸的过程。

(9) 在重复游戏的过程中,告诉大家他们每次都要打破先前自己创造的"接球"纪录。

【相关讨论】

(1) 你认为这是一个什么样的游戏? 在游戏中,大家扔来扔去、砸来砸去究竟在挑战什么? 你从中得到锻炼了吗?

(2) 这个游戏与现实生活中的工作有关系吗? 如果有,在游戏结束后向大家表述你的想法,和大家一起分享游戏和实际工作的联系。主持人也可以请一些人轮流发言,交流意见。

【注意事项】

一定要注意在游戏中选择那些比较安全的物品来扔,杜绝有棱角及太硬易碎的物品。

【游戏延伸】

这个游戏的主旨是接东西,主持人也不能怂恿大家用东西砸中间的志愿者,否则,场面可能会失控。但是为了增加游戏的趣味性,可以让3名志愿者站在中间商量30秒,他们可以单独行动,也可以互相帮助着行动。

飞 人 接 力

【游戏时间】

15~20 分钟，全部完成游戏所用时间取决于参加人数的多少、

【参与人数】

不限，团队全体成员均可以参加，但至少 15 人以上。

【游戏概述】

让一名参与者在其他成员的帮助下，从他们头顶"飘"过。

【游戏目的】

通过游戏，增进参与者之间的互相信任，让参与者能够自然地进行身体接触和配合，消除害羞和忸怩之感，并快速融入下面的课程或节目。

【游戏规则】

(1) 将全部参与者分成两组，并排站立成两列纵队，两边人员肩并肩站齐，彼此尽量靠近。

(2) 如果队员总数是奇数，让其中一名队员做临时人员，负责游戏的安全保护工作（如果没有多出的队员，游戏依然需要两名临时人员负责保护参与者的安全）。

(3) 事先或是在排好队后，随机选择一名参与者作为本次游戏的"接力棒"（建议体形不要太庞大），让大家把这位"接力棒"举过头顶，沿他们排成的两列纵队，传送到队尾。

(4) 当"接力棒"到达队伍的末尾时，完成一轮游戏，后面几个队员及临时人员负责"接力棒"的安全落地工作。

(5) 游戏完成后，请每位参与者谈谈自己的想法，大家彼此交流心得体会。

【相关讨论】

(1) 当你处在队列中时，你有什么样的想法？如果你是"接力棒"呢？

(2) 游戏结束后，"接力棒"的感觉如何？在游戏过程中，有没有发生其他意外情况，如果有，是什么原因造成的？

(3) 在这个游戏中，你最深的感触是什么？和现实生活有无联系？

【游戏延伸】

如果参与游戏的人数较多，可让队列同时传送两个"接力棒"，但人数不宜过多。

在这个游戏中，将"人多力量大"的精神发挥到了极致，当然，也是参与者在别无选择的情况下考验彼此信任的最佳途径。游戏中，大家的心灵被生命的绿意滋润着，感到心与心之间原来并没有遥远的距离，他或她是这样的可亲可敬，通过游戏，谁也不愿意践踏这样的一份美好。

背 投 游 戏

【游戏时间】

1 个小时以上。

【参与人数】

10~18 人。

【道具准备】

一个约 1.6 米高的平台或类似物体。

【游戏概述】

大多数户外游戏中都包含该游戏,尽管参与者感觉很危险,但如果大家都遵守规则,其实是一个很安全的游戏。

【游戏目的】

(1) 建立游戏参与者之间彼此的信任。

(2) 通过该游戏,可以让大家挑战自我,并能最大限度地发挥团队合作精神。

【游戏规则】

(1) 游戏开始之前的准备。

① 让大家都将随身携带的可能导致别人或自己受伤害的东西都摘下来,比如手表、戒指、带扣的腰带等。

② 将衣兜掏空,防止意外。

③ 选一名志愿者站在高台旁边,负责管理整个游戏进程及监护另一名由高台落下的队员的安全。

④ 游戏开始前,需选择一名志愿者由高台"坠落"。

(2) 游戏开始时,让小组的其他成员在平台前面排成两列,队列和平台形成一个合适角度,例如垂直于平台前沿。他们将负责承接跌落者,他们必须肩并肩从低到高排成两列,并相对而立,为了保证跌落者的安全,小组的这些人必须向前伸直胳膊,掌心向上交替排列,形成一个安全而结实的承接区。

注意:动作一定要规范,承接区成员不能和对面的成员手拉手,也不能互相抓住对方的胳膊或手腕,总之,要最大限度地保证跌落者的安全,并让跌落者感觉到舒服。

(3) 站在平台上的监护员的任务是:保证跌落者正确倒下,并做好充分准备,能直接倒在两列组员之间的承接区上。因为跌落者要向后倒,所以他必须背对承接队伍。监护员负责保证跌落者两腿夹紧,两手放在衣兜里紧贴身体;或者两臂夹紧身体,两手紧贴大腿两侧,在跌落过程中,跌落者可能会潜意识地伸出两手做自我保护动作,这样,很容易伤到其他组员,所以,务必不要出手! 另外,监护员还要保证,跌落者头部向后倾斜,身体挺直,直到他们倒下后被传送至队尾为止。

（4）监护员的另一个任务是查看承接区的人员排列，他们是不是按由小到大的顺序自然均匀排列，必要时还要重新排列。

（5）跌落者应该始终听从监护人员的口令，不能自以为是，胡乱"操作"，承接区的成员和跌落者都要以监护员的"倒"声为口令，前者跌落，后者则做好承接准备。

（6）在安全接到跌落者后，由承接区的人员将其传送至队尾，队尾的两名承接员要始终抬着跌落者的身体，直到他双脚落地。

（7）此时，刚才的跌落者变成了队尾的承接员，靠近平台的承接员变成了台上的跌落者。如果身高存在问题，可由上面的监护员提出，并做及时调整。

（8）游戏中有人肯定不愿意参加跌落，不要戏弄和逼迫他们，但尽量要求所有成员都参加一次跌落，并保证毫无闪失！

（9）另外需要注意的是，游戏中还需要有人做临时人员，站在承接区的第二排或第三排，万一跌落者出现意外情况，可及时援助。

【相关讨论】

（1）当你站在平台上向后跌倒的时候，有何感想？是不是有一种"豁出去了"的想法？

（2）参加游戏之后你又有什么感受？你从这个游戏中，感觉到信任与合作的快乐了吗？能不能和平时的工作、生活联系起来？

【注意事项】

在本游戏中，我们要求的高度是 1.6 米，请注意：在任何时候，都不能让组员从 1.8 米以上的地方向后跌倒！因为这时候，他们的头会先接触承接区，很有可能导致摔伤和扭伤，甚至是颈椎受伤，那是相当危险的。

必要时多安排几个监护员，让监护员时刻注意跌落者的角度及先落方位，确保采取紧急措施。

【游戏延伸】

对于一些很熟悉的成员，可以考虑给跌落者蒙上眼罩，增加游戏难度。相信一定有勇士参与的。

举 重 若 轻

【游戏时间】

10 分钟。

【参与人数】

不限，团队全体成员均可以参加。

【道具准备】

一张座椅。

【游戏概述】

这是一个有技巧的"举重"游戏,可作为某场活动的过渡游戏。

【游戏目的】

变不可能为可能,增强游戏者的信心。

【游戏规则】

(1)挑选出一位块头最大、体重最重的参与者。

(2)再挑选出 4 位身材瘦小、体重最轻的参与者。

(3)请这位重量级参与者坐在一张椅子上。

(4)要求 4 位"瘦子"每人只准动用自己的一到两根手指,合力将椅子上的"胖子"抬起来,并至少坚持 3 分钟。

【相关讨论】

(1)你在游戏过程中有什么感想?你当时认为 4 位"瘦子"能够成功吗?

(2)你觉得"瘦子"在抬椅子的时候利用某种技巧或正确的方法了吗?

(3)在获知游戏内容后,你认为这是不可能完成的任务吗?

【游戏延伸】

在工作和生活中,每个人都会面对自己认为不可能完成的任务,有些人不敢尝试就退缩了,给自己留下了终生遗憾;而有些人却勇于尝试,利用正确的方法或周围人的引导,化腐朽为神奇,最终战胜了困难也战胜了自我。

接 头 暗 号

【游戏时间】

15~20 分钟。

【参与人数】

不限,团队全体成员均可以参加。

【道具准备】

写有问候语的卡片、信封。

【游戏概述】

通过卡片上的内容寻找"组织"。

【游戏目的】

使游戏者感受团结和孤单的差异,能够提升大家的团结精神。

【游戏规则】

（1）首先，主持人要根据参加游戏的人数准备好写有文字的卡片。

（2）卡片文字的内容以问候为主，如"今天的天气真不错，你的心情怎么样""见到你真高兴，希望下次还能见面""最近你的身体还好吧""好久不见了，你挺好的吧"，等等。

（3）将这样的问候卡片制成一式 7 张。

（4）另外还要准备几张其他内容的卡片，一式一张，卡片内容可自己发挥，只要与问候卡片上的内容不相符就可以了。

（5）卡片制好后，将所有卡片放进信封里，每个信封里放一张卡片，信封上不做任何记号。

（6）将所有信封拿到大家面前，让所有参加游戏的人每人抽走一个信封。

（7）游戏者抽到信封后，要将信封打开，将里面的卡片拿出来阅读，然后在房间里到处走动，向每一个人轻声介绍自己的身份并重复念自己卡片上的内容。

（8）如果两个人念出了同样的内容，就视为"接头"成功。

（9）"暗号"对上以后，两位同一个"组织"的伙伴要继续在房间内游走，继续寻找下一个"接头"目标，不断在搜寻和"接头"的过程中扩充自己"组织"的人数。

（10）一段时间后，大多数人都已经顺利地与自己的"组织"接上了头，形成了若干个 7 人小组。

（11）这时，大家会发现，房间中还有几位没找到"组织"的失败者，因为他们手中抽到的是写有其他内容的卡片，而不是问候卡片。

（12）游戏结束后，主持人要组织大家对刚才的游戏进行讨论，请顺利找到"组织"和没有找到"组织"的朋友都谈谈各自的感受。

【相关讨论】

（1）你是接头成功者，还是失败者？如果你是失败者，你是否假想过自己手中的卡片与别人的不一样？

（2）作为接头成功者，当你看到失败者孤独而迷茫地站在那里时，你的心情是怎样的？

（3）在生活中，你是否愿意品尝孤单的滋味？

【游戏延伸】

在游戏的最后环节，可以改为主持人装出很惊讶的样子询问那几位失败者，为什么别人都接头成功、找到组织了，而你们几位却没有呢？然后请这些失败者谈谈自己的感想。如果受场地或时间的限制，也可将 7 人小组改为 3 人小组或 5 人小组，具体数量视自身情况而定。

秘 密 口 令

【游戏时间】

不限。

【参与人数】

每小组 6~10 人。

【游戏概述】

这是一个轻松的语言游戏。

【游戏目的】

在游戏中让人们明白有的话经多人传说后,往往意思全变了。

【游戏规则】

步骤如下:

(1) 参与者分成人数相等的若干小组,也可按参与者自然小组进行。

(2) 由主持人悄声告诉各小组第一位一个口令,如"集合""立正""稍息""踏步"等。

(3) 主持人说开始,各组第一位参与者悄声告诉同组的第二位参与者,依次后传。

(4) 最后一位参与者将收到的口令大声说出来。

(5) 最后由主持人判定哪一组最快,口令最准确。

要求:各小组悄声传口令时,不能让其他小组的参与者听到,如果听到了则该小组的秘密泄露,判该小组失败,最快收到口令且最准的小组为胜。

【相关讨论】

(1) 你有过这方面的体验吗?

(2) 你认为这个游戏有什么技巧吗? 或者有什么最行之有效的方法吗?

【游戏延伸】

在聚会或一些活动中,该游戏也可以让儿童参加,提高娱乐性和参与性。

抢 运 物 资

【游戏时间】

不限。

【参与人数】

不限,团队全体成员均可以参加。

【道具准备】

场地:室内;道具:大小实心球各一个。

【游戏概述】

这是一个在任何场合都可以进行的传球游戏。

【游戏目的】

提高快速传递能力，增强手臂力量。

【游戏规则】

(1) 游戏开始前，让参与者围成圆形，两人之间的距离在 50 厘米左右。

(2) 大小实心球相距 5 人（或 7 人）的距离。

(3) 游戏中，大家按同一方向传球，当两球相遇时，游戏结束。

【相关讨论】

(1) 在游戏中大家都全身心投入了吗？你认为影响游戏氛围的主要原因是什么？

(2) 传球过程中，你们遇到了什么困难？是如何克服这些困难的？

【注意事项】

(1) 传递时不能抛球，掉地拾起后继续传。

(2) 两球相遇在哪位参与者处，该参与者做俯卧撑 8 次。

(3) 传球要快稳，要展现战士们在"抗洪抢险"中快速运送物资的那种场面。

【游戏延伸】

游戏开始前可播放歌曲来渲染气氛；运送物资可顺时针、逆时针方向交替进行，以发展和提高参与者左右手的传递能力。

同 步 行 军

【游戏时间】

15~30 分钟。

【参与人数】

每组 8~10 人。

【游戏概述】

这是一个绑住脚一起前进的游戏。

【游戏目的】

通过游戏，提高大家的合作意识。

【游戏规则】

(1) 游戏开始前，将所有参与者分成 8~10 人为一个小组。

(2) 每个小组站成一排，相邻两人的左右脚绑在一根绳子上，然后大家一起前进。

(3) 本游戏成功的关键是事先协调一致，然后在统一号令下每人迈出正确的那只脚。

（4）完成最快的小组为胜。

【相关讨论】

（1）你觉得有哪些因素影响大家的发挥？怎样做才能使任务完成得更出色？

（2）你认为该游戏和实际工作有无联系？在实际工作中，如何使大家能够相互支持？当前什么因素阻碍了我们相互支持？如何克服它？

【游戏延伸】

现实生活中，这样的情况似乎不大可能出现。其实企业内部受训者与受训者之间、部门与部门之间不可避免地存在相互影响、相互牵制的关系，但无论如何，我们的目标是一致的，那就是要把工作做好，既然都是为了公司好，是不是大家都可以理直气壮地各持己见、争执不下呢？当然不行。于是就要统一号令，结果还是那句老话，即个人服从集体，局部服从整体。唯有如此，我们才能最大限度地消除牵制，齐心协力地推动公司发展。

3个"臭皮匠"

【游戏时间】

30~45分钟。

【参与人数】

12~18人一组，最好是3的倍数。

【道具准备】

每人一张纸和一枚别针。

【游戏概述】

发现相同，求同存异。

【游戏目的】

了解团队成员的异同点，思考如何充分发挥成员的才能。

【游戏规则】

1）准备

让所有参与者根据自身的情况，用坦诚的心态去造句，句型为：我是一位 _____。

要求：完成十句完全不同的造句。

完成后，将答案写在纸上，并用别针将纸固定于自己的衣服上。

2）开始

（1）参与者自由组合，3人一组。

要求：尽可能多地找到小组成员所造句子的相同点。

时间:3 分钟。

总结:其实人们之间的共同点要比我们看到的多。

(2) 参与者自由组合,3 人一组。

要求:尽可能多地找到小组成员所造句子的不同之处。

时间:3 分钟。

总结:通过对比,得到一个共识:即使在差异最大的小组中还是存在某些共同点。如果有小组其成员没有一句是相同的(虽然此种可能性很小),可邀请所有人集体讨论,一起总结出至少 10 点相似处。

(3) 学员们随意进行 3 人组合。

要求:共同提出一个有创新精神的创业计划,比如,开办一家公司。要求最大限度地挖掘小组成员的不同能力,充分利用 3 人的智慧。

时间:5 分钟。

(4) 每个小组详细阐述他们的创业计划。最后大家投票选举最佳创业计划。

总结:善于融合不同的智慧可以使整体在激烈的竞争中始终处于领先。

【相关讨论】

(1) 如果是你,你将用怎样的态度去写这些纸条?是毫不夸张的事实,还是模棱两可的造句?

(2) 从别人的造句中你得到了哪些启示?

(3) 你觉得在什么情况下一个人才能改变,才会改变?你的 10 个造句中有没有另类的项目,如果有,你会不会在与别人的比较后觉得吃惊?在分享的时间里,谈谈自己的感想。

【游戏延伸】

“三个臭皮匠,赛过诸葛亮”这句话并不是无中生有,来自天南海北的 3 个人,他们可能有着不同的文化背景、丰富各异的个性,而且各有所长。但是他们亦不乏共同和共通之处,甚至是互相排斥的“异”处。一个真正富有竞争力的团队正是恰到好处地融合了他们的同与异。

如果大家彼此很熟悉,这个游戏还可以换成“写缺点”,即在一张纸上打印出所有参与者的名字及空缺的优缺点表格,然后分发给大家,匿名写完后上交,再由主持人当众宣读,并随手销毁纸张。

“后劲”无穷

【游戏时间】

15~20 分钟。

【参与人数】

不限,团队全体成员均可以参加。

【道具准备】

一段长绳子、一个口哨。

【游戏概述】

这是一种循环游戏,可以随时开展。

【游戏目的】

(1) 参与者们以有趣的形式对抗。

(2) 让参与者们能够自然地进行身体接触和配合,消除害羞和忸怩之感。

【游戏规则】

(1) 把绳子拉直后放在地上。

(2) 让所有参与者按大小个儿排成一列,然后从队列一端开始,彼此结对儿。

(3) 每对搭档分立绳子两侧。

(4) 彼此转身,背对自己的搭档。

(5) 每对搭档都俯身半蹲,胳膊穿过两腿之间,和对方双手相互扣住,此时绳子恰好在他们之间。

(6) 吹哨开始,双方用力把对方拉过绳子——就像拔河游戏。

(7) 自然淘汰,将第一轮比赛的获胜者作为第二轮参赛者,互相结对。

(8) 重复游戏,直到产生总冠军为止。

【相关讨论】

(1) 在游戏过程中碰到了什么问题?

(2) 如何对问题进行拆分的? 每个人的任务是什么?

【注意事项】

背部有毛病的人不能参加此游戏。参与者动作要柔和,不要粗暴。

【游戏延伸】

(1) 让所有参与者找回第一个搭档,站到游戏开始时的最初位置。用力推对方,直到自己向后跨过绳子。重复该过程,直到产生总冠军。

(2) 拔河游戏。让大家重新站到刚开始的位置,每对搭档都俯身半蹲,向后伸胳膊抓住背后两个参与者的手(一只手握自己的搭档,另一只手握搭档旁边的人)。最先把对方拉过线的那组参与者获胜。

将合作进行到底

【游戏时间】

10~15 分钟。

【参与人数】

30~50 人，10 人一组为佳。

【道具准备】

按照小组数量准备几根长绳子。

【游戏概述】

通过组员们的通力合作，完成对手提出的要求。

【游戏目的】

使组员之间能够自然、和谐地进行身体接触和配合，达到团结的目的。

【游戏规则】

（1）将所有人分为 10 人一组的几个小组，每个小组都围成一个圆圈。

（2）每个小组会分到一根长绳子，用这根绳子将每个相邻组员的一条手臂拴在一起。

（3）绳子拴好后，小组之间可以互相提要求，被要求的小组要以最快的速度完成任务。

（4）要求的内容可以是以全部组员的身体组成一个形状或者搬运某件东西到某个指定地点、全体组员迅速跑到一个指定地点等。

（5）接下来，主持人要求组员们将绳子从手臂上解下，变为拴在腿上，每个相邻组员的一条腿都要拴在一起。

（6）小组之间继续互相发号施令，被要求的小组同样要以最快的速度完成任务，要求的内容可以参照拴手臂游戏的内容。

【相关讨论】

（1）你所在小组的成绩如何？你认为还有更好的方法来提高目前的成绩吗？

（2）你觉得拴着手臂和拴腿部，哪一个难度更大？游戏结束后，大家对自己小组的成绩满意吗？

【游戏延伸】

游戏内容可以变换为主持人要求每个小组的成员做同样的事情，然后计算时间，哪个小组完成的最快即为获胜方。

共建安乐窝

【游戏时间】

10~15 分钟。

【参与人数】

3 组,每组 5~8 人。

【道具准备】

3 条绳子,分别长 20 米、18 米、12 米,眼罩,最好有照相设备。

【游戏概述】

蒙着眼睛,完成两个任务。

【游戏目的】

(1) 帮助游戏参与者体会在团队中沟通的重要性,加强他们对于团队合作精神的理解。

(2) 通过游戏,训练大家对于结构变动的适应能力。

【游戏规则】

(1) 主持人将游戏参与者分成 3 组,每组为 5~8 人。

(2) 发给第 1 小组一条 20 米的绳子,第 2 小组一条 18 米的绳子,第 3 小组一条 12 米的绳子。

(3) 规则:用眼罩把所有人的眼睛蒙上,然后规定第 1 组圈出一个正方形,第 2 组围成一个三角形,第 3 组圈成一个圆形。

(4) 然后让大家联合起来用绳子建立一个房子,房子的形状要由上述 3 个图形组成,并且一定要看上去比较漂亮。

(5) 最后,可以将 3 个小组组成的"房子"拍成照片,留做纪念。

【相关讨论】

(1) 游戏结束后,大家互相交流一下,怎么完成第 1 个任务的?彼此的感觉是否一样?那么第 2 个任务呢?是不是和第 1 个任务是一样的?

(2) 对这两个任务分别进行比较,哪一个任务较易完成?为什么?

(3) 在完成第 2 个阶段任务的时候,大家遇到了什么困难?是如何解决的?

【注意事项】

场地应选择在户外草地上进行,以免跌倒受伤。

【游戏延伸】

要做好这个游戏,首先要选定一个基准点和一个领导人员,只有大家都参照这一个坐标系行动，才便于指挥，也可以防止场面的混乱。主持人可让这些蒙着眼睛的参与者自行讨论，看看最后是怎样解决问题的。

其实，每个小组围成简单的图形比较容易，但在第 2 个任务中的三角形和正方形如何配合，圆形应该放在什么部位等都是比较难处理的问题，所以越是在这种时候越需要大家相互之间的配合，需要大家的团体合作精神。

不 要 碰 我

【游戏时间】

15~30 分钟。

【参与人数】

不限，团队全体成员均可以参加，每组人数均以偶数组成，12~16 人。

【道具准备】

每组一个呼啦圈、一个障碍物（如角锥、毛线球、足球等）。

【游戏概述】

用游戏的方式领略互相信任的乐趣。

【游戏目的】

学习团队问题分析与解决的技巧，并从轻松的游戏中体验目标设定与挑战的思想。

【游戏规则】

（1）在场地中央放 1 个呼啦圈，并放置 1 个障碍物在呼啦圈的中间，游戏参与者以呼啦圈为圆心，向外跨 6 大步，然后再面向圆心围成 1 个圆圈，每位参与者的相对位置上均应站有 1 人。

（2）游戏中，每位参与者必须经过呼啦圈的内圈，在圈内与对面的伙伴交换位置。

（3）过程中需保持前进，不可停止、后退或 180° 回转。

（4）通过圆心时，不可碰触呼啦圈及圆心的障碍物。

（5）人与人不能产生肢体接触或碰撞。

（6）活动采取计时制，由小组设定达成时间，共计 5 回合；每违规 1 次 / 人，加计 5 秒。

【相关讨论】

（1）在你们小组中，每次的目标（时间）是如何设定的？执行的结果与设定目标有多大的差别？你觉得该如何从经验中调整目标设定？为什么？

（2）在游戏过程中，当你不小心碰到呼啦圈、障碍物时感觉如何？希望别人怎么对你？

（3）过程中如何维持速率（效率、品质），怎样才能和同组的参与者既维持着适当的距离又不碰撞干扰（良好的互动关系）？实际的生活或工作经验中，是不是也有类似的事？

（4）呼啦圈、障碍物对游戏参与者的影响主要有哪些？在实际的生活经验中，你对环境或人、事、物所造成可见或不可预知的阻碍，是否也有相同的反应？

【游戏延伸】

决定这个游戏气氛是否激烈的因素，恐怕就是呼啦圈了。如果呼啦圈太小，肯定没有人能按游戏规则完成，这时候就应该适当调整一下游戏规则，按在场人数来制定一套适合随机应变的游戏规则。

参 考 文 献

[1] 卡曼·M.康萨瓦罗.户外培训游戏金典 [M].派力,译.北京：企业管理出版社，2011.

[2] 经理人培训项目编写组.培训游戏全案——升级版 [M].北京：机械工业出版社，2010.

[3] 张亚清.越玩越优秀　越讲越卓越：团队培训游戏 [M].哈尔滨：哈尔滨出版社，2010.

[4] 王波.问题解决能力培训游戏经典 [M].北京：人民邮电出版社，2009.